소셜 코딩으로 이끄는
GitHub 실천 기술

GitHub JISSEN-NYUMON
by Hiroki Otsuka

Copyright © 2014 Hiroki Otsuka
All rights reserved
Original Japanese edition published by Gijyutsu-Hyoron Co., Ltd., Tokyo

This Korean language edition published by arrangement with Gijyutsu-Hyoron Co., Ltd., Tokyo
in care of Tuttle-Mori Agency, Inc., Tokyo through Danny Hong Agency, Seoul.
Korean translation copyright © 2015 by J-PUB.

소셜 코딩으로 이끄는
GitHub 실천기술

초판 1쇄 발행 2015년 1월 31일 **2쇄 발행** 2015년 8월 31일

지은이 오오츠카 히로키
옮긴이 윤인성
펴낸이 장성두
펴낸곳 제이펍

출판신고 2009년 11월 10일 제406-2009-000087호
주소 경기도 파주시 문발로 141 뮤즈빌딩 403호
전화 070 – 8201 – 9010 / **팩스** 02 – 6280 – 0405
홈페이지 www.jpub.kr / **이메일** jeipub@gmail.com

편집부 이민숙, 이 슬, 이주원 / **소통·기획팀** 민지환, 현지환
본문디자인 북아이 / **표지디자인** 미디어픽스
용지 신승지류유통 / **인쇄** 해외정판사 / **제본** 광우제책사

ISBN 979-11-85890-10-4 (93000)
값 26,000원

제이펍은 독자 여러분의 책에 관한 아이디어와 원고 투고를 기다리고 있습니다. 책으로 펴내고자 하는 아이디어나 원고가 있으신 분께서는
책에 대한 간단한 개요와 차례, 구성과 제(역)자 약력 등을 메일로 보내주세요. **(보내실 곳: jeipub@gmail.com)**

소셜 코딩으로 이끄는 GitHub 실천 기술

Git과 GitHub를 직접 따라하며 배운다

Jpub
제이펍

CHAPTER 1
GitHub 세계에 어서오세요 _ 1

CHAPTER 2
Git 기본 _ 19

CHAPTER 3
GitHub 사용 준비 _ 31

CHAPTER 4
Git을 직접 사용하면서 배우기 _ 47

웹 개발에 관심이 있는 사람이라면 jQuery, angualr.js, bootstrap, backbone.js, node.js, rails, django, cakePHP, sinatra, flask, play, symphony, bower, CoffeeScript를 들어 보았을 것이며, 데이터베이스에 관심이 있는 사람이라면 MariaDB, MongoDB, Redis, Neo4j, CouchDB 등을 들어본 적이 있을 것입니다. 또한 루비, 파이썬, 노드를 사용한 독자라면 루비젬(rubygem), pip, npm을 사용해본 적이 있을 것이며, 맥으로 무언가를 개발하고 있다면 홈브류(homebrew)를 사용해 보았을 것입니다. 이 소프트웨어들의 공통점을 꼽는다면 어떤 것이 있을까요? 그것은 바로 GitHub를 중심으로 사람들이 모여 개발했다는 점입니다.

GitHub는 Git 리포지토리를 호스팅해 주는 서비스입니다. 일부 개발자들이 Git과 GitHub를 같은 것이라 생각하는 경우가 종종 있습니다만, 사실 이들은 완전히 다른 용어입니다.

이렇게 말하면 독자분들께서는 "그럼 이 책은 GitHub 책이니까 Git을 따로 공부하고 봐야겠네요?"라고 생각하실 수 있습니다. 그러나 이 책에도 일반 실무에서 쓰이는 Git 관련 내용은 모두 포함되어 있으므로 읽으면서 공부하면 됩니다. 참고로 현재 국내에도 약간의 Git 책이 출간되어 있긴 하지만, GitHub 책은 나와 있지 않습니다 (여러 출판사에서 GitHub 책을 집필하려고 저자를 섭외하고 있지만 아직 소식이 들려오지 않네요). 때문에 이 책이 출간된다면 국내에서 첫 번째 GitHub 관련 도서가 될 것입니다.

이 책의 원서를 처음 접했던 것은 지난 3월 일본 여행을 갔을 때로, 아키하바라에서 일주일간 체류하던 중 요도바시 카메라에 있는 서점에서 베스트셀러 목록을 발견하게 되었습니다. 헌데 일반적으로 경제경영, 인문학 책이 대부분인 해당 목록에 GitHub를 다루는 책이 올라가 있다는 것이 신기해서 잠시 앉아서 책을 살펴보았었는데, 그 후 국내에는 GitHub 책이 존재하지 않는다는 것을 깨닫고 '어떻게 GitHub를 다룬 서적이 하나도 없을 수가 있나' 하고 개탄하며 외국의 여러 GitHub 책들을 뒤져보다가 결국엔 역시 이 책을 번역하는 것이 좋겠다는 마음을 먹게 되었네요.

책에 대해 간략하게 소개를 해보자면, 1장은 기본적인 소개 내용이고 2장부터 5장까지의 내용은 일반적인 기본 Git 내용입니다. 타 Git 도서와 GitHub 책에서도 볼 수 있는 부분입니다만, 다소 과하다 싶을 정도로 꼼꼼하고 자세히 쓰여 있습니다. 너무 자세해서 '편리하긴 하지만 일반적으로는 파악하기 힘든 기능'까지 확인할 수 있을 지경입니다. 그리고 6장에서는 GitHub의 핵심 기능인 Pull Request를 독자가 직접 보내는 경험을 하도록 돕기도 합니다. 진짜로 Pull Request를 보내면 저자가 반영해 주는 방식입니다(한국에서는 역자가 해드립니다. 혼자 해내느라 대응이 늦을 수도 있겠습니다만, 최선을 다하겠습니다). 저자가 직접 반영해 준다는 점을 제외하면 다른 GitHub 책에서도 쉽게 볼 수 있는 내용입니다만, 그와 달리 8장부터 10장은 읽다가 서점에서 코피를 터뜨리며 "그래! 이 책을 번역해야겠어!" 하고 결심하게 된 결정적 계기를 만들어 주었는데요. 저자가 실무에서 오랫동안 GitHub를 활용해 본 경험이 풍부한지라 실무에서 어떤 식으로 활용할 수 있는지에 대해 타의 추종을 불허할 만큼 정말 자세히 설명되어 있습니다. 이 책의 핵심 부분이라고도 할 수 있겠네요.

책을 번역하고 있는 중이었던 8월에 다시 일본 서점에 갔을 때도 베스트셀러 도서 책장에 여전히 이 책이 꽂혀 있었습니다. 그리고 역자 서문을 쓰고 있는 현재 11월에도 아마존 베스트셀러에 머물러 있네요. 어째서 이 책이 일본에서 오랜 기간 베스트셀러로 사랑을 받는지, 어떤 연유로 역자인 제가 서점에서 코피까지 터뜨렸는지는 직접 책을 읽으면서 확인하시기 바랍니다.

참고로 번역서를 접하실 독자의 이해도를 높이기 위해 번역하면서 한 가지 규칙을 정했습니다. GitHub라는 사이트 자체가 대부분 영어로 구성되어 있는지라 Pull Request, Fork 외에 Git을 사용하면서 자주 접하게 될 pull, push, checkout, merge 등도 번역하면서 모두 일본어를 모두 영어 또는 영문을 한글로 음차하여 표

기하였습니다(예: マージ를 merge로 번역).

이 책을 번역할 기회를 주신 제이펍 장성두 실장님과 현지환 대리님, 담당자 이주원 님께 감사를 표하며, 또한 책 교정에 도움을 주신 윤아현, 안광섭, 조선미, 송종근, 장창이, 김주아 님께도 감사드립니다.

2015년 1월

윤인성

머리말

이 책은 전 세계의 수많은 개발자가 사용하고 있는 GitHub를 실무에서 어떻게 사용하는지 설명하는 책입니다. 따라서 GitHub의 기본적인 사용 방법뿐만 아니라, GitHub를 활용한 개발 진행 과정과 개발을 지원해 주는 추가적인 도구들도 함께 설명합니다.

실무에서 코드를 개발하면서 다음과 같은 생각 또는 행동을 한 적이 있나요?

- 코드 리뷰가 충분하지 않고, 리뷰가 느리다고 생각한 경우
- 작성한 본인밖에 모르는 코드, 불안한 느낌의 코드가 실제 환경에서 Deploy한 경우
- 코드 입력 오류, 스스로 착각에 빠져서 잘못된 코드를 작성한 경우
- 코드를 서로서로 리뷰하며 지식 공유, 상호 학습, 지적, 개선하는 기회가 없는 경우
- 하루에도 여러 개의 기능을 추가할 수 있는 빠른 개발 진행 과정이 도입되지 않은 경우

GitHub를 활용하면 이러한 문제를 개선할 수 있을 것입니다.

GitHub는 실제 개발 현장에서 일어나는 다양한 문제를 해결할 수 있는 기능을 제공하는데, 이 책에는 그런 문제 해결을 위한 기능을 실무에서 어떻게 활용하느냐에 대한 노하우가 가득 담겨 있습니다.

여러 기업에서 GitHub로 다양한 개발 진행 과정을 개선해 왔던 저자의 풍부한 경험을 토대로 정리한 책이므로, 실무에서 GitHub를 활용하는 데 많은 도움이 될 것입니다.

감사의 말

이 책을 집필하면서 많은 사람들의 도움을 받았습니다. @yamanetoshi 님, 마쓰다 타카시(@masutaka) 님, bakorer 님, @ainame 님, 야마시나 유우키 님, 테라다 와타루 님, Tatsuma Murase 님, 스기노 야스히로 님, 사와 요시카즈 님 모두 감사드립니다.

또한, 책과 관련하여 기술평론사의 이케다 히로키 님에게 오랜 시간 동안 도움을 받았습니다. 진심으로 감사드립니다.

오오츠카 히로키

이 책은 열 개의 장과 두 개의 부록으로 구성되어 있습니다.

● 1장 GitHub 세계에 어서오세요

GitHub가 무엇이고, 무엇이 혁신적인지, 어떤 기능을 제공하는지 등을 설명합니다. GitHub는 오픈 소스 소프트웨어 세계에 혁명이라 부를 수 있는 소셜 코딩의 개념을 제공했는데요. 소셜 코딩이 무엇이며, 이것을 하면 어떤 혜택이 있는지도 설명합니다.

● 2장 Git 기본

GitHub를 사용하려면 버전 관리 시스템 Git을 알아야 합니다. Git의 기본적인 개념을 배우고, 설치와 설정을 수행합니다.

● 3장 GitHub 사용 준비

GitHub 계정(무료)을 작성하고 기본적인 설정을 수행합니다. 또한, 실제로 작동되는지 동작을 확인합니다. GitHub에서 리포지토리를 작성하고 코드를 공개하는 방법도 설명합니다.

● 4장 Git을 직접 사용하면서 배우기

GitHub를 사용하는 데 반드시 필요한 Git을 직접 코드를 입력해 가면서 배웁니다. 기본적인 조작 방법부터 여러 사람이 함께 개발할 때에 필요한 조작까지 직접 입력해 보기 바랍니다.

● 5장 GitHub의 기능을 확실하게 알아보자

화면을 보면서 GitHub의 기능을 하나하나 설명하고, 소스 코드 확인 기능도 자세히 설명합니다. 이미 GitHub를 사용하는 사람들도 한번 훑어보기 바랍니다. 곧바로 사용할 수 있는 팁 등을 찾을 수 있을 것입니다.

● 6장 Pull Request를 해보자

GitHub를 대표하는 기능인 Pull Request를 설명합니다. 직접 따라 하면서 확인할 수 있게 구성했으므로 Pull Request를 보내보기 바랍니다.

● 7장 Pull Request가 도착한다면

Pull Request가 들어온 경우에 어떻게 해야 하는지 리포지토리를 관리하는 사람의 입장이 되어 설명합니다.

● 8장 GitHub와 연계되는 툴과 서비스

앞부분에서는 CLI 환경에서 GitHub를 쉽게 조작할 수 있게 해주는 hub 명령어를 설명합니다. 그리고 뒷부분에서는 지속적 통합(CI)을 GitHub와 연동할 수 있는 Travis CI, Jenkins의 구축과 설정 방법을 설명합니다. 또한, GitHub와 연동할 수 있는 다른 서비스들도 소개합니다.

● 9장 GitHub를 사용하는 경우의 개발 진행 과정

GitHub를 중심으로 개발하는 GitHub Flow, Git Flow라는 두 개의 개발 진행 과정을 설명합니다. 각각의 개발 진행 과정을 팀에서 활용할 때의 기본적인 방식, 각 개발 진행 과정의 특징을 설명하고 직접 코드를 입력하면서 수행해 봅니다.

● 10장 회사에서 GitHub 사용하기

회사에서 GitHub를 도입할 때 생각할 것과 도움이 되는 정보를 정리했습니다. 보안, 장애 정보, GitHub Enterprise 등 실제로 GitHub를 회사에서 도입할 때 알아야 하는 것들과 노하우를 설명합니다.

● 부록 A GitHub GUI 클라이언트

팀원 모두가 CLI 조작에 익숙한 것은 아니므로 GitHub를 지원하는 GUI 클라이언트 도구도 소개합니다.

● 부록 B Gist로 코드를 쉽게 공유하기

샘플 코드 또는 로그를 다른 사람과 공유할 때 편리하게 사용할 수 있는 Gist를 설명합니다. 작은 코드는 일반적으로 Gist를 활용하면 편리합니다.

🐱 김민수(프리랜서)

VCS와 Git, 그리고 최근의 대세라는 Github에 관심과 궁금함은 있는데 아직 입문도, 활용도 하지 못하고 있었습니다. 오직 빨리 적용해 보고 싶은 마음만 앞서는 상태에서 이 책을 만났고, 이도 저도 못하고 있던 제게 아주 적절한 길라잡이가 되어 주었어요. 매우 친절히 설명해 주고, 과정을 찬찬히 밟아 나가는 도중에도 부분마다 깨알 같은 조언도 놓치지 않고 담아낸 점이 인상적이었습니다.

🐱 김태경(다음카카오)

GitHub는 옵션이 아닌 BugTracker처럼 프로젝트의 진행을 위한 필수 제품입니다. 그러나 git 명령어 책은 많아도 GitHub에서 Pull Request를 어떻게 해야 하는지 알려주는 책은 찾기 힘들었습니다. 이 책을 마지막까지 읽는다면 이와 같은 궁금증을 해소할 수 있는 것은 물론이고, 많은 GitHub(+엔터프라이즈)를 사용하는 IT 기업들의 개발 방법론을 습득한 자신을 발견하게 될 것입니다.

🐱 백경윤(다음카카오)

이 책은 굉장히 쉽고 친절한 설명으로 소셜 코딩이 그리 어려운 일이 아니라는 자신감을 심어 줍니다. 평소 GitHub에 관심은 있었지만 사용해 보기가 어려웠다거나 거리감이 느껴졌다면, 이 책이 큰 도움이 되어 줄 것입니다. 베타리딩을 통해 저도 GitHub에 대하여 좀 더 자세히 깨우치는 좋은 기회가 되었으며, 주위에 더욱더 GitHub를 알리고 널리 전파하는 중입니다. 꼭 한 번 읽어 보세요.

🐱 송영준(ZUM internet)

적은 페이지 수에도 불구하고 Git을 중심으로 GitHub, branch 등의 활용 전략과 Git과 연계되는 소프트웨어에 대해 제법 포괄적으로 다루고 있습니다. 그래서 부족한 부분도 다소 있으나 자주 사용하는 부분을 중심으로 하여 전체를 훑으므로 평소 GitHub에 접근하기 어려워했다거나 Git을 처음 시작할 때 이 책이 좋은 지침이 될 수 있을 것입니다.

🦋 이아름

많이 들어는 봤지만 직접 쓸 일이 없던 것 중 하나가 바로 GitHub였습니다. 처음 입문하기에는 어렵다 싶어 주저했는데, 이 책으로 차근차근 따라 해보니 쉽게 이해할 수 있었습니다.

🦋 이원제(레진엔터테인먼트)

이 책을 베타리딩하면서 저 역시 GitHub를 사용한 지 오래되었지만, 익숙하지 않았던 것들을 다시 한 번 복습하고 몰랐던 기능들을 찾아보는 좋은 기회가 되었습니다. 특히, GitHub와 연동되는 다른 툴들의 소개는 무척 유익했습니다. 이 책을 통해 혼자서만 코드를 관리하던 개발자들이 다른 개발자들과 협업하는 방법에 익숙해지기를 기대해 봅니다. 또한, 처음 GitHub를 접하는 사람들은 무턱대고 GitHub가 뭐냐고 막연히 묻지만 말고, 이 책을 꼭 읽어 볼 것을 추천합니다.

🦋 최해성(티켓몬스터)

입문서로는 괜찮은 도서로, Git의 기본 사용법과 브랜치에 대한 내용을 그림을 통해 쉽게 알려 주는 부분은 정말 좋았습니다. 또한, Pull Request를 하는 방법은 오픈소스 진영에 참여하는 데 있어 그 장벽을 상당히 낮추었다는 생각이 듭니다. 다만, 적은 분량 안에서 여러 가지를 하려다 보니 다소 아쉬운 부분들이 있었습니다. 어려운 개념의 툴은 가볍게 소개하는 정도만 하고, 기본 개념을 심화하는 편이 더 좋지 않았을까 합니다.

제이펍은 책에 대한 애정과 기술에 대한 열정이 뜨거운 베타리더들로 하여금 출간되는 모든 서적에 사전 검증을 시행하고 있습니다.

CHAPTER 1

GitHub 세계에
어서오세요

GitHub란 무엇일까요? 어째서 세계의 많은 개발자들이 GitHub를 사용하고 있는 것일까요? 이번 장에서는 GitHub가 전 세계적으로 미친 영향을 살펴보도록 합시다.

1.1
GitHub란?

GitHub는 친구, 동료는 물론 낯선 사람과 함께 코드를 공유하고자 만든 Git 리포지토리의 호스팅 서비스입니다.

GitHub 회사와 octocat

GitHub는 미국 샌프란시스코에 있는 회사입니다. GitHub는 octocat이라고 불리는 문어와 고양이를 합쳐놓은 것 같은 마스코트 캐릭터(그림 1.1)도 있습니다. octocat은 그림 1.2처럼 다양하게 변형된 모습들이 존재합니다[주1].

그림 1.1 octocat

주1 https://octodex.github.com/

그림 1.2 octocats

일반적인 Git 리포지토리 호스팅 서비스가 아니다

GitHub는 Git 리포지토리(repository) 호스팅 기능 이외에도 개발자와 팀이 빠른 속도로 좋은 품질의 코드를 만들어 낼 수 있도록 하는 기능도 제공합니다. 이러한 기능들은 다음 장부터 자세히 설명하겠습니다.

GitHub는 초기에 창업자 중 한 명인 크리스 완스트레스(Chris Wanstrath)가 친구들과 함께 코드를 쉽게 공유할 수 있는 Git 리포지토리 호스팅 서비스를 필요로 한 덕에 만들어지게 되었습니다. 이것이 GitHub란 프로덕트의 첫 번째 목표였다는 것은 그가 발표했던 프레젠테이션에 잘 나타나 있습니다[주2].

주2 http://www.slideshare.net/rubymeetup/inside-github-with-chris-wanstrath

GitHub 이용 형태

GitHub는 2014년 12월 기준으로 1,780개 이상의 리포지토리를 호스팅했습니다[주3]. 전 세계의 많은 개발자들이 밤낮으로 연일 이용하고 있는 서비스입니다.

Column　　　　　　　　　**GitHub와 Git의 차이**

GitHub와 Git의 차이에 대해서 살펴보겠습니다. GitHub와 Git은 완전히 다른 것으로, 이 책에서는 GitHub와 Git을 계속 구별해서 표기합니다.

Git은 Git 리포지토리라고 불리는 데이터 저장소에 소스 코드 등을 넣어서 이용하는 것으로, 이러한 Git 리포지토리를 인터넷상에서 제공하는 서비스가 바로 GitHub입니다.

한마디로 GitHub에서 공개되는 소프트웨어 소스 코드는 모두 Git으로 관리됩니다. Git에 대해서 이해해야 GitHub를 능숙하게 사용할 수 있기 때문에 Git에 대해서는 2장에서 자세히 설명하겠습니다.

1.2
GitHub를 사용하면 무엇이 달라질까?

전 세계의 프로그램 개발 현장은 GitHub의 등장과 함께 많은 변화가 생겼습니다. 가히 혁명이 일어났다 해도 과언이 아닐 정도입니다. 이번 장에서는 아직 GitHub를 본격적으로 사용해 보지 않은 독자를 위해 일반적인 프로그램 개발에서 어떻게 GitHub를 도입하고 있는지 등을 간단히 살펴보겠습니다.

주3 https://github.com/features/hosting

협업 형태 변화

여러 사람이 함께 일할 때 사용되는 소프트웨어는 굉장히 많습니다. 대표적인 소프트웨어로는 그룹웨어와 CRM(Customer Relationship Management, 고객 관계 관리) 등이 있으며, 이러한 소프트웨어는 전 세계의 일반 사무 직종에서 두루 사용되고 있습니다. 물론 여러분이 일하고 있는 회사에서도 이러한 소프트웨어들이 사용되고 있을 것입니다.

하지만 개발자들이 협업할 수 있는 개발자 중심의 소프트웨어는 좀처럼 등장하지 않았습니다. 그래서 소프트웨어 개발자들은 버전 관리 시스템, 버그 트래킹 시스템, 코드 리뷰 시스템, 메일링 리스트, IRC 등 다양한 툴을 만들어 협업에 사용했습니다.

이런 형태로 지금까지 당연하게 여겨지고 있던 소프트웨어 공동 개발의 형태가 GitHub에 의해 상당수가 변경되었습니다. 다음부터 몇 가지 기능을 소개하겠습니다.

● 개발자들이 함께 이야기할 수 있는 Pull Request

세계의 많은 개발자들이 참가하고 있는 GitHub에는 상상도 하지 못할 것들이 무서운 속도로 생겨나고 있습니다. 이런 것을 '소프트웨어 개발자들이 한데 모여 서로 화학 반응을 일으킨다'고 표현합니다. 각자 지구 반대편에서 생활하는 개발자들이 함께 소프트웨어를 작성하고 있습니다. 이런 일이 가능한 가장 큰 이유는 바로 'Pull Request'라고 불리는 기능 때문입니다(그림 1.3).

그림 1.3 Pull Request 화면

Pull Request는 GitHub에 있는 Git 리포지토리에서 변경하고 싶은 소스 코드를 주고 수정해 달라고 요청하는 기능입니다. Pull Request를 기반으로 댓글을 주고받을 수도 있습니다. '버그를 고쳤는데, 이렇게 수정해 주시면 안 될까요?' 같은 댓글부터 '새로운 기능을 작성했는데, 이 코드를 넣어 주시면 안 될까요?' 같은 댓글도 있습니다. 간단하게 소스 코드를 변경하고, 변경하고 싶은 기능을 넣도록 요청할 수 있습니다. 물론, 해당 소프트웨어 프로젝트의 정책에 어긋나는 변경 사항은 반영하지 않을 자유도 있습니다.

GitHub의 Pull Request는 소스 코드 변경 이력을 쉽게 확인할 수 있습니다. 또한, 그림 1.4처럼 특정한 위치에 댓글을 달 수도 있습니다. 이렇게 하면 해당 코드와 관련된 구체적인 토론과 리뷰가 가능해집니다.

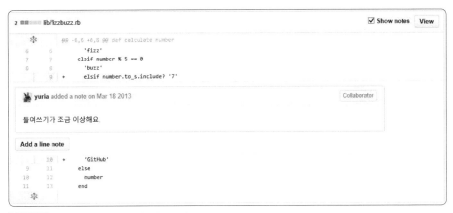

그림 1.4 실제 코드 위에 댓글을 다는 모습

● 특정 사용자에게 이야기

지금까지 살펴본 기능 외에도 편리한 기능이 많습니다. 일정 관리 또는 버그 보고는 Issue(이슈) 기능을 사용합니다. 특정한 사용자에게 Issue를 보여 주고 싶을 때는 '@사용자 이름'이라고 적어 줍니다. 이렇게 하면 해당 사용자에게 Notification[주4]이 보내집니다. 또한, Wiki 기능도 제공하므로 쉽게 문서를 작성하고 공개, 공유할 수 있습니다. Wiki 기능은 문서에서 변경된 부분을 차근차근 저장하기에 관리가 무척 쉽습니다.

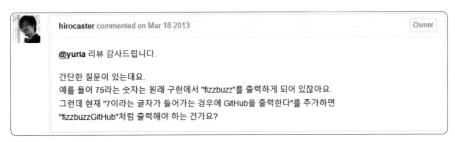

그림 1.5 '@사용자 이름'을 적어서 댓글을 다는 모습

주4 Notification에 대해서는 5장(142쪽)에서 자세히 설명하겠습니다.

● GitHub Flavored Markdown

GitHub에서는 사용자가 작성하는 모든 글이 GitHub Flavored Markdown(이하 GFM)이라 불리는 기법으로 작성됩니다. 따라서 읽기 쉽게 댓글을 작성하거나 문서를 만드는 것이 가능합니다[주5]. 한 개의 기법을 기억하는 것만으로 다양한 곳에 활용할 수 있는 것은 굉장히 효율적인 일입니다. 그중에서 특징적인 기능으로 댓글에 그림을 넣을 수도 있는데, 이렇게 그림과 글자를 함께 사용하면 다른 사람과 더 쉽게 소통할 수 있습니다.

GitHub의 보급으로 인해 Markdown 문법을 사용하는 서비스들이 늘고 있습니다.

Column ▷ **이렇게 작성하는 것도 가능하다!!**

'@사용자 이름'의 형태뿐만 아니라 GitHub에서 사용할 수 있는 기법이 더 있습니다.

'@Organization 이름'을 입력하면 Organization에 소속된 사용자 전부에게 Notification을 보낼 수 있습니다. 또한, '@Organization 이름/팀 이름'을 입력하면 팀에 소속된 사용자 전부에게 Notification을 보낼 수 있습니다[주a]. 이렇게 한 번에 여러 사람에게 Notification을 보내는 것도 가능합니다.

'#번호'를 입력하면, 해당 리포지토리의 Issue 번호의 링크가 만들어집니다. '@사용자 이름/리포지토리 이름#번호'를 입력하면 지정한 리포지토리의 Issue 번호 링크가 만들어집니다. 이렇게 특정한 형식으로 작성하기만 하면 자동으로 링크가 생성됩니다. 이러한 기능을 활용하면 다른 사람과 효율적으로 커뮤니케이션할 수 있습니다.

주a Organization과 관련된 상세 내용은 10장의 291쪽에서 설명하겠습니다.

다른 팀이 작성하던 소프트웨어를 더 자세히 볼 수 있다

GitHub는 자신의 팀뿐만 아니라 다른 팀과도 협업할 수 있는 기능을 제공합니다. 다른 팀이 만든 흥미 있는 리포지토리를 Watch에 등록하면, 해당 리포지토리와 관

주5 GFM과 관련된 내용은 3장의 42쪽, 5장의 112쪽에서도 설명하고 있습니다.

련된 정보가 News Feed(뉴스 피드)에 나옵니다(그림 1.6).

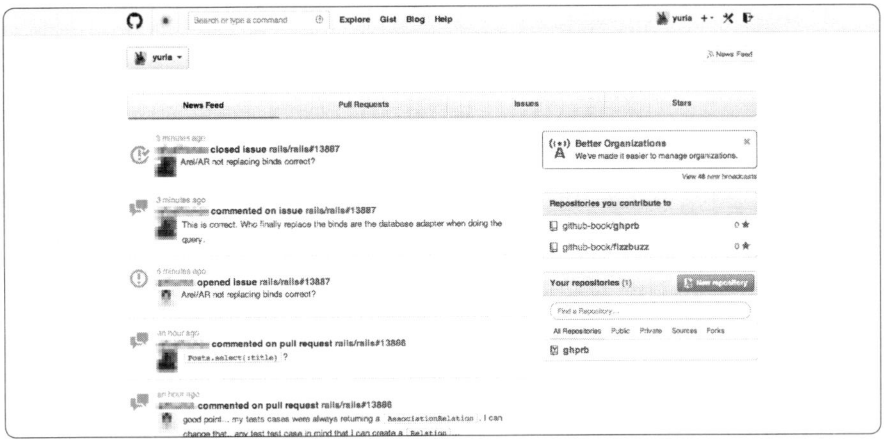

그림 1.6 다양한 리포지토리의 정보가 News Feed에 나오는 모습

　예를 들어, 회사에서 사용하고 있는 소프트웨어의 리포지토리를 Watch에 등록하면, 새로운 버전의 새로운 기능과 버그 수정 정보 등을 실시간으로 파악할 수 있습니다. 물론, 독자가 직접 해당 소프트웨어 개발에 참가하는 것도 가능하므로, 적극적으로 의견 제시를 해봅시다. 필요하다면 Pull Request로 코드를 전송하는 것도 가능합니다.

　옆 팀이 개발하고 있는 리포지토리를 Watch에 등록하면, 기능이 어느 정도 구현되고 있는지를 매일매일 확인할 수도 있습니다. 유용한 기능 또는 라이브러리를 개발하고 있다면, 이런 기능을 자신의 팀에도 적용할 수 있습니다. 또한, 이미 제공되고 있는 라이브러리 등을 자신의 리포지토리로 옮겨와 새로운 리포지토리를 작성하고 발전시키는 것도 가능합니다. 이러한 것들이 제대로 이루어지면 다른 개발자들과 곧바로 협업할 수 있게 되는 것입니다.

공개 소프트웨어 세계와 같은 개발 스타일

GitHub를 회사에서 사용하면 공개 소프트웨어 개발과 같은 과정으로 개발할 수 있게 됩니다. 따라서 이전에 공개 소프트웨어를 개발하고 있던 개발자는 회사마다 있는 독자적인 툴을 따로 배울 필요가 없어집니다. 때문에 결과적으로는 회사에 들어가자마자 곧바로 개발을 시작할 수 있습니다. 마찬가지로 회사에서 GitHub를 이용하면 대학에서 졸업하고 곧바로 회사에 들어온 1년차 프로그래머도 곧바로 공개 소프트웨어 개발에 참여할 수 있게 됩니다.

결국, 공개 소프트웨어 세계에서의 소프트웨어 개발과 회사에서의 소프트웨어 개발의 차이가 없어지는 셈입니다. 물론, 기업에서 Git 리포지토리가 공개되어 있는지 아닌지의 차이는 있을 수 있습니다.

1.3 소셜 코딩이란?

GitHub는 공개 소프트웨어 개발에 소셜 코딩이라는 개념을 만들어 낸 서비스입니다. 이러한 개념은 세계의 많은 개발자에게 영향을 끼쳤으며, 소프트웨어 개발 방법에 혁명을 일으켰다고 해도 과언이 아닙니다. 여기서는 이러한 소셜 코딩이라는 개념이 무엇인지 자세하게 설명해 보겠습니다.

'소셜 코딩(Social Coding)'이라는 말을 들어 본 적이 있으신가요? 들어 본 적이 없다면, 그림 1.7의 로고는 본 경험이 있으신가요? 다음 그림은 과거의 GitHub의 로고 입니다. 로고를 보면 'SOCIAL CODING'이라는 영문이 작게 들어가 있습니다. 참고로 2013년 4월부터는 그림 1.8의 로고로 바뀌었습니다.

그림 1.7 GitHub의 옛날 로고

그림 1.8 GitHub의 새로운 로고

GitHub[주6]는 소셜 코딩이라는 개념을 만들어 낸 서비스입니다. GitHub가 등장하면서 '소스 코드를 소유하는 권리'의 의미가 새로운 의미로 재탄생되었습니다. 현재는 모든 사람이 쉽게 소스 코드를 소유하고, 변경하고, 공유할 수 있으며, GitHub를 사용하면 모든 개발자가 소스 코드를 공개할 수도 있습니다. 이로 인해 날마다 수많은 개발이 GitHub에서 이루어지고 있습니다.

GitHub가 등장하기 이전에는 Committer라고 불리는 소스 코드를 수정할 수 있는 특권 계층에 의해서 프로그램 개발이 이루어졌습니다. 따라서 일반 개발자가 소스 코드를 수정하거나, 공개를 요청하기 위해서는 이러한 특권 계층을 설득해야만 했습니다. 이러한 이유로 초기에는 빠르게 개발되던 유명 프로그램도 시간이 지나면서 쓰이지 않게 되는 일이 허다해졌습니다.

그러나 GitHub가 등장하면서 개발자 세계에는 '민주화'의 바람이 불었고, 모든 사람이 평등하게 소스 코드를 수정할 수 있는 권리를 얻었습니다. 이것은 프로그램 개발계의 혁명입니다. 그리고 GitHub가 슬로건으로 내걸고 있는 것 또한 이러한 '소

주6 http://github.com/

셜 코딩'이라는 특성입니다.

지금까지 소셜 코딩의 개념에 대해서 설명하고, 소셜 코딩이 이루어질 수 있게 만들어 준 GitHub에 대해서 설명했습니다. GitHub의 개별적인 기능과 관련된 이야기는 3장부터 자세히 설명하겠습니다.

1.4
소셜 코딩을 해야 하는 이유

IT 산업은 잦은 이직이 점점 일반화되고 있는 업계입니다. 유명 개발자들의 블로그를 보면 월초에 '입사했습니다!'라고 쓰여 있는데 반해, 월말에는 '퇴사하게 되었습니다.'라고 쓰인 경우가 허다합니다.

갑자기 당신이 개발자 채용 담당자가 되었다고 가정해 봅시다.

- 지금까지 작성한 코드를 확인할 수 있는 개발자 or 없는 개발자
- 최신 소프트웨어를 잘 알고 있는 개발자 or 잘 모르는 개발자
- 프로그래밍 언어 또는 소프트웨어 세계의 다양한 문화를 이해하고 있는 개발자 or 이해하지 못하는 개발자

이런 개발자들이 있다면 어느 쪽을 채용하고 싶으신가요? 이 경우 후자에 속하지 않기 위해서라도 소셜 코딩 또는 GitHub가 중요합니다.

드넓은 개발 세계

회사라는 갇힌 세계에서만 프로그래밍을 한다면 새로운 기술을 접할 수 없습니다. 일에서 사용하는 기술뿐만 아니라 다양한 기술 지식을 얻으려면 다양한 개발 문화를 접해야 합니다. 또한, 전 세계적으로 많이 사용되는 주목받는 소스 코드 또는 기술, 설계, 문화 등에 눈을 돌리면 자신의 소스 코드와 성과에도 큰 영향을 줍니다. 저

자도 유명한 프레임워크의 구현 방식 등을 참고해 가며 개발중인 소프트웨어를 좋은 방향으로 이끌었던 경험이 있습니다.

코드를 작성할 수 있는 개발자

특히, 빠른 속도로 변화하는 웹 업계에서는 프로그래머가 실제로 코드를 작성할 수 있는지를 중요히 여깁니다. 과거에는 어느 정도의 경력을 가졌고, 인간성이 좋으며, 쉽게 협조를 잘하고 관리 능력이 있는 사람을 중시했습니다. 하지만 최근에는 빠른 기술 발달로 인해 한 개의 서비스를 만드는 데에도 다양한 프로그래밍 언어와 기술이 필요하게 되었습니다. 그로 인해 다양한 프로그래밍 언어를 사용해 코드를 잘 작성하는 개발자가 주목받게 되었습니다.

그런데 코드를 잘 작성한다는 것을 대체 어떻게 판별할까요? 이는 작성한 코드를 직접 보는 것이 가장 확실한 방법일 것입니다. 지금은 GitHub의 등장으로 누구나 쉽게 소스 코드를 공개할 수 있게 되었습니다. 페이스북과 트위터를 보면 해당 사람이 어떤 사람인지 알 수 있듯, GitHub를 봐도 해당 사람이 어떤 성향을 가진 개발자인지 알 수 있습니다.

앞으로도 소셜 코딩을 하는 사람은 점점 늘어날 것입니다. 그리고 회사들도 당신이 작성한 코드를 보고 채용을 결정하는 시대가 코앞으로 다가왔습니다. 자신이 만든 것을 세상에 보여 주는 것이 점점 중요해지는 시대입니다. 따라서 개발을 생업으로 삼고 있는 직업 프로그래머도 반드시 소셜 코딩을 해야 합니다.

GitHub의 가장 큰 특징은 '사람을 바라본다'는 것

이번에는 GitHub가 다른 단순한 리포지토리 호스팅 시스템과 무엇이 다른지, 저자가 중요하게 생각하는 부분을 소개하겠습니다.

GitHub는 지금까지의 리포지토리 호스팅 시스템과 다르게 중심에 사람이 있습니다. 지금까지의 리포지토리 호스팅 서비스는 하나의 프로젝트를 중심으로 구현되어 있었습니다. 따라서 해당 리포지토리의 관리자가 누구인지까지는 알 수 있지만, 그 사람이 다른 무슨 프로젝트에서 무엇을 하는지는 쉽게 알 수 없었습니다.

하지만 GitHub는 프로젝트뿐만 아니라 사람이라는 특성에 주목하였고, 그 사람이 공개하고 있는 프로젝트는 모두 확인할 수 있습니다. 또한, 대시보드[주7]에 표시되는 News Feed로 그 사람이 GitHub에서 하고 있는 모든 개발 활동을 한눈에 볼 수 있습니다.

한마디로 당신이 관심을 두고 있는 개발자가 하는 것을 자세히 확인할 수 있게 되는 것입니다. 관심 있게 지켜보던 개발자가 전 세계적으로 유명해질 수도 있으며, 학교 동급생 또는 회사 동료가 될 수도 있습니다. 사람과 코드 모두를 확인할 수 있는 것이야말로 GitHub가 제공하는 새로운 서비스인 것입니다.

1.5
GitHub가 제공하는 주요한 기능

GitHub는 개발자가 좋은 코드를 효율적으로 만들 수 있게 다양한 기능을 제공합니다. 이번 절에서는 GitHub에서 제공하는 기능들을 간단히 살펴보겠습니다.

Git 리포지토리

GitHub에서 제공되는 Git 리포지토리(repository)는 기본적으로 무료이며, 몇 개를 작성해도 전혀 문제가 없습니다. 하지만 이는 모든 사람에게 공개되는 공개 리포지토리의 경우에 한해서입니다. 자신만 볼 수 있게 만들거나, 한정된 사람만이 열람할 수 있게 만들고 싶다면 비공개 리포지토리를 만들어야 합니다. 비공개 리포지토리를 만들기 위해서는 매달 7달러 이상을 GitHub에 지불해야 합니다. 금액과 관련된 자세한 사항은 https://github.com/plans를 참고하세요.

주7 대시보드와 관련된 내용은 5장 96쪽에서 자세히 설명하겠습니다.

Organization

일반적으로 개인 용도로만 GitHub를 사용한다면 개인 계정만으로도 충분합니다. 하지만 회사 등에서 GitHub를 사용한다면 Organization 계정을 사용하는 것이 좋습니다. Organization 계정을 사용하면 계정의 권한 관리 등을 일괄적으로 할 수 있으며, 지불 방법 등을 통일할 수 있다는 장점이 있습니다.

공개 리포지토리만 사용한다면 무료로 제공되는 Organization 계정을 사용하면 됩니다. 이런 계정은 스터디 또는 IT 계열의 커뮤니티에서 소프트웨어를 개발할 경우 활용하기 좋습니다. 그러나 회사에서 GitHub를 사용하려면 유료 계정을 사용하는 것이 좋습니다. 이에 관련된 내용은 10장에서 자세히 설명하겠습니다.

Issue

한 개의 작업 또는 문제를 해결할 때는 하나의 Issue를 생성합니다. Issue를 생성하면 해당 작업 또는 문제를 해결하는 과정을 관리할 수 있습니다. 일종의 버그 관리 시스템과 같은 방법으로 사용할 수 있는 것입니다. 참고로 이후에 설명하는 Pull Request가 만들어지는 경우에도 하나의 Issue가 생깁니다.

일반적으로 한 개의 기능 추가 또는 수정을 할 때는 하나의 Issue가 만들어지며, 토론 등도 해당 Issue를 중심으로 이루어집니다. 따라서 Issue를 보면 해당 변경 사항과 관련된 내용을 한눈에 볼 수 있습니다.

Git commit 메시지에 '#7'처럼 Issue ID를 추가하면 GitHub에서 자동으로 commit 링크가 붙습니다. 특정한 형식으로 commit 메시지를 작성하는 것만으로도 Issue를 close할 수 있는 매우 편리한 기능입니다. 자세한 내용은 5장의 111쪽에서 설명하겠습니다.

Wiki

Wiki 기능은 문서를 공동으로 작성 또는 변경할 수 있는 기능입니다. 개발 문서 또는 매뉴얼 등을 기록할 때 사용합니다. 문서를 작성할 때는 GFM이라는 형식을 사용하는데, 이는 5장 125쪽에서 자세히 설명하겠습니다.

Wiki 페이지도 Git 리포지토리에서 관리되므로 변경 내역 등이 모두 기록됩니다. 따라서 안심하고 페이지를 작성해도 됩니다. clone해서 편집 또는 확인하는 것도 가능하므로 개발자들이 웹 브라우저로 접속하지 않아도 볼 수 있습니다.

Pull Request

Pull Request는 다른 사람의 리포지토리에 자신이 push한 변경 사항 또는 기능 추가 사항을 넣어 달라고 요구하는 기능입니다. Pull Request를 보내면 다른 사람의 리포지토리 관리자들이 자신들에게 보내진 Pull Request의 내용 또는 포함된 코드의 변경 사항들을 확인합니다.

또한, 그렇게 제출된 Pull Request의 내용이나 소스 코드를 함께 토론하기 위한 기능도 제공되고 있습니다. 예를 들어, 소스 코드의 한 줄마다 댓글을 작성하며 프로그래머들이 문제를 두고 효율적으로 소통하는 것도 가능합니다.

Pull Request와 관련된 내용은 6장에서 더욱 자세히 설명하겠습니다.

| Column | GitHub에서 주목받고 있는 소프트웨어 |

GitHub에서 개발되고 있는 소프트웨어를 몇 가지 소개하겠습니다(표 a). 이 책을 읽고 있는 독자분들도 한 번쯤 사용해 보았거나, 들어본 적이 있을 것입니다. 현재 GitHub에서 주목받고 있는 소프트웨어들은 https://github.com/trending에서 추가로 확인할 수 있습니다.

표 a GitHub에서 주목받고 있는 소프트웨어

이름	설명	GitHub 경로
Ruby on Rails	루비(Ruby)에서 사용하는 대표적인 오픈 소스 Web 프레임워크	https://github.com/rails/rails
node	자바스크립트(JavaScript)와 관련된 가장 인기 있는 플랫폼으로 Node.js라고 부릅니다.	https://github.com/joyent/node
jQuery	현재 전세계 모든 곳에서 사용되고 있는 자바스크립트 라이브러리	https://github.com/jquery/jquery
Symfony2	PHP로 작성된 풀 스택 웹 프레임워크	https://github.com/symfony/symfony
Bootstrap	트위터 같은 인터페이스를 작성할 수 있는 컴포넌트 집합	https://github.com/twbs/bootstrap

1.6
정리

이번 장에서는 소셜 코딩이 실제로 이루어지고 있는 **GitHub**에 대해서 간단히 살펴보았습니다. 자세한 내용은 앞으로 차근차근 알아가도록 하겠습니다.

17

2

Git 기본

GitHub의 가장 핵심적인 기능은 Git 리포지토리를 관리하는 기능입니다. 따라서 Git과 관련된 기본적인 지식이 있어야 GitHub를 사용할 수 있습니다. 또한, GitHub를 사용하려면 Git 환경이 구성되어 있어야 합니다. 그러므로 이번 장에서는 Git을 사용하기 위한 지식을 배우고 기본적인 설정을 수행하겠습니다.

2.1
탄생 배경

Git은 소프트웨어의 버전을 관리하기 위한 소프트웨어입니다. 간단하게는 Git을 분산 버전 관리 시스템이라고도 부릅니다. 리눅스의 창시자 리누스 토발즈(Linus Torvalds)의 말에 따르면, Git의 원형이 되는 프로그램이 2005년에 개발되었다고 합니다. 기존의 리눅스 커널 개발에서 사용하고 있던 버전 관리 시스템의 라이선스가 변경되면서 새로운 시스템을 찾는 과정에서 Git이 만들어진 것입니다.

리눅스 커널은 가장 많은 변경이 일어나는 소프트웨어 중 하나입니다. 따라서 리눅스 커널을 개발할 때 사용하는 버전 관리 시스템은 많은 기능과 높은 성능이 요구됩니다. 물론, 오픈 소스로 개발된 버전 관리 시스템이 몇 가지 있었습니다만, 기능과 성능 모두 예상에 미치지 못해서 리누스 토발즈가 스스로 소프트웨어를 개발했다는 배경이 있습니다. 어쨌거나 많은 개발자들이 사용하고 있는 이유는 그만큼 기능과 성능이 다른 버전 관리 시스템에 비해서 뛰어나기 때문입니다.

저자도 서브버전(Subversion)[주1]에서 Git으로 이동할 때, Git의 기능과 성능에 모두 놀랐습니다. 기능이 너무 많아서 지금도 제대로 다루지 못하고 있지만, 그래도 지금까지 버전 관리를 하면서 소비하던 시간을 굉장히 줄일 수 있었습니다. 이제 Git 없이는 소프트웨어 개발을 할 수 없을 정도입니다.

주1 http://subversion.apache.org/

Git이 처음 공개되었을 때는 전문 개발자들만 사용할 수 있을 만큼 다루기가 쉽지 않았습니다. 하지만 많은 개발자들의 노력으로 쉽게 이용할 수 있도록 바뀌었고, 지금은 전 세계 모든 개발자들이 애용하는 소프트웨어가 되었습니다.

2.2 버전 관리란?

버전 관리 시스템은 변경 내역을 관리합니다. 구체적으로는 소프트웨어의 코드를 추가 또는 변경하는 과정을 모두 기록하여 특정한 시점으로 돌아가거나, 문제가 생긴 파일을 복원하는 등, 소프트웨어 개발 현장에서 없어서는 안 될 중요한 프로그램입니다.

Git 이전에는 방금 언급했던 서브버전 등의 집중형 버전 관리 시스템이 주류를 이루었습니다만, 현재는 분산형 버전 관리 시스템 Git이 주류가 되었습니다. GitHub의 보급으로 인해 Git이 세계적으로 더욱 많이 사용되고 있습니다. 따라서 지금부터 버전 관리 시스템을 배우는 분이라면 Git을 학습해 둘 것을 추천합니다.

집중형과 분산형

버전 관리 시스템에는 서브버전과 같은 집중형 시스템과 Git과 같은 분산형 시스템이 있습니다. 이번에는 이 두 가지의 차이를 간단히 살펴보겠습니다.

● 집중형

대표적인 집중형 버전 관리 시스템으로는 서브버전이 있습니다. 집중형 버전 관리 시스템은 그림 2.1처럼 서버에 리포지토리를 집중시켜 배치합니다. 따라서 하나의 소프트웨어를 개발할 때는 하나의 리포지토리만 존재합니다.

집중형은 데이터가 중앙 서버에 집중되는 형태로, 덕분에 관리하기가 무척 단순한

것이 장점입니다. 하지만 서버에 접속할 수 없다면 최신 소스 코드를 받아올 수가 없
으므로 개발이 불가능합니다. 또한, 서버가 다운되어도 동일한 상황이 일어납니다.
게다가 서버가 고장 나서 데이터가 사라지면 최신 소스 코드는 두 번 다시 볼 수 없
게 됩니다.

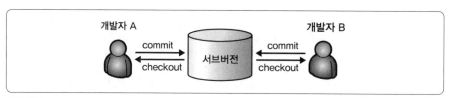

그림 2.1 집중형

● 분산형

분산형 버전 관리 시스템은 그림 2.2와 같은 형태로, Git도 대표적인 분산형 버전
관리 시스템입니다. 그림을 보면 Fork(포크)라는 것이 있는데, Fork는 GitHub에 있
는 특정 리포지토리를 자신의 계정으로 복제합니다. 이렇게 해서 복제된 리포지토리
는 원래 리포지토리와 완전히 다른 리포지토리이며, 때문에 마음대로 편집해도 아무
런 문제가 없습니다.

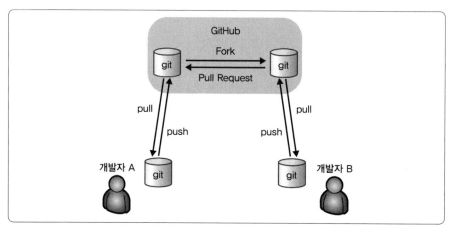

그림 2.2 분산형

분산형은 집중형과 달리 리포지토리가 여러 개 존재할 수 있는 것이 특징이나, 그로 인해 다소 복잡합니다. 하지만 개인마다 리포지토리를 가질 수 있으므로 서버에 있는 리포지토리에 접속하지 않아도 개발할 수 있습니다. 참고로 서버에 있는 리포지토리를 원격 리포지토리라고 부릅니다.

그림에서는 일반적인 코드 교환 형태만 표시했습니다. 그림을 보면 서버와 사용자끼리만 push, pull을 하는데요. 실제로는 GitHub를 통하지 않아도 개발자 A와 B가 리포지토리를 직접 push, pull할 수 있습니다. 따라서 규칙을 정하지 않고 멋대로 개발하기 시작하면 최신 코드가 어디 있는지 알기조차 힘듭니다. 초보자라면 쉽게 빠질 수 있는 문제지만, 책의 내용을 진행하면서 직접 코드를 입력해 보면 점차 익숙해져 이런 문제가 발생하지 않을 것입니다.

집중형과 분산형 중에 어떤 것이 좋은 것일까?

집중형과 분산형 모두 장점과 단점이 있으므로 경우에 따라 어떤 것이 좋을지는 저마다 다릅니다. 하지만 Git과 GitHub의 보급에 따라 분산형 버전 관리 시스템이 압도적으로 많이 사용되는 것은 분명합니다. 참고로 규칙만 만든다면 분산형으로 집중형 버전 관리 시스템을 구현할 수 있습니다.

버전 관리 시스템을 배울 때 단순해 보이는 집중형을 배우고 나서 분산형을 배워야 한다고 생각하는 사람들이 있습니다. 하지만 집중형을 사용하는 일이 거의 없으므로 일부러 우회해서 공부할 필요는 없습니다. 마찬가지로 기업 등의 조직에서 버전 관리 시스템을 도입한다면 GitHub와 Git을 사용할 것을 추천합니다. 소프트웨어 개발이 시작된 후에 집중형을 분산형으로 바꾸는 것은 무척 힘듭니다. 따라서 처음부터 분산형을 선택하는 것이 단연코 더 낫다고 말씀드립니다.

여러 개의 리포지토리가 있다는 개념만 확실하게 잡으면, 분산형 버전 관리 시스템을 공부하는 것이 그렇게 어려운 일도 아닙니다. 배우고 나면 원래 그런 것인가 하는 생각마저 들 것입니다.

2.3
설치

지금부터 Git을 설치하고 설정하는 방법을 알아보겠습니다.

맥과 리눅스의 경우

최근 맥(Mac)에는 Git이 기본적으로 설치되어 되었습니다. 리눅스는 종류별로 다른 패키지가 제공되고 있으므로 자신의 운영체제에 맞는 패키지를 찾아서 설치하면 됩니다. 여기서는 책의 분량 관계상 자세한 내용은 생략하겠습니다.

윈도우즈의 경우

윈도우즈(Windows)를 사용하는 경우에는 msysGit을 이용하는 것이 가장 편리합니다. http://msysgit.github.io/에 들어가서 msysGit을 다운로드 해주세요. 책을 집필하는 시점(2014년 12월)의 최신 버전은 Git-1.9.5-preview20141217입니다.

설치 파일을 모두 다운로드했다면, 파일을 실행해 주세요. Next > 버튼만 누르면 쉽게 설치되지만, 간단하게 설치할 때 설정해야 할 것 일부만을 짚고 넘어가겠습니다.

● 컴포넌트 선택

그림 2.3의 화면에서는 필요한 컴포넌트를 선택합니다. 필요한 컴포넌트는 자동적으로 선택되어 있으므로 아무것도 변경하지 않고 곧바로 다음 화면으로 진행해도 괜찮습니다.

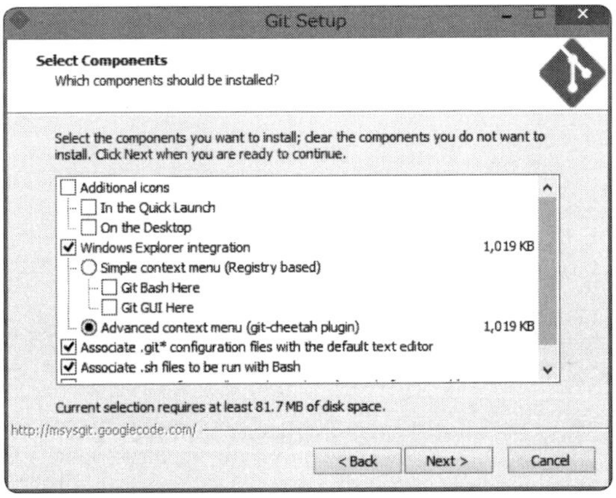

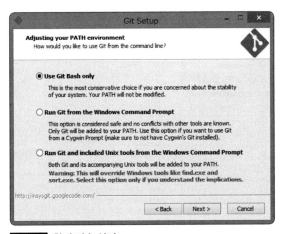

그림 2.3 컴포넌트 선택

● 환경 변수 설정

그림 2.4는 Git을 참조하는 환경 변수를 설정하는 화면입니다. 이 책에서는 msysGit에 들어 있는 Git Bash라는 명령 프롬프트만 사용하므로 가장 위에 있는 'Use Git Bash Only'를 선택하고 다음으로 진행하면 됩니다.

그림 2.4 환경 변수 설정

● 개행 코드 설정

그림 2.5의 화면에서는 개행 코드와 관련된 설정을 선택합니다.

GitHub에서 공개하고 있는 코드는 대부분 맥 또는 리눅스에서 이용되는 LF(Line Feed)로 개행을 수행합니다. 윈도우즈는 CRLF(Carriage Return + Line Feed)를 사용하는데, 이 때문에 개행 문자와 관련된 설정을 지원하지 않는 에디터를 사용하는 경우에는 파일이 정상적으로 표시되지 않을 수 있습니다.

Git에는 이런 개행 코드를 자동적으로 변경해 주는 설정이 있습니다. 윈도우즈 환경에서 Git을 이용한다면 가장 위에 있는 'Checkout Windows-style, commit Unix-style line endings'를 선택해 주세요. 이렇게 하면 checkout 시점에는 CRLF를, commit 시점에는 LF를 사용해 개행 문자를 처리합니다.

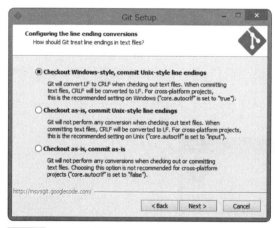

그림 2.5 개행 문자 변경

이상으로 설치하면서 주의할 부분을 모두 살펴보았습니다. 이러한 점들에 주의하면서 이용하는 환경에 맞춰 설정해 주세요.

● Git Bash

msysGit을 정상적으로 설치 완료했다면 'Git Bash'라는 애플리케이션이 추가되어 있을 것입니다. 프로그램을 실행해 주세요. 'Git Bash'는 msysGit을 설치할 때 함께 설치되는 명령 프롬프트입니다(그림 2.6). 이 책에서 설명한 대로 설정하여 설치 를 마쳤다면, 윈도우즈에서 제공되는 명령 프롬프트에서는 git 명령어를 사용할 수 없습니다.

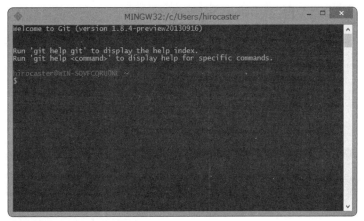

그림 2.6 Git Bash의 동작 화면

'Bash'라는 이름이 붙은 것처럼 Git Bash에서는 Bash 명령어 대부분을 사용할 수 있습니다. 따라서 리눅스에 익숙한 사람은 윈도우즈에서 제공되는 명령 프롬프트 보다 쉽게 다룰 수 있을 것입니다. Bash에 익숙하지 않은 사람이라도 이를 계기로 CLI(Command Line Interface) 조작에 적극적으로 임해보는 것은 어떨까요?

이 책에서 사용하는 환경

이 책은 집필 시점(2013년 12월)에 맥 OS X 10.9.1의 최신 안정판 Git 1.8.5.2에 서 명령어 동작을 확인했습니다. 다른 운영체제에서도 버전 1.8.X 또는 1.7.X의 패 키지가 제공되고 있습니다. 무리하게 최신 버전을 이용할 필요는 없지만, 되도록 최 신 버전의 Git을 사용할 것을 추천합니다.

2.4
기본 설정

자신의 컴퓨터에 설치한 Git의 설정을 실행해 보겠습니다.

사용자 이름과 메일 주소 설정

일단 Git에서 이용할 이름과 메일 주소를 설정하겠습니다. 이름은 영어 알파벳으로 입력해 주세요.

```
$ git config --global user.name "Firstname Lastname"
$ git config --global user.email "your_email@example.com"
```

명령어를 입력하면 '~/.gitconfig'에 다음과 같은 형태의 설정 파일이 생성됩니다.

```
[user]
  name = Firstname Lastname
  email = your_email@example.com
```

설정 파일을 직접 편집해도 문제없습니다. 참고로, 이때 입력한 이름과 메일 주소는 Git의 commit 로그 등에 사용됩니다. GitHub 리포지토리를 공개하는 경우에도 이때 입력한 이름과 메일 주소가 뜹니다. 따라서 공개되어도 문제없는 이름과 메일 주소를 사용하기 바랍니다.

GitHub에 코드를 공개하면 다른 나라의 개발자들도 코드를 볼 수 있습니다. 따라서 한글 또는 한자를 이용하는 것보다 영어를 사용하는 편이 좋습니다. 물론 실명이 아니라 인터넷상에서 사용하는 닉네임이어도 상관없습니다.

출력되는 명령어를 쉽게 읽을 수 있도록 만드는 방법

추가로 color.ui 설정을 auto로 합니다. 이렇게 하면 다양한 명령어에서 나오는 출력을 읽기가 쉬워집니다.

```
$ git config --global color.ui auto
```

'~./gitconfig'에 다음 문장이 추가됩니다.

```
[color]
  ui = auto
```

2.5
정리

이번 장에서는 Git이 탄생한 배경부터 버전 관리 시스템의 집중형과 분산형에 대해 설명하고, 실제로 Git을 설치하여 초기 설정하는 부분까지 다루었습니다.

개발자라면 일상 생활에서도 Git을 사용할 상황이 점점 늘어날 것입니다. 그러므로 반드시 초기 설정에 신경을 써 두기 바랍니다.

CHAPTER

3

GitHub
사용 준비

3.1
사전 준비

계정 생성

일단 GitHub 계정을 생성해 보겠습니다. 계정 생성 페이지에 접속합니다[주1]. 계정 생성 페이지에 들어가면 그림 3.1처럼 나옵니다. 'Username'에는 원하는 ID를 영어로 입력해 주세요. 이때 입력하는 ID를 이용하여 공개 페이지 URL이 'http://github.com/○○'와 같은 형태로 생성됩니다. 다른 입력 양식들도 지시에 따라서 입력하기 바랍니다.

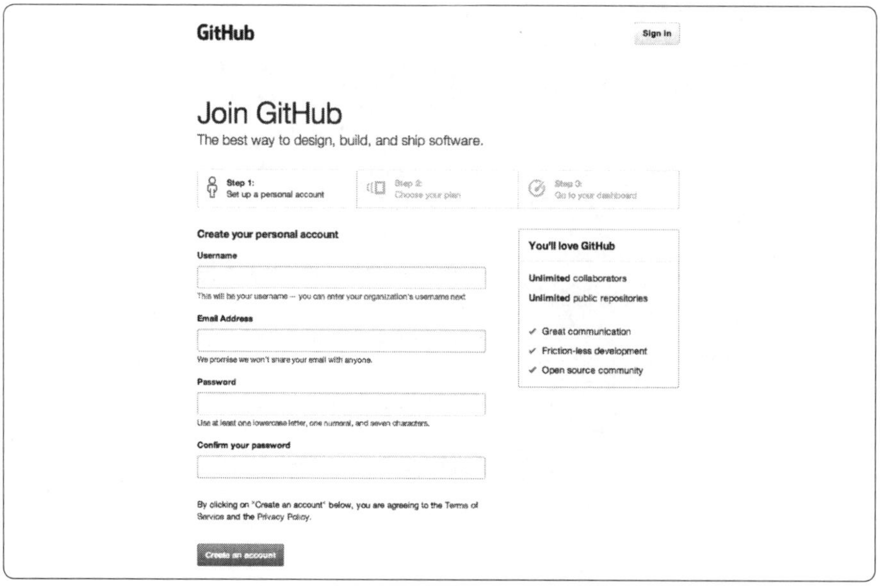

그림 3.1 계정 생성 페이지

주1 https://github.com/join

모든 입력 양식을 입력한 후 'Create an account'를 클릭하면 계정 생성이 완료됩니다. 생성한 계정으로 로그인하면 곧바로 GitHub 서비스를 이용할 수 있습니다. 로그인하면 화면의 오른쪽 상단에 사용자 이름이 표시됩니다.

계정 설정

GitHub의 아바타(계정 아이콘)는 Gravatar[주2]라는 서비스로 제공되고 있습니다. 워드프레스(WordPress)를 이용하고 있는 독자라면 이미 Gravatar가 무엇인지 아실 겁니다.

GitHub에 가입할 때 사용한 이메일 주소로 Gravatar에 가입하고 아바타를 설정하면 아바타가 자동으로 GitHub에 설정됩니다. 물론 아바타 없이도 GitHub를 이용하는 데는 문제가 없지만, 코드를 작성한 사람에게 아바타가 있으면 다소 안심이 되고 그 사람에게 더욱 흥미가 생길 수 있을 것입니다. 게다가 GitHub는 어디까지나 사람 중심의 서비스이므로 아바타를 등록할 것을 적극 추천합니다.

SSH Key 설정

GitHub는 작성한 리포지토리에 대한 접근 인증을 SSH 공개 키로 합니다. 공개 키 인증에 필요한 SSH 공개 키를 생성하고 GitHub에 등록해 보겠습니다. 이미 SSH 공개 키가 있는 독자는 기존의 키를 사용해서 설정해도 됩니다[주3]. 다음과 같이 실행해서 SSH Key를 작성합니다.

주2 https://ko.gravatar.com/

주3 이와 관련된 부분은 GitHub의 https://help.github.com/articles/generating-ssh-keys/를 참고해 주세요.

```
$ ssh-keygen -t rsa -C "your_email@example.com"
Generating public/private rsa key pair.
Enter file in which to save the key
(/Users/your_user_directory/.ssh/id_rsa): [Enter] 입력
Enter passphrase (empty for no passphrase): [비밀번호 입력]
Enter same passphrase again: [비밀번호 재입력]
```

'your_email@example.com'에는 GitHub에 등록할 때 사용한 자신의 이메일 주소를 넣어 주세요. 비밀번호는 인증할 때 입력하는데, 외우기 쉬우면서도 복잡한 비밀번호를 지정할 것을 추천합니다. 비밀번호를 입력하고 나면 다음과 같이 출력됩니다.

```
Your identification has been saved in /Users/your_user_directory/.
ssh/id_rsa.
Your public key has been saved in /Users/your_user_directory/.ssh/
id_rsa.pub.
The key fingerprint is:
[핑거프린트] your_email@example.com
The key's randomart image is:
+--[ RSA 2048]----+
|     .+   +      |
|     = o O .     |
[생략]
```

id_rsa라는 파일이 비밀 키고, id_rsa.pub이 공개 키입니다.

공개 키 등록

GitHub에 공개 키를 등록하고, 비밀 키를 사용해 GitHub에 인증해 보겠습니다.

오른쪽 상단의 톱니바퀴 아이콘인 Account를 누르고 'SSH Keys' 메뉴에 들어갑니다. 'Add SSH Keys' 버튼을 누르면 그림 3.2처럼 입력 공간이 뜨는데요. Title에는 해당 키의 이름을 입력하고, Key에는 id_rsa.pub의 내용을 복사해서 붙여 넣어 줍니다. id_rsa.pub의 내용은 다음 코드를 참조해 주세요.

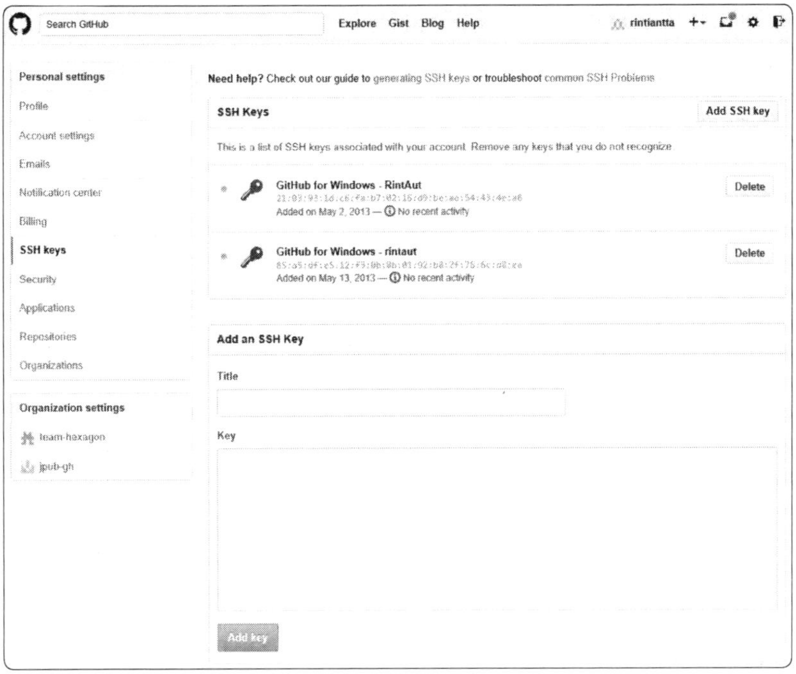

그림 3.2 SSH Keys

```
$ cat ~/.ssh/id_rsa.pub
ssh-rsa 공개 키의 내용 your_email@example.com
```

등록이 무사히 끝나면 공개 키 등록 완료와 관련된 이메일이 발송됩니다. 지금까지의 설정이 모두 끝났다면 만들어진 비밀 키로 GitHub에 인증하거나 통신할 수 있습니다. 실제로 동작하는지 확인해 주세요.

```
$ ssh -T git@github.com
The authenticity of host 'github.com (207.97.227.239)' can't be established.
RSA key fingerprint is 핑거프린트.
Are you sure you want to continue connecting (yes/no)? yes 입력
```

다음과 같이 출력되면 성공한 것입니다.

```
Hi hirocaster! You've successfully authenticated, but GitHub does not
provide shell access.
```

소셜 기능 이용

GitHub는 사람 중심의 서비스입니다. 따라서 계정을 생성했다면 Follow(팔로우)를 해봅시다. 다른 사용자의 프로필 페이지 오른쪽 상단에 있는 그림 3.3의 버튼을 누르면 바로 Follow됩니다.

그림 3.3 Follow 버튼

이렇게 버튼을 누르기만 하면 자신의 대시보드에 Follow한 사용자가 개발하는 과정을 계속해서 지켜볼 수 있습니다. 또한, 해당 사용자가 GitHub에서 하는 다른 활동들도 살펴볼 수 있습니다.

리포지토리에서도 Watch 버튼을 누르면 개발과 관련된 최신 정보를 얻을 수 있습니다. 자신이 자주 사용하는 소프트웨어가 GitHub에 있다면 Watch 버튼을 눌러보는 것은 어떨까요? 이러한 내용은 5장의 103쪽에서 자세히 설명하겠습니다.

3.2 실제로 사용해 보자

리포지토리 작성

실제로 공개 리포지토리를 작성해 보겠습니다. 툴바 오른쪽 위에 있는 'New

repository'(그림 3.4) 아이콘을 클릭해서 신규 리포지토리를 작성합니다.

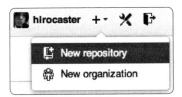

그림 3.4 신규 리포지토리 작성 버튼

● Repository name

그림 3.5를 참고하여 'Respository name'에 리포지토리 이름을 입력해 주세요.
지금은 'Hello-World'라는 이름을 사용해 보겠습니다.

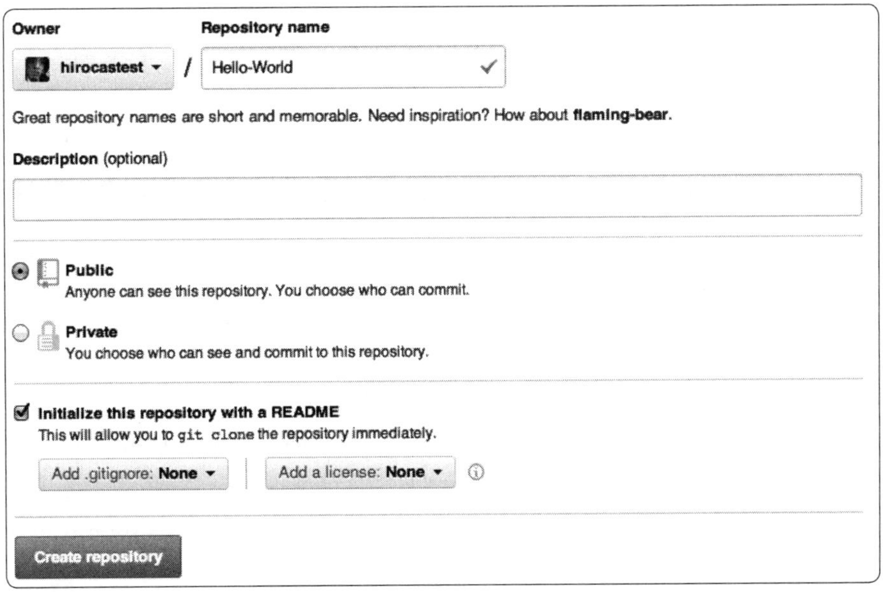

Owner	Repository name
hirocastest ▾ /	Hello-World ✓

Great repository names are short and memorable. Need inspiration? How about **flaming-bear**.

Description (optional)

○ **Public**
Anyone can see this repository. You choose who can commit.

○ **Private**
You choose who can see and commit to this repository.

☑ **Initialize this repository with a README**
This will allow you to `git clone` the repository immediately.

Add .gitignore: **None** ▾ | Add a license: **None** ▾ ⓘ

Create repository

그림 3.5 리포지토리 신규 작성 페이지

● Description

'Description'에 리포지토리의 설명을 입력합니다. 단, 반드시 입력해야 하는 것은 아니므로 공백으로 두어도 괜찮습니다.

● Public과 Private

이어서 'Public'과 'Private'를 선택할 수 있습니다. 지금은 'Public'을 선택해 주세요. 이렇게 하면 공개 리포지토리가 작성되며, 내용이 모두 공개됩니다.

'Private'를 선택하면 리포지토리에 접근을 제한하는 비공개 리포지토리가 작성됩니다만, 이는 유료입니다.

● Initialize this repository with a README

'Initialize this repository with a README'에 체크를 하면 GitHub 리포지토리 초기화와 README.md 파일 설치가 자동으로 수행됩니다. 이 경우, 리포지토리 작성 직후 바로 clone하는 것이 가능합니다. 이미 가지고 있는 Git 리포지토리를 GitHub에 등록하고 싶은 경우에는 체크하지 않고 직접 push할 것을 추천합니다.

● Add .gitignore

아래에 있는 Add .gitignore라는 풀다운 버튼은 편리한 기능이므로 기억하기 바랍니다. 이 버튼을 사용하면 초기화할 때 .gitignore 파일을 작성해 줍니다. .gitignore 파일에는 버전을 관리하지 않아도 되는 파일 또는 폴더가 설정되므로, 사용하는 언어 또는 프레임워크에서 별도의 설정을 하지 않아도 됩니다. 풀다운 메뉴에는 주요한 언어와 프레임워크가 있습니다. 여기서 사용할 언어 또는 프레임워크를 선택해 주세요. 지금은 특별한 프레임워크 등을 사용하지 않고 있으므로 선택하지 않으셔도 됩니다.

역자 한마디

.gitignore 샘플 파일

무슨 말인지 이해하기 힘들지 않으신가요? 예를 들어, C++로 프로젝트를 생성하면 다음과 같은 파일이 작성됩니다. 이런 식으로 .gitignore 파일[역주1]을 작성하면 소스 관리 대상에서 해당 확장자들이 제외됩니다. 따라서 해당 파일들은 내용이 변경되어도 따로 변경 사항이 기록되지 않습니다(참고로 '#' 뒤의 문장은 주석이므로 아무런 상관이 없습니다).

```
# Compiled Object files
*.slo
*.lo
*.o
*.obj
# Compiled Dynamic libraries
*.so
*.dylib
*.dll
# Compiled Static libraries
*.lai
*.la
*.a
*.lib
# Executables
*.exe
*.out
*.app
```

만약 ActionScript로 프로젝트를 작성하면 다음과 같은 파일이 작성됩니다. 이번 경우에는 파일 확장자가 아니라 폴더가 있는 모습을 볼 수 있는데, 이렇게 폴더를 지정하면 해당 폴더 아래의 모든 파일이 소스 관리 대상에서 제외됩니다.

```
# Build and Release Folders
bin/
bin-debug/
```

역주1 .gitignore 파일을 어떻게 만들어야 할지 모르겠다면 https://www.gitignore.io/를 사용해 보시기 바랍니다. 사용하는 운영체제, 통합 개발 환경, 프로그래밍 언어를 입력하면 자동으로 .gitignore 파일을 생성해 줍니다.

```
bin-release/

# Other files and folders
.settings/

# Project files, i.e. `.project`, `.actionScriptProperties` and
`.flexProperties`
# should NOT be excluded as they contain compiler settings and
other important
# information for Eclipse / Flash Builder.
```

왜 관리할 필요가 없는지 궁금한 독자도 있을 텐데, 위에서 언급한 C++의 파일과 ActionScript의 폴더들은 자동으로 생성되는 파일입니다. 이러한 파일들은 코드를 컴파일 하거나 실행하는 동안에 자동으로 생성, 또는 수정되는 것들이므로 변경 내역을 기록하지 않아도 됩니다.

입력 또는 선택을 완료했다면 'Create Repository'를 클릭해 주세요. 이렇게 하면 리포지토리 작성이 완료된 것입니다.

● Add a license

오른쪽에 있는 메뉴에서는 추가하고 싶은 라이선스를 선택할 수 있는데, 이 리포 지토리에 작성하는 코드의 라이선스가 필요한 경우에 선택하면 됩니다. 라이선스를 선택하고 리포지토리를 생성하면 라이선스의 내용이 적힌 LICENSE 파일이 리포 지토리 내부에 생성됩니다. 이 파일로 리포지토리에 있는 코드들의 라이선스를 알려 주는 것입니다.

코드를 공개할 때의 라이선스

GitHub에서 소스 코드를 공개한다고 해도 저작권 등을 포기하는 것은 아니며, 라이선스는 코드의 권리 소유자가 적절한 것을 선택해야 합니다. GitHub에서는 수정 BSD 라이선스 또는 Apache 라이선스 등 다양한 라이선스가 선택되고 있지만, 대부분의 소프트웨어는 MIT 라이선스를 이용하고 있습니다. MIT 라이선스의 특징은 다음과 같습니다.

1. 이 소프트웨어를 누구라도 무상으로 제한 없이 취급해도 좋다. 단, 저작권 표시 및 이 허가 표시를 소프트웨어의 모든 복제물 또는 중요한 부분에 기재해야 한다.
2. 저자 또는 저작권자는 소프트웨어에 관해서 아무런 책임을 지지 않는다.

– [MIT 허가서] "Wikipedia"http://ko.wikipedia.org/ 2013년 3월 10일 최종 변경

자세한 내용은 원문[주a]을 확인해 주세요.

실제로 라이선스를 이용하는 방법은 굉장히 간단합니다. LICENSE 파일 등을 리포지토리에 두고, README.md 파일에서 어떤 라이선스를 사용하고 있는지 표시해 주면 됩니다. 라이선스가 표시되어 있지 않은 소프트웨어를 사용할 때는 만약을 위해 저작자에게 직접 문의할 것을 추천합니다.

주a http://opensource.org/licenses/mit-license.php

리포지토리 접근

다음 URL은 현재 작성한 리포지토리 페이지의 경로입니다.

URL https://github.com/사용자 이름/Hello-World

● README.md

초기화 시점에 README.md 파일이 이미 작성되었습니다. README.md 파일은 리포지토리의 최상위 페이지에 자동으로 표시됩니다. 따라서 현재 리포지토리에 있는 소프트웨어가 어떤 것인지, 어떻게 하면 이용할 수 있는지, 라이선스는 어떻게 되는지 등을 적는 것이 보통입니다. README.md 파일은 Markdown 문법으로 작성합니다.

● GitHub Flavored Markdown[역주2]

GitHub에서 다른 사람들과 소통할 때에 사용하는 Issue와 댓글, Wiki는 Markdown 기법으로 작성합니다. GitHub에서 사용하는 Markdown 문법은 일반 Markdown 문법과 약간 다른데, 이를 'GitHub Flavored Makdown(이하 GFM)'이라고 부릅니다. Markdown 문법을 기반으로 만들어졌으므로 기본적인 Markdown 문법으로 작성해도 문제는 없습니다.

GitHub에서는 문서 대부분이 Markdown 문법으로 작성됩니다. 대부분의 개발자가 Markdown 문법을 사용할 수 있게 되어가고 있으므로 최근에는 Markdown 문법을 사용할 수 있다는 것이 개발자의 기본 소양처럼 인식되고 있습니다. 그러니 반드시 Markdown 문법을 익혀 두기 바랍니다.

코드 공개

● 생성된 리포지토리 clone하는 방법

생성된 리포지토리에 실제로 코드를 작성하고 공개해 봅시다. 일단 작성한 리포지토리를 clone해서 개발 환경을 구성해야 합니다. clone할 때에 사용하는 경로는 그림 3.6을 참고해 주세요[주4].

역주2 Markdown과 GFM의 차이는 다음 URL을 참고하자. https://help.github.com/articles/github-flavored-markdown/

주4 git 명령어는 4장에서 설명하겠습니다.

그림 3.6 리포지토리 경로

```
$ git clone git@github.com:hirocaster/Hello-World.git
Cloning into 'Hello-World'...
Enter passphrase for key '/c/Users/User/.ssh/id_rsa':
remote: Counting objects: 3, done.
remote: Total 3 (delta 0), reused 0 (delta 0)
Receiving objects: 100% (3/3), done.

$ cd Hello-World
```

　GitHub에서 설정한 공개 키는 암호가 필요합니다. 암호가 인증되면 리포지토리 이름의 폴더에 리포지토리가 clone됩니다. 이 리포지토리에서 공개되는 코드를

commit해 GitHub의 리포지토리에 push하면 코드가 공개되는 것입니다.

● 코드 작성

일단 PHP로 'Hello World!'를 출력하는 hello_world.php를 작성하겠습니다.

```
hello_world.php 파일의 내용
<?php
    echo "Hello World!";
?>
```

hello_world.php는 아직 Git 리포지토리에 등록되지 않았으므로 Untracked files로 표시됩니다.

```
$ git status
# On branch master
# Untracked files:
#   (use "git add <file>..." to include in what will be committed)
#
#       hello_world.php
nothing added to commit but untracked files present (use "git add"
to track)
```

● commit하는 방법

hello_world.php 파일을 리포지토리에 commit하겠습니다. 일단 생성한 파일이 버전 관리 시스템의 관리를 받도록 해야 합니다. 이렇게 설정해야 이후의 변경 내용 등이 Git에 유지됩니다.

```
$ git add hello_world.php
$ git commit -m "Add hello world script by php"
[master d23b909] Add hello world script by php
 1 file changed, 3 insertions(+)
 create mode 100644 hello_world.php
```

git add 명령어로 스테이지[주5]하고, git commit 명령어로 commit을 수행합니다. 무사히 파일이 추가되면, git log 명령어로 commit 로그를 확인할 수 있습니다.

```
$ git log
commit d23b909caad5d49a281480e6683ce3855087a5da
Author: hirocaster <hohtsuka@gmail.com>
Date:   Tue May 1 14:36:58 2012 +0900

    Add hello world script by php
생략
```

● push하는 방법

이어서 다음과 같이 push하면 GitHub에 있는 리포지토리가 갱신됩니다.

```
$ git push
Counting objects: 4, done.
Delta compression using up to 4 threads.
Compressing objects: 100% (2/2), done.
Writing objects: 100% (3/3), 328 bytes, done.
Total 3 (delta 0), reused 0 (delta 0)
To git@github.com:hirocaster/Hello-World.git
   46ff713..d23b909  master -> master
```

이렇게 하고 나면 GitHub에 코드가 공개됩니다. 실제로 https://github.com/사용자 이름/Hello-World에 접근해서 확인해 봅시다. Git과 관련된 자세한 조작 방법은 4장에서 다루겠습니다.

주5 commit하기 전에 파일의 상태를 기록한 인덱스라는 데이터 구조를 작성하는 것입니다.

3.3
정리

이번 장에서는 처음으로 GitHub에 리포지토리를 작성하고, 코드를 공개하는 방법까지 알아보았습니다. 이렇게 해서 GitHub의 세계에 발을 들이게 된 것입니다.

## CHAPTER 4

Git을 직접 사용하면서 배우기

　이번 장에서는 Git과 관련된 기본적인 지식과 사용 방법을 배우겠습니다. 이미 개발 현장에서 Git을 이용해 본 분은 읽지 않고 넘어가도 문제없습니다. 이번 장에서 설명하는 내용은 이 책을 이해하는 데 필요한 기본적인 수준의 Git 관련 내용입니다. 설명대로 Git을 차근차근 사용해 보면서 익혀 봅시다.

4.1
기본적인 사용 방법

git init: 리포지토리 초기화

　Git으로 버전 관리를 하려면 리포지토리를 초기화해야 합니다. Git에서는 'git init' 명령어로 초기화를 수행합니다. 실제로 폴더를 생성하고 리포지토리를 초기화해 봅시다.

```
$ mkdir git-tutorial
$ cd git-tutorial
$ git init
Initialized empty Git repository in /Users/hirocaster/github/github-book
/git-tutorial/.git/
```

　초기화가 성공적으로 완료되면 git init 명령어를 실행한 폴더에 '.git'이라는 이름의 폴더가 만들어집니다. 이 .git이라는 폴더에 현재 폴더와 관련된 리포지토리 관리 정보가 저장됩니다.

　Git에는 이 디렉토리 이하의 내용을 해당 리포지토리와 관련된 'working tree(워킹 트리)'라고 부릅니다. working tree에서는 파일 준비 등이 이루어지며, 이후에 리포지토리에 등록된 파일 변경 내역을 관리하게 됩니다. 파일을 이전 상태로 되돌리고 싶은 경우, 리포지토리로부터 이전 파일 상태를 확인하고 working tree에 전개

합니다. 이러한 기능을 수행하는 명령어는 뒤에서 차근차근 설명하겠습니다.

git status: 리포지토리 상태 확인

'git status' 명령어는 Git 리포지토리의 상태를 표시하는 명령어 입니다. 자주 사용하는 명령어이므로 반드시 기억하기 바랍니다.

working tree 또는 리포지토리에 대응되는 조작을 하면 상태가 차례대로 변경됩니다. git status 명령어로 현재 상태를 확인하면서 Git의 명령어를 하나하나 입력하는 것이 기본 중의 기본입니다. 곧바로 git status 명령어로 현재 상태를 확인해 봅시다.

```
$ git status
# On branch master
#
# Initial commit
#
nothing to commit (create/copy files and use "git add" to track)
```

현재 master라는 이름을 가진 브랜치(branch)에 있는 것이 표시됩니다. 브랜치와 관련된 자세한 설명은 이후에 하겠으므로 지금은 신경 쓰지 않으셔도 됩니다. 이어서 출력 결과로 commit이 없었다는 것도 확인할 수 있습니다. commit이란, working tree에 있는 모든 파일의 특정 시점 상태를 기록한 것입니다. 또한, commit이 없는 것은 지금 작성한 리포지토리에 어떤 파일의 상태도 기록되어 있지 않다는 의미입니다. 따라서 commit하기 위해 간단하게 README.md 파일을 작성하겠습니다.

```
$ touch README.md
$ git status
# On branch master
#
# Initial commit
#
# Untracked files:
```

```
#    (use "git add <file>..." to include in what will be committed)
#
#        README.md
nothing added to commit but untracked files present (use "git add"
to track)
```

README.md 파일이 Untracked files에 표시되는 것을 확인할 수 있습니다. 어쨌거나 Git의 working tree 또는 리포지토리에 조작을 가하면, git status 명령어의 출력이 변경됩니다.

git add: 스테이지 영역에 파일 추가

Git 리포지토리의 working tree 파일을 작성한 것만으로는 Git 리포지토리의 버전 관리 대응 시스템 파일이 등록되지 않습니다. git status 명령어로 확인하면, README.md 파일은 'Untracked files'로 출력됩니다.

파일을 Git 리포지토리에서 관리하도록 하려면 git add 명령어로 스테이지[주1] 영역이라 불리는 장소에 파일을 등록해야 합니다. 스테이지 영역이란 commit하기 전의 임시 영역입니다.

```
$ git add README.md
$ git status
# On branch master
#
# Initial commit
#
# Changes to be committed:
#   (use "git rm --cached <file>..." to unstage)
#
#        new file:   README.md
#
```

주1 인덱스(Index)라고 부르는 경우도 있습니다.

README.md 파일을 스테이지 영역에 등록하면, git status 명령어를 사용할 때의 출력이 변경됩니다. 'Changes to be committed'에 README.md 파일이 표시되는 것을 확인할 수 있습니다.

git commit: 리포지토리 변경 내용을 기록

git commit 명령어는 스테이지 영역에 기록된 시점의 파일들을 실제 리포지토리의 변경 내역에 반영하는 것입니다. 이러한 기록을 기반으로 파일을 working tree에 복원하는 것이 가능합니다.

● 한 줄의 commit 메시지를 기록하는 방법

이어서 git commit 명령어를 실행해 주세요.

```
$ git commit -m "First commit"
[master (root-commit) 9f129ba] First commit
 1 files changed, 0 insertions(+), 0 deletions(-)
 create mode 100644 README.md
```

-m 옵션으로 "First commit"이라는 글자를 넣었습니다. 이는 commit 메시지라고 부르는 것으로, 해당 commit과 관련된 필요한 내용을 기록하는 기능입니다.

● 상세한 commit 메시지를 기록하는 방법

방금 전에는 간단하게 한 줄 밖에 없는 commit 메시지를 작성했습니다. 더 자세한 설명을 적고 싶을 때는 -m 옵션을 사용하지 말고 git commit 명령어만 실행해 주세요[역주1]. 이렇게 하면 에디터가 실행되고 다음과 같이 표시됩니다.

역주1 변경 내역이 없다면 git commit 명령어를 실행해도 아무런 반응이 없습니다. 위에서 이미 'git commit -m "First commit"' 명령어를 사용하여 변경을 반영했기 때문입니다. 그러므로 파일 내용을 변경하고 실행해 보도록 합시다.

```
# Please enter the commit message for your changes. Lines starting
# with '#' will be ignored, and an empty message aborts the commit.
# On branch master
#
# Initial commit
#
# Changes to be committed:
#   (use "git rm --cached <file>..." to unstage)
#
#       new file:   README.md
#
```

역자 한마디

에디터 오류

에디터가 설정되어 있지 않으면 다음과 같은 오류가 발생합니다.

```
$ git commit
error: Terminal is dumb, but EDITOR unset
Please supply the message using either -m or -F option.
```

다음 명령어로 에디터를 등록합니다. 에디터로 메모장을 사용하여 간단하게 등록했습니다만, 달리 사용하는 프로그램이 있다면 해당 프로그램의 경로를 입력해 주세요.

```
$ git config --global core.editor "₩"C:₩₩Windows₩notepad.exe₩""
```

이렇게 에디터를 등록하고 다시 git commit 명령어를 작성하면 문제없이 작동됩니다.

이곳에 commit 메시지를 기록합니다. 기록 형태는 다음과 같습니다.

- 첫 번째 줄: commit으로 인한 변경 내용을 한 줄로 요약해서 작성
- 두 번째 줄: 공백
- 세 번째 줄 이후: 변경과 관련된 내용을 상세하게 기록

이런 형식을 지켜서 작성하면, 로그를 확인하는 명령어 또는 툴 등에서 자세한 commit 메시지가 표시됩니다.

기호로 주석 처리된 줄의 'Changes to be commited(commit된 변경)'란에서 이번 commit에 포함된 파일 등등을 확인할 수 있습니다. commit 메시지를 형식에 맞게 작성했다면 저장한 후 에디터를 종료해 주세요. 이렇게 하면 기록한 commit 메시지로 commit이 이루어집니다. 참고로 # 기호로 주석 처리된 줄을 지울 필요는 없습니다.

● commit을 중지하는 방법

에디터가 이미 실행된 상태에서 commit을 중지하고 싶을 때는 아무것도 입력하지 말고 에디터를 종료해 주세요. 이렇게 하면 commit이 이루어지지 않습니다.

● commit하고 나서 상태 확인

git commit 명령어가 완료되었으니, 현재 상태를 다시 확인해 봅시다.

```
$ git status
# On branch master
nothing to commit, working directory clean
```

현재 working tree의 상태는 commit이 된 최신 상태입니다. 변경 내역이 이미 반영되었으므로 새로운 변경 내역이 없다는 것을 확인할 수 있습니다.

git log: commit 확인

git log 명령어는 리포지토리에 commit된 로그를 확인할 수 있는 명령어입니다. 누가 언제 commit 또는 merge를 했는지, 어떤 변경이 발생했는지 등을 확인할 수 있습니다. merge와 관련된 내용은 이후에 설명하겠습니다. 그럼 방금 실행했던 git commit 명령어가 실제로 동작했는지 확인해 봅시다.

```
$ git log

commit 9f129bae19b2c82fb4e98cde5890e52a6c546922
Author: hirocaster <hohtsuka@gmail.com>
Date:    Sun May 5 16:06:49 2013 +0900

    First commit
```

방금 전에 했던 commit을 확인할 수 있습니다. commit 옆에 표시되는 '9f129b…'는 해당 commit을 나타내는 해시인데, 다른 Git 명령어에서 이러한 해시를 이용합니다.

Author 옆에는 Git에서 설정한 사용자 이름과 메일 주소가 표시됩니다. Date 옆에는 commit을 실행한 시간이 기록되고, 그 아래에는 이전에 입력했던 commit 메시지가 출력됩니다.

● commit 메시지의 첫 번째 줄만 출력하는 방법

commit 메시지가 여러 줄이면 commit을 확인할 때 복잡해 보일 수 있습니다. 이런 때에는 commit 메시지의 첫 번째 요약 줄만 표시하는 기능이 있습니다. git log 명령어에 --pretty=short를 붙여 주세요. 이렇게 하면 여러 개의 commit을 파악하기 쉬워집니다.

```
$ git log --pretty=short

commit 9f129bae19b2c82fb4e98cde5890e52a6c546922
Author: hirocaster <hohtsuka@gmail.com>

    First commit
```

● 선택한 폴더 또는 파일의 로그를 출력하는 방법

git log 명령어에 폴더 이름을 붙이면 해당 폴더에서의 로그만 표시됩니다. 또한,

파일 이름을 붙이면 해당 파일과 관련된 로그만 표시됩니다.

```
$ git log README.md
```

● 파일의 변경된 내용을 출력하는 방법

commit에서 변경된 내용을 확인하고 싶을 때는 -p 옵션을 사용합니다. commit 메시지의 뒤에 변경 내용이 함께 표시됩니다.

```
$ git log -p
```

또한, 다음과 같이 입력하면 특정 파일의 commit 로그와 변경 내용만 출력해 줍니다.

```
$ git log -p README.md
```

이렇게 git log 명령어는 과거의 commit 내용을 파악하고자 다양한 옵션을 제공합니다. 한 번에 모든 옵션을 기억하는 것은 어려우므로 확인하고 싶은 것이 생길 때마다 직접 입력해서 익히도록 합시다.

git diff: 변경 내역 확인

git diff 명령어는 working tree, 스테이지 영역, 최신 commit 사이의 변경을 확인할 때 사용합니다. 말로만 설명하면 어려우므로 함께 코드를 입력해서 확인해 봅시다. 이전에 commit했던 README.md 파일에 다음과 같은 내용을 입력합니다.

```
# Git 튜토리얼
```

Markdown 문법으로 제목을 한 줄 입력해 주었습니다.

55

역자 한마디

Markdown 문법의 제목

HTML 문법을 조금이라도 알고 있는 독자라면 h1, h2, h3, h4, h5, h6 태그를 알고 있을 것입니다. Markdown 문법에서 이러한 제목을 입력할 때는 # 기호를 사용합니다.

```
# h1 태그와 같은 크기의 제목
## h2 태그와 같은 크기의 제목
### h3 태그와 같은 크기의 제목
#### h4 태그와 같은 크기의 제목
##### h5 태그와 같은 크기의 제목
###### h6 태그와 같은 크기의 제목
```

● working tree와 스테이지 영역의 차이를 확인하는 방법

git diff 명령어를 실행하면 현재 working tree와 스테이지 영역 사이의 차이를 확인할 수 있습니다.

```
$ git diff

diff --git a/README.md b/README.md
index e69de29..cb5dc9f 100644
--- a/README.md
+++ b/README.md
@@ -0,0 +1 @@
+# Git 튜토리얼
```

아직 git add 명령어로 스테이지 영역에 어떤 것도 추가하지 않았으므로 최신 commit 상태를 출력하면 변경 사항이 표시됩니다.

현재 출력된 결과에서 + 기호가 붙은 부분이 추가된 줄입니다. 제거된 줄이 있다

역주2 사용하고 있는 운영체제와 설정에 따라서 한글이 인코딩된 상태로 나올 수 있습니다. 특별한 문제가 있는 것은 아니므로 놀라지 않으셔도 됩니다.

면 – 기호가 붙습니다. 현재 출력 결과를 보면 한 줄이 추가되었다는 것을 알 수 있으신가요? 이제 README.md 파일을 git add 명령어로 스테이지 영역에 추가해 줍시다.

```
$ git add README.md
```

● working tree에서 최근에 변경된 부분을 확인하는 방법

현재 상태에서 git diff 명령어를 사용하면 working tree와 스테이지 영역 사이의 차이가 없으므로 아무것도 표시되지 않습니다. 최신 commit과의 차이를 확인하고 싶다면 다음과 같은 명령어를 실행해 보세요.

```
$ git diff HEAD
diff --git a/README.md b/README.md
index e69de29..cb5dc9f 100644
--- a/README.md
+++ b/README.md
@@ -0,0 +1 @@
+# Git 튜토리얼
```

git commit 명령어를 실행하기 전에 git diff HEAD 명령어를 실행하는 버릇을 길러 둡시다. 이렇게 하면 현재 commit과 이전 commit의 차이를 한눈에 확인할 수 있습니다. 현재 명령어에 입력한 HEAD는 현재 작업하고 있는 브랜치의 최신 commit을 참조하는 포인터입니다.

commit을 확인했으므로 git commit 명령어를 실행해서 commit합니다.

```
$ git commit -m "Add index"
[master fd0cbf0] Add index
 1 file changed, 1 insertion(+)
```

그럼 만일을 위해 commit이 되었는지 commit 로그를 확인해 보겠습니다.

```
$ git log
commit fd0cbf0d4a25f747230694d95cac1be72d33441d
Author: hirocaster <hohtsuka@gmail.com>
Date:    Sun May 5 16:10:15 2013 +0900

    Add index

commit 9f129bae19b2c82fb4e98cde5890e52a6c546922
Author: hirocaster <hohtsuka@gmail.com>
Date:    Sun May 5 16:06:49 2013 +0900

    First commit
```

두 번째 commit을 확인할 수 있습니다.

4.2
브랜치 생성

브랜치(branch)는 각각의 작업을 병행할 때 사용합니다. 일단 그림 4.1을 살펴봅시다. master 브랜치는 Git에서 기본적으로 생성되는 브랜치입니다. 한 번에 여러 가지 작업을 수행할 때는 각각의 작업에 따라서 브랜치를 나눠 줍니다. 그림 4.1의 경우는 feature-A 브랜치와 fix-B 브랜치를 만들어서 개발하고 있습니다. 이렇게 브랜치를 나누고 각각의 브랜치에서 코드를 변경하는 것이 GitHub를 사용한 기본적인 개발 방법입니다.

역자 한마디

뒤에서 자세히 나오지만, 이 부분만으로는 이해하기 힘들 수 있으므로 설명을 덧붙입니다. 일반적으로 개발을 할 때는 여러 개의 목표가 생깁니다. 예를 들어, 'A라는 새로운 기능을 추가해 주세요!' 또는 'B라는 버그를 수정해 주세요!'처럼 말입니다.

이렇게 두 가지 작업이 주어지면, 브랜치를 두 개 만들어 줍니다. 그림 4.1의 경우는 A라는 새로운 기능을 추가하는 feature-A라는 브랜치, B라는 버그를 수정하는 fix-B라는 브랜치를 각각 만들어 준 것입니다.

이렇게 브랜치를 나누면 개발에 참여하는 사람들이 각각의 브랜치를 수정하기 시작합니다. 그리고 수정이 모두 완료되면, 변경된 코드를 master 브랜치에 다시 합쳐서 배포하게 되는 것입니다. 이런 방법을 취하는 이유는 master 브랜치를 항상 배포 가능한 상태로 유지하기 위함입니다.

예를 들어, 여러분이 자바스크립트의 jQuery, 루비 온 레일스(Ruby on Rails), 파이썬의 Django, C++의 부스트(Boost) 등의 프레임워크를 사용하고 있다고 합시다. 개발 환경을 바꿔서 새로운 프레임워크를 최신 버전으로 다운로드하려고 했는데, '현재 A라는 기능을 추가하고, B라는 버그를 수정하고 있습니다!'라는 경고 화면이 뜨면서 아직 완성도 되지 않은 코드를 배포하고 있다면 말이 안 되겠지요? 따라서 항상 배포할 수 있는 코드는 유지한 채로 브랜치를 나눠서 코드를 수정하는 것입니다.

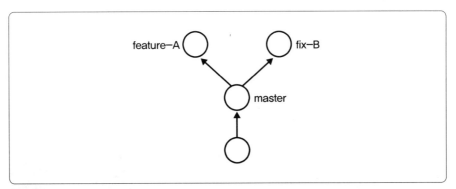

그림 4.1 master 브랜치에서 feature-A 브랜치와 fix-B 브랜치를 작성한 상태

이렇게 브랜치를 나누면 완전히 다른 작업을 동시에 실시할 수 있습니다. 그리고 각각의 작업이 완료되면, master 브랜치에 merge합니다. 예를 들어, feature-A 브랜치에서의 작업이 종료된 후 merge하면 그림 4.2처럼 됩니다.

브랜치를 잘 활용할 수 있다면, 동시에 여러 사람들과 함께 효율적으로 개발할 수 있습니다. 이번에는 브랜치를 생성하는 방법을 배우겠습니다.

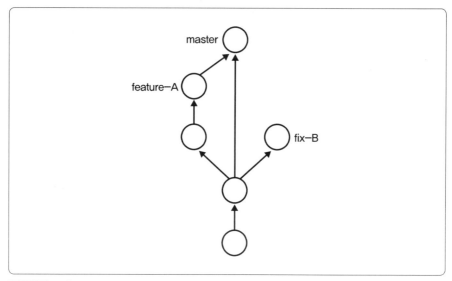

그림 4.2 feature-A 브랜치의 작업이 종료된 상태

git branch: 브랜치를 보는 방법

git branch 명령어는 브랜치 목록을 표시하고, 현재 어떤 브랜치를 사용하는지 확인할 수 있는 명령어입니다. git branch 명령어를 한번 실행해 봅시다.

```
$ git branch
* master
```

master 브랜치 왼쪽에 * 기호가 표시되는데, 이것은 현재 브랜치가 master 브랜치라는 의미입니다. 다른 브랜치 이름은 표시되지 않으므로 현재 로컬 리포지토리에는 master 브랜치밖에 없다는 것을 알 수 있습니다.

git checkout -b: 브랜치를 만들고 변경하는 방법

현재 master 브랜치 상태에서 새로운 브랜치를 작성하고, 변경할 때는 git check
out -b 명령어를 사용합니다.

● feature-A 브랜치로 변경하는 commit 수행

feature-A라는 이름의 브랜치를 작성하려면, 다음과 같은 명령어를 실행합니다.

```
$ git checkout -b feature-A
Switched to a new branch 'feature-A'
```

이는

```
$ git branch feature-A
$ git checkout feature-A
```

를 순서대로 실행하는 것과 동일하게 작동합니다. 풀어서 설명하면 feature-A 브
랜치를 작성하고, 현재 브랜치를 feature-A로 이동시키는 것입니다. 현재의 브랜치
를 확인하면 feature-A 브랜치라는 것을 알 수 있습니다.

```
$ git branch
* feature-A
  master
```

* 기호가 feature-A 브랜치 옆에 표시되는데, 현재 브랜치가 feature-A라는 의
미입니다. 이러한 상태로 git add 명령어를 실행해서 commit하면, feature-A 브
랜치에 commit됩니다. 이런 식으로 feature-A 브랜치에 commit해 나가는 것을
'가지치기'라고 표현합니다.

그럼 실제로 다뤄 보겠습니다. README.md 파일에 다음과 같이 한 줄을 추가
해 주세요.

```
# Git 튜토리얼

 - feature-A
```

feature-A라는 문자를 추가했습니다. 추가를 완료했다면 commit하기 바랍니다.

```
$ git add README.md
$ git commit -m "Add feature-A"
[feature-A 8a6c8b9] Add feature-a
 1 file changed, 2 insertions(+)
```

feature-A 브랜치에는 한 줄이 추가되었습니다.

● master 브랜치로 변경하는 방법

이번에는 master 브랜치가 방금 commit의 영향을 받았는지 확인해 봅시다. 일단 브랜치를 master 브랜치로 변경합니다.

```
$ git checkout master
Switched to branch 'master'
```

README.md 파일을 확인해 봅시다. 한 줄이 추가된 상태가 아니라 이전 상태 그대로입니다. 한마디로 feature-A 브랜치에서 변경했던 내용들이 master 브랜치에 영향을 주지 않는다는 것입니다. 이것이 브랜치를 사용한 개발의 장점입니다. 브랜치를 여러 개로 나눠서 개발하면 서로의 브랜치에 영향을 주지 않으므로 동시에 병행 개발이 가능합니다.

● 한 단계 전의 브랜치로 돌아가는 방법

다시 feature-A 브랜치로 돌아갑시다.

```
$ git checkout -
Switched to branch 'feature-A'
```

이렇게 - 기호를 사용하면 방금 전에 사용하던 브랜치로 변경할 수 있습니다. 물론, - 기호가 아니라 feature-A라고 브랜치 이름을 지정해도 feature-A 브랜치로 변경됩니다.

토픽 브랜치

Git은 서브버전(SVN) 등의 집중형 버전 관리 시스템과 달리 브랜치를 작성하는 경우, 중앙 리포지토리와 통신할 필요가 없어 간단하게 브랜치를 만들 수 있습니다. 그리고 이런 기능을 기반으로 토픽 브랜치를 사용한 워크 플로우가 주류를 이룹니다.

토픽 브랜치(topic branch)는 이름처럼 하나의 토픽(주제)에만 집중하는 브랜치로, 다른 작업은 일절 하지 않습니다. 일반적으로 개발할 때는 이러한 토픽 브랜치를 여러 개 작성해서 사용합니다. 그리고 이와는 별도로 언제라도 배포할 수 있는 안정된 브랜치는 항상 따로 준비해 둡니다. master 브랜치가 바로 이 안정된 브랜치입니다 (그림 4.3).

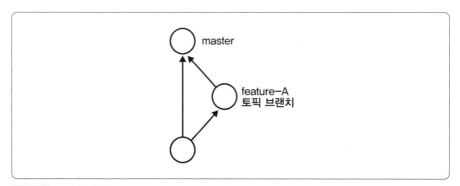

그림 4.3 토픽 브랜치

feature-A라는 브랜치를 작성했습니다. 이 브랜치는 feature-A라는 기능을 구현하기 위한 토픽 브랜치입니다. 따라서 feature-A라는 기능 이외의 작업은 일절 하지 않습니다. 예를 들어, 다른 버그가 발견된 경우는 새로운 브랜치를 만들어 작성한 후 해당 브랜치에서 작업합니다.

토픽 브랜치에서는 특정한 주제를 기반으로 해야만 개발이 이루어집니다. 그리고 해당 주제와 관련된 개발이 모두 달성되면 master 브랜치와 다시 합쳐줍니다. 이런 개발 플로우를 사용하면 master 브랜치는 언제라도 다른 사람이 보고 사용할 수 있습니다. 또한, 이러한 방법으로 개발하면 다른 개발자가 master 브랜치에서 새로운 토픽 브랜치를 안전하게 작성할 수 있습니다.

통합 브랜치

토픽 브랜치를 나누고, 통합하는 공간이 바로 통합 브랜치입니다. 일반적으로 master 브랜치를 통합 브랜치로 사용합니다. 통합 브랜치는 토픽 브랜치에서의 개발이 완료되고 합쳐지는 부분이므로 개발이 실제로 이루어지는 브랜치는 아닙니다. 따라서 어중간한 변경 사항이 없으므로 남에게 언제나 공개해도 괜찮은 브랜치입니다.

통합 브랜치를 실제로 일반 사용자에게 공개하는 경우도 있습니다. 또한, 각각의 버전 정보를 태그해서 여러 개의 버전을 공개할 수도 있습니다. 여러 버전을 동시에 공개 또는 개발하는 경우[역주3]에는 여러 개의 통합 브랜치가 있을 수 있습니다.

git merge: 브랜치 merge

그렇다면 feature-A 브랜치를 모두 구현 완료했다고 가정하고 통합 브랜치에 있는 master 브랜치에 merge하겠습니다.

역주3 여러 버전을 동시에 공개 또는 개발한다는 말이 이해되지 않는 독자도 있을 것입니다. 예를 들어 파이썬의 경우 2.X 버전과 3.X 버전이 다른 방향으로 개발되고 있으며, jQuery도 1.X 버전과 2.X 버전으로 나뉘어 각각 다른 방향으로 개발되고 있습니다. 모두 호환성 등의 문제로 이렇게 하는 것인데요. 이렇게 버전이 나뉘어진 채로 각각의 길을 가는 경우도 많습니다.

```
$ git checkout master
Switched to branch 'master'
```

feature-A 브랜치를 merge하겠습니다. 브랜치로부터 merge하는 것을 기록으로 명확히 남기려면 merge commit을 작성해야 합니다. 이는 다음과 같이 --no-ff 옵션을 주어서 merge합니다.

```
$ git merge --no-ff feature-A
```

이렇게 입력하면 merge commit 메시지 작성을 위해 에디터가 실행됩니다.

```
Merge branch 'feature-A'

# Please enter a commit message to explain why this merge is necessary,
# especially if it merges an updated upstream into a topic branch.
#
# Lines starting with '#' will be ignored, and an empty message aborts
# the commit.
```

기본적으로 feature-A 브랜치에서 merge된다는 메시지가 적혀 있습니다. 따라서 별도로 변경하지 않아도 됩니다. 에디터를 저장하고 종료하면 다음과 같은 내용이 표시됩니다.

```
Merge made by the 'recursive' strategy.
 README.md | 2 ++
 1 file changed, 2 insertions(+)
```

이렇게 하면 master 브랜치에 feature-A 브랜치의 내용이 merge됩니다.

git log --graph: 브랜치를 시각적으로 확인

git log --graph 명령어를 사용하면, 토픽 브랜치(feature-A)에 commit된 내용
이 merge된 것을 확인할 수 있습니다. 또한, 토픽 브랜치가 분기 또는 통합되는 모
양을 간단하게 표시해 줍니다.

```
$ git log --graph

*   commit 83b0b94268675cb715ac6c8a5bc1965938c15f62
|\  Merge: fd0cbf0 8a6c8b9
| | Author: hirocaster <hohtsuka@gmail.com>
| | Date:   Sun May 5 16:37:57 2013 +0900
| |
| |     Merge branch 'feature-A'
| |
| * commit 8a6c8b97c8962cd44afb69c65f26d6e1a6c088d8
|/  Author: hirocaster <hohtsuka@gmail.com>
|   Date:   Sun May 5 16:22:02 2013 +0900
|
|       Add feature-A
|
* commit fd0cbf0d4a25f747230694d95cac1be72d33441d
| Author: hirocaster <hohtsuka@gmail.com>
| Date:   Sun May 5 16:10:15 2013 +0900
|
|       Add index
|
* commit 9f129bae19b2c82fb4e98cde5890e52a6c546922
  Author: hirocaster <hohtsuka@gmail.com>
  Date:   Sun May 5 16:06:49 2013 +0900

      First commit
```

이렇게 git log --graph 명령어를 사용하면 commit 로그를 쉽게 이해할 수 있도
록 그래프로 보여 줍니다. 기억해 두시기 바랍니다.

4.3 commit을 변경하는 조작

git reset: 과거 상태로 복원

지금까지 기본적인 조작 방법을 살펴보았습니다. git을 사용해서 commit하면, commit 로그가 지속적으로 쌓이면서 개발이 진행됩니다.

Git은 변경 내역 작업을 유연하게 만들 수 있습니다. 분산형 버전 관리 시스템이므로 과거 상태로 되돌리는 작업을 해도 다른 위치에 있는 리포지토리에 전혀 영향을 끼치지 않습니다.

이번 절에서는 과거 상태로 복원하고 해당 상태에서 fix-B라는 토픽 브랜치를 만들어 보겠습니다(그림 4.4).

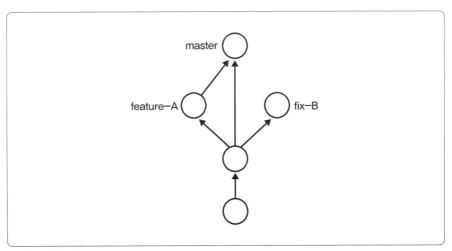

그림 4.4 이전 상태로 돌아가서 fix-B 브랜치 작성

● feature-A 브랜치를 분리하기 이전의 상태로 복원

이전에 통합했던 feature-A 브랜치를 분기하기 이전으로 복원하고 fix-B라는 토픽 브랜치를 작성하겠습니다.

리포지토리의 HEAD, 스테이지, 현재의 working tree를 지정한 상태까지 복원하려면 git reset --hard 명령어를 사용합니다. 이 명령어에 복원하고 싶은 지점의 해시[주2]를 입력하면, 그때 상태로 완전하게 복원됩니다. 한번 직접 해봅시다. 다음과 같은 명령어를 입력해 주세요.

```
$ git reset --hard fd0cbf0d4a25f747230694d95cac1be72d33441d
HEAD is now at fd0cbf0 Add index
```

이렇게 이전에 통합했던 토픽 브랜치(feature-A)를 분리하기 이전 상태로 되돌아갈 수 있습니다. 모든 것이 이전 상태로 되돌아가는 것이므로 README.md 파일도 이전의 상태로 되돌아갑니다.

● fix-B 브랜치 작성

지금부터 토픽 브랜치(fix-B)를 생성해 봅시다.

```
$ git checkout -b fix-B
Switched to a new branch 'fix-B'
```

이번 토픽 브랜치에서는 README.md 파일에 다음과 같이 한 문장을 추가합니다.

주2 해시는 각자의 환경에 따라서 다릅니다. 따라서 'Add index'의 해시를 확인하고 입력하기 바랍니다.

```
# Git 튜토리얼

 - fix-B
```

이대로 README.md를 commit해 주세요.

```
$ git add README.md

$ git commit -m "Fix B"
[fix-B 4096d9e] Fix B
 1 file changed, 2 insertions(+)
```

이렇게 하면 그림 4.5의 형태가 됩니다. 이번에는 이 상태에서 그림 4.6의 상태로 변경하겠습니다. feature-A 브랜치의 수정 내용을 통합 브랜치와 결합하고, fix-B 브랜치의 수정 내용도 통합 브랜치와 결합한 형태입니다.

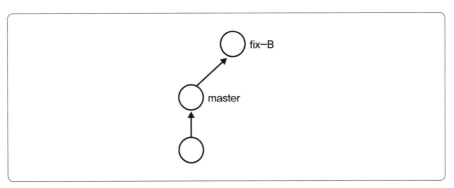

그림 4.5 현재 fix-B 브랜치의 상태

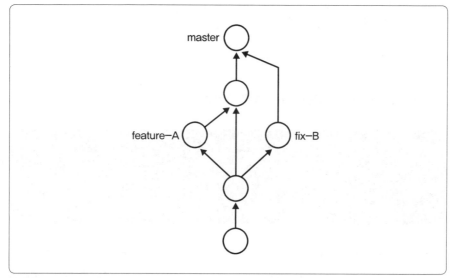

그림 4.6 fix-B 브랜치를 다음 형태로 만들 것

● feature-A 브랜치를 merge한 이후의 상태로 복원

일단은 feature-A 브랜치를 merge한 이후의 상태로 복원하겠습니다. 시간을 거슬러 올라간다고 표현하는 것이 적합할 듯합니다.

git log 명령어를 사용하면 현재 브랜치의 로그만 확인할 수 있습니다. 반면, git reflog라는 명령어를 사용하면 현재 리포지토리에서 수행된 모든 commit 로그를 확인할 수 있습니다. 따라서 특정 commit 시점의 해시를 찾을 때는 git reflog 명령어를 사용하는 것이 편리합니다. 해시를 찾은 이후에는 git reset --hard 명령어로 찾은 해시를 입력하기만 하면 됩니다.

일단은 git reflog 명령어[역주4]를 실행하여 이 리포지토리에서 진행된 작업 로그를 확인해 봅시다.

역주4 git log -g 명령어도 사용해 보시기 바랍니다. git reflog 명령어보다 조금 더 자세한 결과를 출력해 줍니다. 로그를 빠져나가려면 q를 누르면 됩니다.

```
$ git reflog
4096d9e HEAD@{0}: commit: Fix B
fd0cbf0 HEAD@{1}: checkout: moving from master to fix-B
fd0cbf0 HEAD@{2}: reset: moving to fd0cbf0d4a25f747230694d-
95cac1be72d33441d
83b0b94 HEAD@{3}: merge feature-A: Merge made by the 'recursive'
strategy.
fd0cbf0 HEAD@{4}: checkout: moving from feature-A to master
8a6c8b9 HEAD@{5}: checkout: moving from master to feature-A
fd0cbf0 HEAD@{6}: checkout: moving from feature-A to master
8a6c8b9 HEAD@{7}: commit: Add feature-A
fd0cbf0 HEAD@{8}: checkout: moving from master to feature-A
fd0cbf0 HEAD@{9}: commit: Add index
9f129ba HEAD@{10}: commit (initial): First commit
```

명령어를 입력하면 commit, checkout, reset, merge 등의 Git 명령어를 실행한 변경 로그가 나옵니다. Git의 GC(Garbage Collection, 가비지 콜렉션)가 실행되어 이전의 상태를 제거하지 않았다면, 로그에 나와 있는 변경 내역을 오고 갈 수 있습니다. 마치 타임머신에 시간을 지정해서 과거 또는 미래로 이동하는 것과 같은 느낌입니다. Git을 실수로 잘못 사용한 경우에는 대부분 git reflog 명령어를 사용해서 원상태로 복원할 수 있습니다. 중요한 명령어이므로 반드시 기억해 주시기 바랍니다.

feature-A 토픽 브랜치를 merge했던 상태는 위에서 네 번째에 있습니다. 이때, 해시는 '83b0b94'입니다. 이 상태까지 HEAD, 스테이지, working tree를 복원하겠습니다.

```
$ git checkout master

$ git reset --hard 83b0b94
HEAD is now at 83b0b94 Merge branch 'feature-A'
```

과거 상태로 복원할 때는 이렇게 git reset --hard 명령어를 사용합니다. 이렇게 하면 그림 4.7과 같은 상태로 변경됩니다.

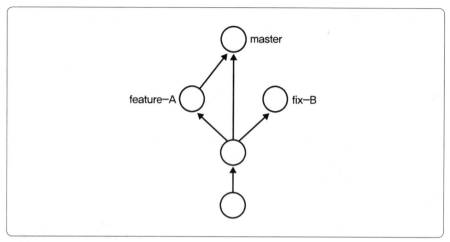

그림 4.7 변경 내역을 복원하는 모습

충돌 문제 해결

이제 fix-B 브랜치를 결합하면 처음에 계획했던 목표가 이루어집니다. 곧바로 merge하겠습니다.

```
$ git merge --no-ff fix-B
Auto-merging README.md
CONFLICT (content): Merge conflict in README.md
Recorded preimage for 'README.md'
Automatic merge failed; fix conflicts and then commit the result.
```

README.md 파일에서 충돌이 발생했습니다. feature-A 브랜치와 fix-B 브랜치 사이에 충돌이 발생한 것인데요. 이러한 충돌을 해결하지 않으면 merge가 완료되지 않습니다. README.md 파일을 열고 충돌되는 부분을 해결해 주도록 합시다.

● 충돌 부분을 확인하고 문제 해결

README.md 파일을 에디터로 열면 다음과 같이 되어 있을 것입니다.

```
# Git 튜토리얼

<<<<<<< HEAD
  - feature-A
=======
  - fix-B
>>>>>>> fix-B
```

======= 위의 부분이 현재 HEAD의 내용이고, 아래 부분은 이번에 merge하려는 fix-B의 내용입니다. 에디터를 열고 다음과 같이 내용을 수정해 주세요.

```
# Git 튜토리얼

  - feature-A
  - fix-B
```

지금은 feature-A와 fix-B의 내용이 공존하는 형태로 수정했는데, 실제 소프트웨어 개발을 할 때는 한쪽의 수정 내용을 완전히 삭제해 버리는 경우도 있습니다. 상황을 잘 판단해서 해결하기 바랍니다.

● 문제를 해결하고 commit

이번에 발생했던 충돌을 해결했습니다. git add 명령어와 git commit 명령어를 실행해 주세요.

```
$ git add README.md

$ git commit -m "Fix conflict"
Recorded resolution for 'README.md'.
[master 6a97e48] Fix conflict
```

충돌 문제를 해결한 commit이므로 "Fix conflict"라는 주석을 달아 주었습니다.

git commit −−amend: commit 메시지 수정

직전에 작성했던 commit 메시지를 수정하고 싶을 때는 git commit −−amend 명령어를 사용합니다. 방금 commit 메시지에 "Fix conflict"라고 작성했지만, 원래는 fix-B 브랜치를 merge하는 것이 조금 더 중심적인 내용입니다. 따라서 이런 식으로 작성하는 것이 더 좋습니다. 방금 전에 작성했던 commit 메시지를 한번 수정해 보겠습니다.

```
$ git commit --amend
```

위의 명령어를 입력하면 에디터가 실행됩니다.

```
Fix conflict

# Please enter the commit message for your changes. Lines starting
# with '#' will be ignored, and an empty message aborts the commit.
# On branch master
# Changes to be committed:
#    (use "git reset HEAD^1 <file>..." to unstage)
#
#       modified:    README.md
#
```

에디터에는 방금 입력했던 commit 메시지가 나오는데 이를 'Merge branch 'fix-B''로 수정합니다. 수정을 모두 마치면 파일을 저장하고 에디터를 종료해 주세요.

```
[master 2e7db6f] Merge branch 'fix-B'
```

에디터를 종료하면 위와 같이 출력합니다. git log −−graph 명령어를 실행해서, 실제 commit 메시지도 변경되었음을 확인해 봅시다.

```
$ git log --graph

*   commit 2e7db6fb0b576e9946965ea680e4834ee889c9d8
|\  Merge: 83b0b94 4096d9e
| | Author: hirocaster <hohtsuka@gmail.com>
| | Date:   Sun May 5 16:58:27 2013 +0900
| |
| |     Merge branch 'fix-B'
| |
| * commit 4096d9e856995a1aafa982aabb52bfc0da656b74
| | Author: hirocaster <hohtsuka@gmail.com>
| | Date:   Sun May 5 16:50:31 2013 +0900
| |
| |     Fix B
| |
* |   commit 83b0b94268675cb715ac6c8a5bc1965938c15f62
|\ \  Merge: fd0cbf0 8a6c8b9
| |/  Author: hirocaster <hohtsuka@gmail.com>
|/|   Date:   Sun May 5 16:37:57 2013 +0900
| |
| |       Merge branch 'feature-A'
| |
| * commit 8a6c8b97c8962cd44afb69c65f26d6e1a6c088d8
|/  Author: hirocaster <hohtsuka@gmail.com>
|   Date:   Sun May 5 16:22:02 2013 +0900
|
|       Add feature-A
|
* commit fd0cbf0d4a25f747230694d95cac1be72d33441d
| Author: hirocaster <hohtsuka@gmail.com>
| Date:   Sun May 5 16:10:15 2013 +0900
|
|       Add index
|
* commit 9f129bae19b2c82fb4e98cde5890e52a6c546922
  Author: hirocaster <hohtsuka@gmail.com>
  Date:   Sun May 5 16:06:49 2013 +0900

      First commit
```

75

git rebase -i: 변경 내역 조작

토픽 브랜치를 merge하기 전, 이미 commit된 내용에 철자 오류 등이 있을 수 있습니다. 이런 경우에는 코드를 수정하고 commit한 뒤, 바로 앞의 commit에 합쳐 버립니다. 철자 오류 같은 경우는 그리 중요한 변경 사항이 아니므로 뭉개 버리는 것입니다. 자주 사용하는 기술이므로 직접 따라해 보기 바랍니다.

● feature-C 브랜치 생성

그러면 이제 새로운 토픽 브랜치 feature-C를 생성하겠습니다.

```
$ git checkout -b feature-C
Switched to a new branch 'feature-C'
```

feature-C 브랜치의 README.md 파일에 한 줄을 추가했습니다. 이후에 수정하는 방법을 살펴보고자, 일부러 철자 오류를 냈습니다.

```
# Git 튜토리얼

  - feature-A
  - fix-B
  - feature-C
```

이제 이렇게 변경된 내용을 commit합니다. 이렇게 짧은 변경의 경우 git add를 실행하고 git commit을 실행할 필요 없이, 곧바로 git commit -am 명령어를 사용하는 것이 편합니다.

```
$ git commit -am "Add feature-C"
[feature-C 7a34294] Add feature-C
 1 file changed, 1 insertion(+)
```

● 오타 수정

방금 전의 오타를 수정하겠습니다. README.md 파일의 내용을 수정해 주세요.
수정 부분은 다음과 같습니다.

```
$ git diff
diff --git a/README.md b/README.md
index ad19aba..af647fd 100644
--- a/README.md
+++ b/README.md
@@ -2,4 +2,4 @@
   - feature-A
   - fix-B
-  - feature-C
+  - feature-C
```

이렇게 변경한 내용을 commit합니다.

```
$ git commit -am "Fix typo"
[feature-C 6fba227] Fix typo
 1 file changed, 1 insertion(+), 1 deletion(-)
```

오탈자를 수정하고 commit했습니다. 이때, commit 메시지는 "Fix typo"라고
입력했습니다. commit 상태를 과거로 돌려서 수정했으나, 가급적 이런 일이 발생하
지 않도록 하는 것이 좋습니다. commit하기 전에 제대로 코드를 확인하고 오탈자를
찾았다면 이러지 않아도 됐을 겁니다.

● 변경 내역 조작

이제 변경 내역을 조작하겠습니다. "Fix typo"의 수정 내용을 앞의 commit과
통합해서 변경 내역 자체를 변경하겠습니다. 이런 경우에 git rebase 명령어를 사용
합니다.

```
$ git rebase -i HEAD~2
```

git rebase 명령어를 이렇게 사용하면, 현재 브랜치의 HEAD(최신 commit)를 포함한 두 개의 변경 내역과 관련된 내용이 에디터에 표시됩니다.

```
pick 7a34294 Add feature-C
pick 6fba227 Fix typo

# Rebase 2e7db6f..6fba227 onto 2e7db6f
#
# Commands:
#  p, pick = use commit
#  r, reword = use commit, but edit the commit message
#  e, edit = use commit, but stop for amending
#  s, squash = use commit, but meld into previous commit
#  f, fixup = like "squash", but discard this commit's log message
#  x, exec = run command (the rest of the line) using shell
#
# These lines can be re-ordered; they are executed from top to bottom.
#
# If you remove a line here THAT COMMIT WILL BE LOST.
#
# However, if you remove everything, the rebase will be aborted.
#
# Note that empty commits are commented out
```

6fba227의 'Fix typo'의 변경 기록을 뭉개서 7a34294의 'Add feature-C'에 넣어줍니다. 다음과 같이 6fba227 옆의 pick이라는 글자를 삭제하고, fixup으로 고치기 바랍니다.

```
pick 7a34294 Add feature-C
fixup 6fba227 Fix typo
```

코드 편집기의 내용을 저장하고 종료해 주세요.

```
[detached HEAD 51440c5] Add feature-C
 1 file changed, 1 insertion(+)
Successfully rebased and updated refs/heads/feature-C.
```

rebase가 성공되었다는 것이 표시됩니다. 한마디로 다음과 같은 두 개의 commit 이 한 개로 합쳐진 것입니다.

- 7a34294 Add feature-C
- 6fba227 Fix typo

commit 로그를 확인하면 해시 자체가 완전히 변경되어 있는 것을 발견할 수 있습니다.

```
$ git log --graph

* commit 51440c55b23fa7fa50aedf20aa43c54138171137
| Author: hirocaster <hohtsuka@gmail.com>
| Date:   Sun May 5 17:07:36 2013 +0900
|
|     Add feature-C
|
*   commit 2e7db6fb0b576e9946965ea680e4834ee889c9d8
|\  Merge: 83b0b94 4096d9e
| | Author: hirocaster <hohtsuka@gmail.com>
| | Date:   Sun May 5 16:58:27 2013 +0900
| |
| |     Merge branch 'fix-B'
| |
| * commit 4096d9e856995a1aafa982aabb52bfc0da656b74
| | Author: hirocaster <hohtsuka@gmail.com>
```

79

```
| | Date:    Sun May 5 16:50:31 2013 +0900
| |
| |     Fix B
| |
 생략
```

이렇게 함으로써 'Fix typo'라는 commit 자체를 없앴습니다. 'Add feature-C'에서 실수했던 기록 자체를 삭제하게 된 겁니다.

● master 브랜치에 merge

이것으로 feature-C가 대충 완료되었으므로 master 브랜치에 merge해 줍니다.

```
$ git checkout master
Switched to branch 'master'

$ git merge --no-ff feature-C
Merge made by the 'recursive' strategy.
 README.md | 1 +
 1 file changed, 1 insertion(+)
```

master 브랜치에 feature-C의 내용이 merge됩니다. 개발이 순조롭게 진행되고 있습니다.

4.4
원격 리포지토리 송신

Git은 분산형 버전 관리 시스템입니다. 그런데 여태까지는 로컬에 있는 리포지토리 한 개만을 계속해서 조작했었습니다. 하지만 지금부터는 다른 네트워크에 있는 원격 리포지토리를 함께 조작해 보겠습니다. 원격 리포지토리는 이름 그대로 로컬에 있는 리포지토리와 다른 리포지토리를 의미합니다. GitHub에 리포지토리를 만들고, 이를 로컬 리포지토리의 원격 리포지토리로 만들어 보겠습니다.

3장에서 GitHub 리포지토리 생성 방법을 배웠습니다. 이를 기반으로 GitHub에서 새로 리포지토리를 만들어 주세요. 참고로 로컬의 리포지토리와 같은 이름을 사용하는 것이 좋습니다. 따라서 이름은 'git-tutorial'로 하겠습니다. 리포지토리를 생성할 때에 'Initialize this repository with a README'는 체크하지 마세요(그림 4.8).

그림 4.8 체크박스에는 체크하지 말아 주세요!

이를 체크해 버리면, GitHub의 리포지토리에서 README.md 파일 변경을 감시하게 됩니다. 이렇게 되면 로컬 리포지토리와 맞지 않은 부분이 생기며, 결국 변경 사항을 강제로 덮어씌워 버려야 하는 사태가 발생합니다. 이런 사태를 피하려면 'Initialize this repository with a README'를 체크하지 않고 생성하는 것이 좋습니다.

git remote add: 원격 리포지토리 등록

GitHub에 작성된 리포지토리의 경로는 git@github.com:사용자 이름/git-tutorial.git이 됩니다. 이를 로컬 리포지토리의 원격 리포지토리로 등록할 때는 git remote add 명령어를 사용합니다[3].

주3 여기에서는 사용자 이름을 github-book으로 입력했습니다. 독자 여러분의 id를 입력하시면 됩니다.

```
$ git remote add origin git@github.com:github-book/git-tutorial.git
```

이렇게 git remote add 명령어를 실행하면 origin이라는 식별자가 git@github.com:github-book/git-tutorial.git을 가리키게 됩니다.

git push: 원격 리포지토리 전송

● master 브랜치에서 전송

현재 로컬 리포지토리의 내용을 원격 리포지토리에 전송할 때는 git push 명령어를 사용합니다. 현재 위치를 master 브랜치로 옮기고 명령어를 실행해 봅시다.

```
$ git push -u origin master
Counting objects: 20, done.
Delta compression using up to 8 threads.
Compressing objects: 100% (10/10), done.
Writing objects: 100% (20/20), 1.60 KiB, done.
Total 20 (delta 3), reused 0 (delta 0)
To git@github.com:github-book/git-tutorial.git
 * [new branch]      master -> master
Branch master set up to track remote branch master from origin.
```

명령어를 실행하면 origin 원격 리포지토리의 master 브랜치에 현재 브랜치의 내용이 전송됩니다. -u 옵션을 입력하면 로컬 리포지토리에 있는 현재 브랜치의 upstream[주4]이 origin 리포지토리의 master 브랜치로 설정됩니다. 이 옵션을 사용하면 git pull 명령어를 실행할 때 추가적인 옵션을 입력하지 않아도 로컬 리포지토리의 브랜치를 origin 리포지토리의 master 브랜치에서 받아올 수 있습니다.

주4 작업하고 있는 현재 브랜치의 원래 상태를 의미합니다.

이렇게 로컬 리포지토리에 있는 master 브랜치의 내용이 GitHub 원격 리포지토리에 보내졌습니다. 때문에 원격 리포지토리와 로컬 리포지토리의 master 브랜치에 같은 내용이 존재한다는 것을 확인할 수 있습니다.

● master 브랜치 이외의 브랜치에 전송

원격 리포지토리에도 master 브랜치 이외의 브랜치를 작성할 수 있습니다. 이번 절에서는 로컬 리포지토리에 feature-D 브랜치를 작성하고, GitHub의 원격 리포지토리에 같은 이름으로 push해 봅시다.

```
$ git checkout -b feature-D
Switched to a new branch 'feature-D'
```

로컬 리포지토리에 feature-D 브랜치가 생성되었습니다. 같은 이름으로 GitHub의 원격 리포지토리에 push합니다.

```
$ git push -u origin feature-D
Total 0 (delta 0), reused 0 (delta 0)
To git@github.com:github-book/git-tutorial.git
 * [new branch]      feature-D -> feature-D
Branch feature-D set up to track remote branch feature-D from origin.
```

원격 리포지토리가 있는 GitHub 페이지에서 feature-D 브랜치를 확인할 수 있습니다.

4.5
원격 리포지토리에서 가져오기

지금까지 GitHub에 작성한 리포지토리를 원격 리포지토리로 등록하고, feature-D 브랜치를 push했습니다. 따라서 이제 원격 리포지토리에 접속할 권한을 가지고 있는 사람은 모두 feature-D 브랜치를 받아서 변경할 수 있습니다.

이번 절에서는 다른 개발자가 되었다고 가정하고 별도의 폴더로 옮겨서 로컬 리포지토리를 만든 뒤, 원격 리포지토리의 데이터를 가져와 봅시다.

git clone: 원격 리포지토리를 가져오기

● 원격 리포지토리를 가져오기

지금까지 작업했던 로컬 리포지토리가 아닌, 다른 폴더에서 GitHub 리포지토리를 clone합니다.

```
$ git clone git@github.com:github-book/git-tutorial.git
Cloning into 'git-tutorial'...
remote: Counting objects: 20, done.
remote: Compressing objects: 100% (7/7), done.
remote: Total 20 (delta 3), reused 20 (delta 3)
Receiving objects: 100% (20/20), done.
Resolving deltas: 100% (3/3), done.
$ cd git-tutorial
```

git clone 명령어를 실행하면 master 브랜치가 해당 시점의 상태로 복사됩니다. 그리고 원격 리포지토리를 쉽게 참조할 수 있도록 origin 브랜치도 자동으로 설정됩니다. 지금 막 원격 리포지토리에서 clone한 상태이므로 master 브랜치와 origin 브랜치에는 같은 내용이 들어 있습니다.

현재 브랜치와 관련된 정보를 git branch -a 명령어로 확인해 봅시다. -a 옵션을 붙이면 로컬 리포지토리뿐만 아니라 원격 리포지토리의 정보도 함께 표시됩니다.

```
$ git branch -a
* master
  remotes/origin/HEAD -> origin/master
  remotes/origin/feature -D
  remotes/origin/master
```

remotes/origin/feature-D가 표시되므로 원격 리포지토리에 feature-D가 있다는 것을 확인할 수 있습니다.

● 원격 리포지토리의 feature-D 브랜치를 체크아웃하는 방법

feature-D 브랜치를 로컬 브랜치로 체크아웃해 봅시다.

```
$ git checkout -b feature-D origin/feature-D
Branch feature-D set up to track remote branch feature-D from origin.
Switched to a new branch 'feature-D'
```

-b 옵션 뒤에 입력한 글자가 로컬 리포지토리에 새로 작성하는 브랜치 이름입니다. 이번에도 이해하기 쉽도록 원격 리포지토리와 같은 'feature-D'라는 이름을 붙여 주었습니다. 이어서 뒤에 입력한 것은 checkout의 원본이 되는 브랜치입니다. 현재 origin/feature-D라고 지정했는데, origin이라는 식별자는 GitHub의 원격 리포지토리를 나타냅니다. 따라서 원격 리포지토리의 feature-D 브랜치를 기반으로, 로컬 리포지토리에 feature-D 브랜치를 작성하는 것입니다.

● 로컬 리포지토리의 feature-D 브랜치에 변경 사항을 commit

이번에는 자신이 다른 개발자라고 가정한 후, 새로운 commit을 해봅시다. README.md 파일에 한 문장을 추가하고 변경 사항을 확인해 보세요.

85

```
$ git diff
diff --git a/README.md b/README.md
index af647fd..30378c9 100644
--- a/README.md
+++ b/README.md
@@ -3,3 +3,4 @@
   - feature-A
   - fix-B
   - feature-C
+  - feature-D
```

지금까지와 동일한 방법으로 commit을 수행합니다.

```
$ git commit -am "Add feature-D"
[feature-D ed9721e] Add feature-D
 1 file changed, 1 insertion(+)
```

● feature-D 브랜치에 push

feature-D 브랜치에 push를 수행합니다.

```
$ git push
Counting objects: 5, done.
Delta compression using up to 8 threads.
Compressing objects: 100% (2/2), done.
Writing objects: 100% (3/3), 281 bytes, done.
Total 3 (delta 1), reused 0 (delta 0)
To git@github.com:github-book/git-tutorial.git
   ca0f98b..ed9721e  feature-D -> feature-D
```

이렇게 feature-D 브랜치를 원격 브랜치로부터 획득해서 로컬 리포지토리에 commit합니다. 이후에 코드를 개발하고 원격 리포지토리에 push하면서 다른 개발자와 함께 feature-D 기능을 구현할 수 있게 되는 것입니다.

git pull: 최신 원격 리포지토리를 가져오기

이제 지금 작업하던 폴더에서 나와서 예전에 작업하던 폴더로 돌아갑시다. 원래 작업했던 로컬 리포지토리의 feature-D 브랜치에는 아무것도 없는 반면, GitHub 원격 리포지토리에는 commit된 내용이 있습니다.

git pull 명령어로 새로운 코드를 가져오겠습니다. 브랜치를 feature-D로 옮기고 다음 명령어를 실행합니다.

```
$ git pull origin feature-D
remote: Counting objects: 5, done.
remote: Compressing objects: 100% (1/1), done.
remote: Total 3 (delta 1), reused 3 (delta 1)
Unpacking objects: 100% (3/3), done.
From github.com:github-book/git-tutorial
 * branch              feature-D -> FETCH_HEAD
 First, rewinding head to replay your work on top of it...
 Fast-forwarded feature-D to ed9721e686f8c588e55ec6b8071b669f411486b8.
```

원격 리포지토리에 있는 feature-D 브랜치가 로컬 브랜치의 feature-D 브랜치에 업데이트되었습니다. 지금까지의 과정을 반복하면서 다른 개발자와 같은 브랜치를 개발하게 됩니다. 다른 개발자와 함께 같은 브랜치를 개발하는 경우에는 충돌이 자주 발생할 수 있으므로, 수시로 push와 pull을 해서 이러한 충돌을 줄이는 것이 좋습니다.

4.6
Git과 관련된 추가 참고 자료

이후 부분을 읽는데 필요한 Git과 관련된 조작은 모두 다루었습니다. 하지만 실제로 개발을 할 때는 이 책에서 설명한 내용보다 고도의 기술이 필요할 수도 있습니다. 따라서 추가로 Git과 관련된 내용을 배울 수 있는 자료를 소개하겠습니다.

Pro Git

'Pro Git[주5]'은 GitHub 회사에서 일하고 있는 스콧 차콘(Scott Chacon)[주6]이 집필한 책입니다. Git의 기본부터 차근차근 학습할 수 있도록 구성되어 있습니다. 저작물 사용 허가 표시(Creative Commons License, CCL)로 공개된 덕에 각 언어로 번역되어 한국어 버전도 존재합니다.

LearnGitBranching

LearnGitBranching[주7]은 Git의 기본적인 조작 방법을 배울 수 있는 웹 사이트입니다(그림 4.9). 트리형 그림으로 학습할 수 있어서 처음 Git을 사용하는 사람에게 강력히 추천하는 사이트입니다. 애조로 작업실에서 번역 수고를 해주셔서 한국어 사이트[주8]도 있습니다.

주5 http://git-scm.com/book/ko

주6 https://github.com/schacon

주7 http://pcottle.github.io/learnGitBranching/[역주5]

주8 http://learnbranch.urigit.com/[역주5]

역주5 번역된 사이트에 들어갈 수 없는 경우에는 https://github.com/urigit/learnGitBranching에 있는 파일을 다운로드해서 사용하세요.

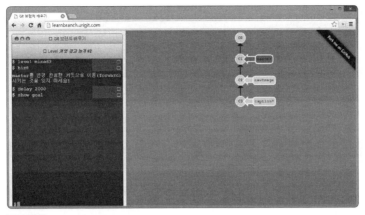

그림 4.9 LearnGitBranching

tryGit

tryGit[주9]으로는 Git의 기본적인 기능을 웹에서 직접 조작하며 배울 수 있습니다 (그림 4.10). 아쉽게도 영어로만 제공됩니다.

그림 4.10 tryGit

주9 http://try.github.io/

4.7
정리

이번 장에서는 이 책을 이해하는데 필요한 가장 기본적인 Git 관련 내용과 일반적으로 이용하는 대부분의 명령어를 모두 다루었습니다. 따라서 이번 장의 내용만 확실히 익힌다면 특별히 곤란해질 일은 거의 없을 것입니다.

일반적으로 사용하지 않는 특수한 명령어를 알고 싶은 경우에는 소개했던 참고 자료를 확인해서 나중에 실수하지 않도록 제대로 사용해 보시기 바랍니다.

## CHAPTER 5

GitHub의
기능을 확실하게
알아보자

GitHub에서 소셜 코딩을 실현하는 다양한 기능에 대해 화면을 보면서 설명하겠습니다. GitHub의 풍부한 기능을 함께 살펴봅시다.

5.1
키보드 단축키

GitHub에는 다양한 키보드 단축키가 제공되므로 키보드로 조작하는 방법을 익혀 두면 보다 쾌적하게 이용할 수 있습니다.

키보드 단축키를 확인하려면 GitHub 화면에서 [Shift] + [/]키를 눌러 주세요. 누르면 키보드 단축키 목록이 표시됩니다(그림 5.1). GitHub를 편히 사용하고 싶다면 키보드 단축키를 한 번 확인한 후 직접 사용해 볼 것을 추천합니다.

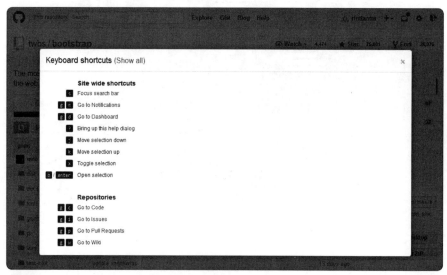

그림 5.1 Shift + / 를 누르면 단축키 목록이 표시됩니다

UI 구성 설명

일단 페이지 상단에 항상 뜨는 툴바를 살펴보겠습니다(그림 5.2).

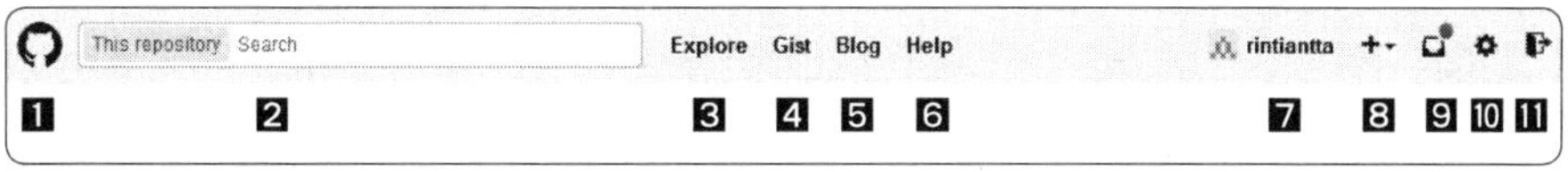

그림 5.2 툴바

1 로고

GitHub 로고를 클릭하면 대시보드가 나옵니다. 대시보드와 관련된 설명은 조금 뒤에 하겠습니다.

2 검색 입력 양식

관심 있는 사용자 또는 코드의 일부분을 입력해서 검색하면 관련된 정보를 보여 줍니다.

3 Explore

GitHub에서 주목받고 있는 인기 소프트웨어를 다양한 관점으로 소개하는 곳입니다.

- GitHub 회사에서 특집으로 정리해 주는 소프트웨어 정리(개발자에 따라 동영상도 첨부됩니다)

- 오늘, 이번 주, 이번 달의 인기 있는 리포지토리, 개발자를 프로그래밍 언어별로
추출[주1]

Explore를 잘 살펴보면 최신 기술 또는 소프트웨어를 파악하는 데 도움이 됩니다.
개발자라면 자주 확인하며 새로운 기술을 살펴보기 바랍니다. Explore에 들어가 보
면, 언어별로 구분해서 최신 라이브러리 등을 확인할 수도 있습니다. 저자도 유용하
게 사용하고 있습니다.

4 Gist

Gist는 간단한 코드를 관리, 공유하고 싶을 때 사용하는 기능입니다. 저자도 간
단한 스크립트 등은 Gist로 작성해서 공유합니다. 변경 내역도 자동으로 기록되며,
Fork도 할 수 있습니다. 다른 사람들에게 샘플 코드를 보여줄 때 유용합니다.

Gist로 코드를 작성하면 쉽게 공유할 수 있습니다. 또한, 어떤 프로그래밍 언어를
사용했는지 선택해 주면, Syntax Highlight도 적용됩니다. Gist와 관련된 자세한
내용은 부록 B를 참고해 주세요.

5 Blog

GitHub 공식 블로그 링크입니다. 해당 블로그에 들어가면 GitHub 회사와 관련
된 내용을 소개합니다. 예를 들어서 새로 추가된 기능, 새로 입사한 직원, dringkup
이라고 불리는 파티 등의 정보가 공개됩니다.

6 Help

GitHub의 도움말입니다. 당연히 영어로 되어 있습니다만, 그리 어려운 영어는 아
니므로 모르는 것이 있을 때 참고하기 바랍니다.

주1 https://github.com/trending

☑ 아바타와 사용자 이름

클릭하면 당신의 프로필 페이지가 나옵니다. 프로필 페이지와 관련된 자세한 설명은 나중에 하겠습니다.

☑ Create a new

버튼을 누르면 새로운 Git 리포지토리 또는 Organization을 작성하거나, Organization에 멤버, 팀, 리포지토리 또는 Issue와 Collaborator를 추가할 때 사용하는 메뉴도 표시됩니다.

☑ Notification

Notification은 사용자와 관련된 소식을 알려줍니다. 마크가 파란색으로 표시되면 읽지 않은 소식이 있다는 의미입니다. Issue가 만들어지거나, 댓글이 달리거나, Pull Request가 전송되는 경우 등에 Notification이 발생합니다. 기본적으로는 Notification이 오면, 메일 주소로 메일도 갑니다. 이런 설정을 변경하고 싶을 때는 'Account settings주2'에서 변경해 줍니다.

☑ Settings

톱니바퀴 아이콘이 그려진 Settings는 계정과 관련된 설정을 하는 페이지입니다. 프로필과 관련된 것부터 보안, 요금 정책까지 설정할 수 있습니다. 꼭 한 번쯤은 들어가서 살펴보세요.

☑ Sign out

GitHub에서 로그아웃하는 버튼입니다.

주2 https://github.com/settings/notifications

5.3
대시보드

UI 구성 설명

GitHub에 로그인 하면 곧바로 나오는 대시보드 페이지(그림 5.3)에 대해서 설명하
겠습니다.

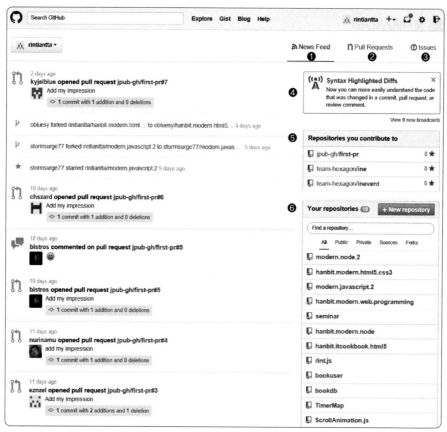

그림 5.3 대시보드

❶ News Feed

당신이 Follow한 사용자 또는 Watch하고 있는 프로젝트의 활동 정보가 표시되므로 최신 동향 등을 확인할 수 있습니다. 오른쪽 위에 있는 RSS 마크에 링크되어 있는 URL을 RSS 리더 등의 프로그램으로 등록하면 RSS로 구독할 수도 있습니다.

❷ Pull Requests

당신이 만든 Pull Request가 표시됩니다. Pull Request 이후에 어떻게 진행되고 있는지 등을 확인할 때 편리합니다.

❸ Issues

당신에게 권한이 있는 리포지토리 또는 할당되어 있는 Issue를 확인할 수 있습니다. 여러 개의 프로젝트를 넘나들면서 활동할 때, 여기서 Issue를 모아다가 확인할 수 있습니다.

❹ broadcast

주로 GitHub 회사에서 공지사항 또는 편리하게 사용할 수 있는 팁(Tips) 등이 전송됩니다.

❺ Repositories you contribute to

당신이 공헌하고 있는 리포지토리가 표시됩니다. 가장 최근에 공헌한 순서로 정렬됩니다.

❻ Your Repositories

최신 활동 순서로 당신의 리포지토리가 표시됩니다. 리포지토리에 자물쇠 아이콘이 붙어 있으면 비공개 리포지토리 입니다. 또한 'Y'처럼 생긴 마크가 붙어 있을 때는 Fork한 리포지토리입니다.

5.4
프로필

다음과 같은 URL에 접속하면 해당 사용자의 프로필이 나옵니다.

URL https://github.com/사용자 이름

UI 구성 설명

크리스 완스트레스의 프로필(그림 5.4)을 참고해 가며 설명하겠습니다.

그림 5.4 프로필

■1 사용자 정보

이름, 소속, 메일 주소, 소속된 Organization 등 사용자와 관련된 기본적인 정보가 표시됩니다. 해당 사용자에게 관심이 있을 경우에는 오른쪽 상단의 Follow 버튼을 눌러 주세요. 참고로 이미 Follow하고 있는 사용자라면 해당 버튼이 Unfollow 버튼으로 되어 있을 겁니다. 이렇게 Follow 버튼을 누르면 해당 사용자의 활동 내역이 News Feed에 뜹니다.

■2 Popular repositories

공개되어 있는 리포지토리 중에서 특별히 인기 있는 리포지토리 일부가 표시됩니다. 리포지토리의 인기는 Star의 수로 판별됩니다.

■3 Repositories contributed to

공헌하고 있는 리포지토리가 가장 최근에 공헌한 순서로 일부만 표시됩니다. 해당 리포지토리에 개발자로 참여하고 있거나, Pull Request를 보내는 등의 공헌을 하고 있는 리포지토리입니다.

■4 Public contributions

한 칸은 하루를 나타냅니다. 한 칸에는 Pull Request 또는 Issue를 만든 개수 등으로 리포지토리 기여도를 나타냅니다. 칸의 색이 짙을수록 해당 일자에 많은 공헌을 했다는 뜻입니다. 초록색이 많이 표시된 개발자가 GitHub에서 활발하게 활동하고 있다는 것이 파악 가능합니다.

■5 Contribution Activity

공헌한 구체적인 행동이 시간 순서로 정리되어 표시됩니다. 각각의 행동을 클릭하면 관련된 링크로 이동합니다.

⑥ Repositories

해당 사용자가 공개하고 있는 리포지토리가 표시됩니다(그림 5.5). 해당 사용자가 Fork했었던 리포지토리도 함께 나옵니다. 또한 리포지토리 이름, 간단한 설명, 사용된 프로그래밍 언어, 최근 활동일 등도 표시됩니다. 별 기호 옆에 있는 숫자는 해당 리포지토리에 Star 버튼을 눌러준 사람의 수를 의미하며, 그 옆의 숫자는 Fork된 횟수를 의미합니다.

아래에 표시되는 그래프는 해당 리포지토리의 활동 빈도를 그래프로 나타낸 것으로 가로축이 시간축입니다. 오른쪽이 현재를 나타내며, 표시되는 그래프의 막대가 높을수록 활동 빈도가 높은 리포지토리입니다.

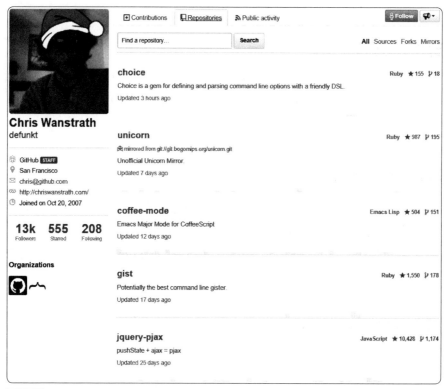

그림 5.5 Repositories 탭

100

7 Public Activity

공개된 활동 내역입니다(그림 5.6). 활동 내역이란 해당 사용자가 무엇을 했는지에 대한 공개 기록입니다. 리포지토리의 commit 또는 Pull Request 등의 다양한 정보가 나옵니다.

공개 활동 내역을 확인하면 해당 사용자가 평소 GitHub에서 어떤 활동을 하는지 알 수 있습니다. 예를 들어, 존경하는 개발자가 있다면 공개 활동 내역을 확인해서 현재 어떤 것에 주목하고 있는지, 어떤 것을 열심히 개발하고 있는지 등을 알 수 있습니다.

그림 5.6 Public Activity 탭

5.5
리포지토리

리포지토리 URL은 다음과 같이 나타냅니다.

URL https://github.com/사용자 이름/리포지토리 이름

각종 소프트웨어의 입구와도 같은 페이지입니다. 리포지토리 페이지에서는 파일을 열람할 수도 있습니다. 또한, 리포지토리에 권한이 있다면 페이지에서 곧바로 편집하고 commit하는 것이 가능합니다.

UI 구성 설명

그림 5.7을 바탕으로 설명하겠습니다. 중요한 메뉴의 경우는 이번 장의 뒷부분에서 다시 설명하겠습니다.

❶ 사용자 이름(Organization 이름) / 리포지토리 이름

왼쪽 상단에는 아이콘과 함께 표시되는 글자는 사용자와 리포지토리 이름입니다. / 기호를 기준으로 왼쪽 부분은 사용자 이름입니다. GitHub의 Organization(조직) 계정을 사용하면 사용자 이름 대신 Organization 이름이 뜹니다. 그리고 / 기호의 오른쪽 부분은 리포지토리 이름입니다.

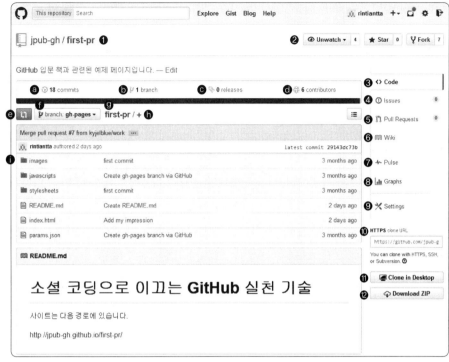

그림 5.7 리포지토리 페이지

❷ Watch / Star / Fork

눈 모양의 심볼과 함께 'Watch'라고 적힌 버튼이 있습니다. 이 버튼을 누르면 해당 리포지토리를 Watch하게 됩니다. Watch하면 해당 리포지토리의 최신 정보 등이 사용자의 활동 내역에 표시됩니다.

'Star'라고 적힌 글자 옆에 있는 숫자는 해당 리포지토리의 별점입니다. 이 별점이 높을수록 해당 리포지토리에 관심도가 높다는 것을 의미합니다.

Watch와 Star는 차이점이 있습니다. Watch를 하면 해당 리포지토리와 관련된 정보가 뒤에서 설명할 Notification으로 표시됩니다. 따라서 이후에 리포지토리에서 변경되는 내용들을 하나하나 확인할 수 있습니다. 반면, Star는 즐겨찾기 기능이라고 볼 수 있습니다. 나중에 Star를 붙인 목록을 보고 해당 리포지토리를 찾아갈 수 있습

103

니다. 또한, 별점을 보면 해당 리포지토리가 GitHub 내에서 얼마나 인기 있는 리포지토리인지도 판단할 수 있습니다.

마지막으로 옆에 있는 분기 마크는 Fork 버튼입니다. Fork 버튼 옆에 있는 숫자는 얼마나 많은 사용자들이 해당 리포지토리를 Fork했는지 나타내는 숫자입니다. 이 숫자가 크면, 해당 리포지토리와 관련된 개발을 하는 사람이 많다는 의미입니다.

❸ Code

리포지토리에 있는 파일 목록을 표시합니다. 이때, 리포지토리 이름 바로 아래에는 리포지토리의 간단한 설명과 URL이 있습니다.

❹ Issues

버그 정보, 기능 추가, 방향성 토론 등을 Issue로 관리합니다. Pull Request가 만들어질 때도 Issue가 발행됩니다. 옆에 표시되는 숫자는 현재 Open되어 있는 Issue의 숫자를 의미합니다.

❺ Pull Requests

Pull Request 목록이 표시되므로 전체 Pull Request들을 관리할 수 있습니다. 코드 변경을 바탕으로 하는 토론 등도 이곳에서 이루어집니다. 옆에 표시되는 숫자는 아직 close되지 않은 Pull Request의 수입니다.

❻ Wiki

Wiki는 HTML 문법보다도 페이지를 더 쉽게 작성할 수 있는 기능입니다. 개발자끼리 공유할 정보 또는 개발 문서 등을 작성할 때 사용합니다. 옆에 표시되는 숫자는 현재의 Wiki 페이지 수입니다.

❼ Pulse

해당 리포지토리의 최근 활동 정보 등을 일괄적으로 보여 주는 기능입니다. 해당 리포지토리가 방치되어 있는지, 활발하게 활동되고 있는지를 확실하게 파악할 수 있습니다.

❽ Graphs

리포지토리와 관련된 다양한 지표들을 그래프로 표시해 주는 기능입니다. 리포지토리의 활동 방향을 손쉽게 파악할 수 있습니다.

❾ Settings

현재 리포지토리의 설정을 변경할 수 있습니다. 이 메뉴는 설정을 변경할 수 있는 권한이 있는 경우에만 표시됩니다.

❿ SSH clone URL

리포지토리를 clone할 때 사용하는 URL입니다. HTTPS, SSH, 서브버전을 클릭하면 프로토콜에 맞는 경로로 URL이 변경됩니다.

⓫ Clone in Desktop

GitHub 전용 클라이언트 애플리케이션을 실행해서 clone하는 버튼입니다. GitHub 전용 클라이언트는 윈도우즈와 맥 전용으로 제공됩니다. 자세한 내용은 부록 A에서 설명하겠습니다.

⓬ Download ZIP

현재 화면에 표시되고 있는 브랜치의 파일을 전부 ZIP 형태로 압축해서 다운로드합니다. Git의 clone과는 다르게 순수하게 파일만 다운로드하는 기능입니다. 따라서 Git을 이용해서 로그를 보거나, 리포지토리에 변경 내용을 추가한다거나 하는 일은

105

불가능합니다. 순수하게 리포지토리의 파일을 사용할 뿐이라면 이 버튼을 사용해서 다운로드하는 것이 편합니다.

ⓐ commits

현재 화면에 표시되고 있는 브랜치의 commit 내역을 확인할 수 있습니다. 왼쪽에 있는 숫자는 commit 횟수를 의미합니다.

ⓑ branches

리포지토리의 브랜치를 모두 확인할 수 있습니다. 왼쪽에 있는 숫자는 브랜치 개수를 의미합니다.

ⓒ releases

리포지토리 태그가 표시됩니다. 태그를 붙였을 때의 파일들을 아카이브 형태(zip, tar.gz)로 다운로드할 수 있습니다. 일반적으로 소프트웨어의 버전을 올릴 때 태그를 붙이므로 특정한 버전의 파일이 필요한 경우에 여기서 해당 버전의 파일을 다운로드하면 됩니다.

ⓓ contributors

리포지토리에 commit을 전송한 개발자 목록을 확인할 수 있습니다. 책을 읽고 있는 독자도 Pull Request를 전송해서 통과하면 이 목록에 표시됩니다. 왼쪽에 있는 숫자는 개발자 수를 나타냅니다.

ⓔ Compare & review

현재 화면에 표시되고 있는 브랜치와 다른 브랜치의 차이를 확인하거나 리뷰할 수 있습니다. 이 버튼을 누르면 다음 화면에서 비교하고 싶은 브랜치를 선택할 수 있습니다.

ⓕ branch

현재 화면에 표시되고 있는 브랜치 이름입니다. 버튼을 눌러 리포지토리의 브랜치를 변경하면 다른 브랜치의 파일을 확인할 수 있습니다.

ⓖ path

현재 화면에 표시되고 있는 목록의 경로입니다. 이동하고 싶은 상위 폴더의 링크를 클릭하면 이동합니다.

ⓗ Fork this project and Create a new file

현재 화면에 표시되고 있는 리포지토리 경로에 새로운 파일을 추가할 수 있습니다. 파일을 추가하면 새로운 commit으로 파악됩니다. 따라서 리포지토리가 Fork되고, Fork된 브랜치에 파일이 생성됩니다.

수정할 수 있는 권리를 가진 리포지토리라면 'Create a new file here'라고 표시됩니다. 이 경우에는 파일을 직접 추가할 수 있습니다.

ⓘ files

현재 화면에 표시되고 있는 브랜치의 파일을 볼 수 있습니다. 상단에는 최근 commit과 관련된 정보가 표시됩니다. 파일 또는 폴더 목록에는 이름, 파일, 관련된 최신 commit, 변경된 날짜가 순서대로 표시됩니다. 파일과 폴더를 클릭하면 더 자세히 확인할 수 있습니다.

현재 경로에 README.md 파일이 있는 경우에는 파일 목록 아래에 README.md 파일의 내용이 표시됩니다. README.md 파일에는 리포지토리에 있는 프로그램의 설명, 사용 방법, 라이선스 등이 기록되어 있으므로 반드시 읽어 보세요!

파일 관련 조작

파일을 클릭하고 들어가면 파일 내용이 표시됩니다. 이때, 오른쪽에는 파일과 관련된 메뉴(그림 5.8)가 나옵니다. 'Raw'는 해당 파일의 데이터를 웹 브라우저에 곧바로 표시합니다. 이때 웹 브라우저의 주소가 HTTPS 프로토콜로 나오는데, 이 주소를 사용하면 해당 파일을 다운로드할 수 있습니다. 'Blame'으로는 파일과 관련된 정보들을 확인할 수 있으며, 'History'는 파일의 변경 내역을 확인할 수 있습니다. 'Delete'는 파일을 삭제할 때 사용합니다. 또한 연필 모양의 아이콘은 실제로 파일을 수정할 때 사용하는데, 파일을 수정하면 자동으로 commit됩니다. 휴지통 모양의 아이콘은 파일을 삭제할 때 사용합니다.

그림 5.8 파일 관련 조작 메뉴

파일 내용 왼쪽에는 해당 줄이 몇 번째 줄인지 숫자가 나옵니다. 10번째 줄을 클릭하면 해당 행이 노란 색으로 표시됩니다. 이때, 웹 브라우저의 주소를 보면 '#L10'이라는 해시가 추가된 것을 볼 수 있습니다. 이러한 주소는 다른 사용자와 코드에 대해서 이야기할 때 사용할 수 있습니다. 추가로 URL에 '#L10'이라는 해시를 '#L10-L15'라고 입력하면, 10번째 줄부터 15번째 줄까지 노란색으로 표시됩니다. 이러한 URL도 활용할 수 있으니 기억해 두기 바랍니다.

> **Column** 　　　　　　**파일 이름의 일부로 검색**
>
> 　지금까지 설명했던 리포지토리 페이지를 켠 상태에서 키보드의 't'를 눌러 보세요. 그리고 리포지토리 내부에서 탐색하고 싶은 파일 또는 폴더 이름의 일부를 넣어 보세요. 리포지토리에 등록된 파일 또는 폴더 이름 중에 해당 글자가 들어가는 것을 모두 찾아줍니다 (그림 a)
>
> 　폴더 또는 파일을 하나하나 클릭해서 찾아 들어가는 것보다 훨씬 빠르게 파일을 찾을 수 있으므로 적극적으로 이용하기 바랍니다.

그림 a yml을 검색한 경우

변경 내역 확인

GitHub는 URL을 직접 변경해서 다양한 형태로 변경 내역을 확인할 수 있습니다. 이번에는 URL을 직접 입력해서 변경 내역을 확인하는 기술을 알아보겠습니다. 실제 사용되고 있는 루비 온 레일스 리포지토리[주3]를 활용해서 설명하겠습니다.

● 브랜치 사이의 변경 내역 확인

4-0-stable 브랜치와 3-2-stable 브랜치의 변경 내역을 확인하고 싶을 때는 다음과 같이 URL에 브랜치 이름을 적어줍니다.

URL https://github.com/rails/rails/compare/4-0-stable...3-2-stable

이렇게 하면 브랜치 사이의 변경 내역을 확인할 수 있습니다(그림 5.9). 해당 페이지를 60명이 1,735번 commit해서 3.2버전에서 4.0버전으로 버전 업된 것을 알 수 있습니다.

주3 https://github.com/rails/rails

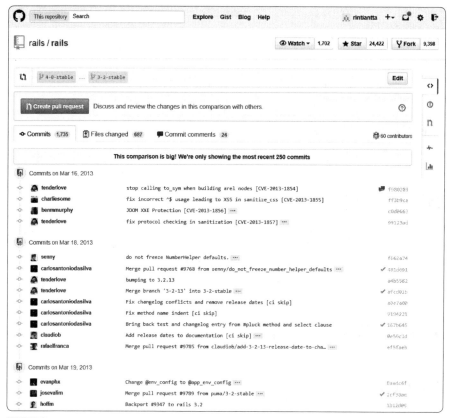

그림 5.9 3-2-stable부터 4-0-stable까지의 변경 내역

● 특정한 기간 전부터의 변경 내역 확인

master 브랜치에서 7일 동안 변경된 내역을 확인하고 싶을 때는 다음과 같이 URL에 기간을 적어 줍니다.

URL https://github.com/rails/rails/compare/master@{7.day.ago}...master

이렇게 하면 해당 기간 동안에 변경 내역을 확인할 수 있습니다. 기간을 지정할 때는 다음과 같은 것들을 이용할 수 있습니다.

- day
- week
- month
- year

변경 내역이 너무 많을 때는 최근 변경 내용만 나옵니다.

● 지정한 날부터의 변경 내역 확인

master 브랜치에 2014년 10월 1일부터의 변경 내역을 보고 싶을 경우에는 다음과 같이 URL에 날짜를 입력하면 변경 내역을 확인할 수 있습니다.

URL https://github.com/rails/rails/compare/master@{2014-10-01}...master

하지만 지정한 날짜부터의 변경 내역이 너무 많거나, 지정한 날짜부터 현재까지의 기간이 너무 긴 경우에는 최근 변경 내용만 나옵니다.

지금까지 다양한 시점으로부터의 변경 내역을 확인하는 방법을 알아보았습니다. GitHub는 이러한 기능들 덕분에 소스 코드 뷰어로서도 무척 우수합니다. 지금까지 살펴보았던 내용을 조금 더 확인하고 싶다면, URL을 직접 변경해서 입력하고 확인해 보세요. 기억해 두면 굉장히 유용한 기능입니다.

5.6
Issue

Issue는 소프트웨어 개발에 관련된 버그 또는 논의 등을 추적해서 관리하고자 만든 것입니다. Issue를 관리하는 시스템은 BTS(Bug Tracking System, 버그 관리 시스템) 등으로도 부릅니다. 대표적인 오픈 소스 BTS로는 Redmine[주4], Trac[주5], Bugzilla[주6] 등이 있습니다.

GitHub에는 이러한 BTS 기능이 내장되어 있습니다. GitHub로 소프트웨어 개발을 하는 사람과 커뮤니케이션할 때 적극 활용해 주세요. Issue는 다음과 같은 상황에서 활용할 수 있습니다.

- 소프트웨어에서 버그를 발견해서 보고하려는 경우
- 리포지토리의 관리자에게 상담 또는 문의를 하는 경우
- 이후에 만들 기능을 적어 두는 경우

버그 관리뿐만 아니라 다양한 곳에 활용할 수 있습니다. 모름지기 소프트웨어 개발자라면 Issue를 다양한 용도로 사용할 수 있어야 합니다.

다양한 요소를 삽입할 수 있는 문서 작성 방식

GitHub의 Issue와 댓글은 GFM[주7]이라 불리는 형식으로 작성합니다. 따라서 문서에 다양한 요소를 삽입할 수 있습니다. 예를 들어 그림 5.10처럼 작성하고, 'Preview(미리보기)'를 클릭하면, 그림 5.11처럼 Markup(마크업)을 출력합니다.

주4 http://www.redmine.org/

주5 http://trac.edgewall.org/

주6 http://www.bugzilla.org/

주7 https://help.github.com/articles/github-flavored-markdown

그림 5.10 Markdown 문법의 예

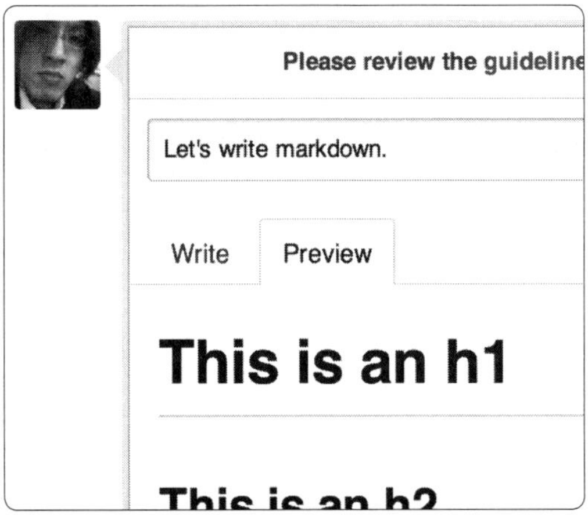

그림 5.11 Markdown 문법의 Preview

GFM 기법과 관련된 도움말 페이지 링크는 입력 화면 바로 옆에 있습니다(그림 5.12).

그림 5.12 Markdown 문법의 도움말 페이지 링크

● Syntax Highlight하기

예를 들어, 다음과 같이 언어를 지정하고 코드를 작성할 수 있습니다.

```
````ruby
def hello_world
  puts 'Hello World!'
end
````
```

이렇게 하면 그림 5.13처럼 Syntax Highlight[주8]가 적용되어 표시됩니다. 코드를 더 쉽게 읽고 이해할 수 있겠죠?

그림 5.13 Syntax Highlight 기능으로 색상이 들어간 코드

주8 코드의 키워드 등에 다른 색을 적용해서 쉽게 읽을 수 있게 만들어 주는 기능입니다.

● 그림 첨부

그림도 쉽게 첨부할 수 있는데, GFM을 작성하고 있는 부분에 그림 파일을 드래그&드롭하면 그림이 첨부됩니다. 또는 작성 페이지 아래에 있는 그림 5.14의 링크를 누르면 파일 선택 대화상자가 뜨는데, 여기서 파일을 선택해도 그림을 첨부할 수 있습니다. 추가적인 내용은 GitHub 사이트[주9]에서 확인해 보세요.

> Attach images by dragging & dropping, **selecting them**, or pasting from the clipboard.

그림 5.14 그림 첨부 링크

라벨을 사용한 정리

Issue는 라벨을 붙여서 정리할 수 있습니다. 라벨을 붙이면 Issue 옆에 라벨이 표시됩니다(그림 5.15). Issue 옆의 라벨을 클릭하면, 라벨이 붙어 있는 Issue만 표시됩니다.

그림 5.15 라벨이 붙은 Issue

주9 https://help.github.com/articles/issue-attachments

라벨은 자유롭게 붙일 수 있습니다. 예를 들어, 그림 5.15처럼 프로그래밍 언어 또는 기술을 기반으로 태그를 붙여서 분류할 수도 있습니다. 또한 버그, 태스크, 메모처럼 어떤 작업을 수행할지를 기반으로 해서 라벨을 붙이는 경우도 있습니다. 각각에 적절한 라벨을 붙여서 활용하기 바랍니다.

Issue가 적을 때는 라벨을 잘 붙이지 않지만, 추후 더 많아지게 되면 필터링 없이는 관리가 힘들어지므로 라벨을 붙이는 습관을 미리 길러 두기 바랍니다.

Milestones을 사용한 관리

라벨과는 다르게 Milestones을 사용해서도 Issue를 관리할 수 있습니다. 그림 5.16을 보면 다음 버전인 3.0.0까지 Issue가 여섯 개 남았다는 것과 96%의 Issue는 이미 처리했다는 것을 알 수 있습니다. 참고로 해당 Milestones 링크를 클릭하면 남은 Issue를 볼 수 있습니다.

Milestones을 설정하면 해야 하는 작업 관리에 Issue를 사용할 수 있게 됩니다.

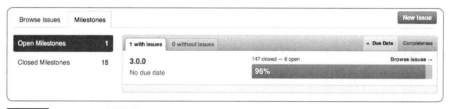

그림 5.16 version 3.0.0의 Milestones

Issue를 작성할 때 그림 a처럼 공헌 규칙과 관련된 링크가 나오는 경우가 있습니다. 이는 리포지토리의 루트 폴더에 CONTRIBUTING.md라는 파일이 있기 때문입니다[주a].

CONTRIBUTING.md 파일에는 공헌 규칙을 적는데, 예를 들어 Issue 작성 방법, Pull Request를 보낼 때의 규칙과 부탁, 라이선스와 관련된 내용 등이 들어갑니다. GitHub에서 다른 프레임워크 등에 공헌하고 싶다면 CONTRIBUTING.md 파일을 확실하게 읽어 보기 바랍니다.

> Please review the guidelines for contributing to this repository.

그림 a 가이드라인으로의 링크

주a https://github.com/blog/1184-contributing-guidelines

할 일 목록

GFM은 독자적으로 할 일 목록[주10]을 만들 수 있습니다. 다음과 같이 코드를 작성해 보세요.

```
# 오늘 해야 하는 작업
- [ ] 이미지 완성
- [x] Deploy 도구 설정
- [ ] 추첨 기능 구현
```

주10 https://github.com/blog/1375-task-lists-in-gfm-issues-pulls-comments

이렇게 코드를 작성하면 체크리스트가 구성됩니다(그림 5.17). 이때, 체크박스는 Issue 편집 화면을 따로 열지 않아도 체크 또는 체크 해제할 수 있습니다. 매우 편리한 기능이므로 꼭 기억해 두기 바랍니다.

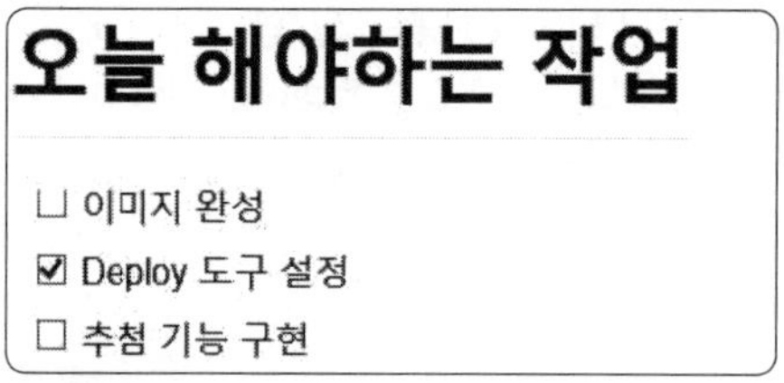

오늘 해야하는 작업

☐ 이미지 완성
☑ Deploy 도구 설정
☐ 추첨 기능 구현

그림 5.17 할 일 목록

commit 메시지로 Issue 조작

GitHub는 특정한 형식으로 commit 메시지를 작성해서 Issue를 조작할 수 있습니다. 물론 이는 일반적인 BTS 대부분이 가지고 있는 기능입니다.

● 관련 있는 Issue에 commit을 표시

Issue 목록을 보면 제목의 오른쪽에 '#1'과 같이 번호가 붙어 있습니다. 이렇듯 모든 Issue에는 번호가 할당됩니다. 그리고 commit 메시지를 작성할 때 '#1'이라는 번호를 붙여 주면, 그림 5.18처럼 1번 Issue와 관련된 commit이라는 정보가 표시됩니다. 따라서 어떤 Issue와 관련된 commit인지 쉽게 알 수 있습니다.

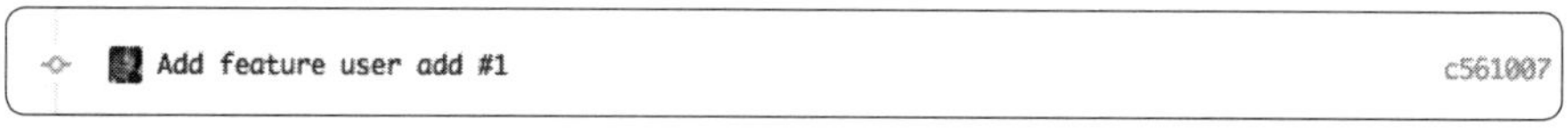

◇— 🖼 `Add feature user add #1`   `c561007`

그림 5.18 commit 메시지

이렇게 작성하면 한 번 클릭하는 것만으로 관련된 Issue를 모두 확인할 수 있습니다. 따라서 코드 리뷰 등을 할 때 commit을 따로 찾는 수고를 들이지 않아도 됩니다. 유용한 기능이므로 기억해 두기 바랍니다.

● Issue를 close하기

또한, Open되어 있는 Issue의 대응이 끝나는 commit은 다음과 같은 형식으로 commit 메시지를 작성하면 해당 Issue가 자동으로 close됩니다.

- fix #1
- fixes #1
- fixed #1
- close #1
- closes #1
- closed #1
- resolve #1
- resolves #1
- resolved #1

이런 형태로 commit 메시지를 활용하면, push 이후에 직접 Issue를 찾아가 Close 버튼을 눌러야 하는 귀찮은 일은 하지 않아도 됩니다.

이렇게 GitHub에서 지정한 형식으로 commit 메시지를 작성하면, 훨씬 편하게 GitHub를 활용할 수 있습니다. 이런 기능은 앞에서도 언급했듯이 대부분의 BTS에 모두 존재하는 기능입니다. 한 번 익혀 두면 다른 BTS를 활용할 때도 도움이 될 겁니다.

특정 Issue를 Pull Request로 변환

Issue에 소스 코드를 넣어 주면 Pull Request로 변환됩니다. Pull Request는 곧바로 다음 절에서 설명할 예정이므로 여기서는 자세히 설명하지 않겠습니다. 일단, 지금 기억해 둘 것은 Issue 번호와 Pull Request 번호는 동일하다는 것입니다. 참고로 GitHub API를 사용하거나, 8장에서 설명하는 hub 명령어를 사용하면 Issue를 Pull Request로 쉽게 변환할 수 있습니다.

5.7
Pull Request

Pull Request는 자신이 변경한 코드를 상대방의 리포지토리에 넣고 싶을 때 사용하는 기능으로, GitHub에서 가장 중요한 기능입니다(그림 5.19). Pull Request 기능을 잘 활용해야 오픈 소스 소프트웨어를 개발할 때 많은 사람이 함께 협업하기 쉽습니다.

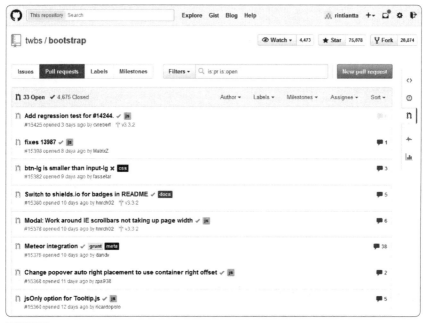

그림 5.19 Pull Request 목록

Pull Request 화면에는 현재 Open되어 있는 Pull Request의 목록이 표시됩니다. 화면 왼쪽 또는 위쪽에 있는 버튼으로 정렬 또는 필터링이 가능합니다.

목록에서 특정한 Pull Request를 클릭하면 상세 화면이 표시됩니다(그림 5.20). 화면의 상단을 보면 누군가의 어느 브랜치에서 어떤 사람의 어느 브랜치로 요청하는 Pull Request인지 확인할 수 있습니다.

이제 상단에 있는 탭 기능들을 하나하나 살펴봅시다.

그림 5.20 Pull Request 상세 화면

Column   **diff 또는 patch 파일 형식 활용**

오래 전부터 소프트웨어를 개발하고 있는 개발자라면 diff 또는 patch 파일 형식으로 Pull Reqeust를 다루고 싶을 수 있습니다. Pull Request의 URL은 다음과 같습니다.

https://github.com/사용자 이름/리포지토리 이름/pull/28

이러한 Pull Request를 diff 파일 형식으로 얻으려면 다음과 같이 URL 뒤에 '.diff'를 추가해 주세요.

https://github.com/사용자 이름/리포지토리 이름/pull/28.diff

마찬가지로 patch 파일 형식으로 얻으려면 다음과 같이 URL 뒤에 '.patch'를 추가해 주세요.

https://github.com/사용자 이름/리포지토리 이름/pull/28.patch

간단하죠? GitHub는 Pull Request를 이렇게 diff 또는 patch 파일 형식으로 다룰 수 있습니다.

Conversation

Conversation 탭에서는 해당 Pull Request에 관련된 댓글과 commit 이력을 확인할 수 있습니다. 댓글은 사람들이 서로 토론하는 모습을 쉽게 확인할 수 있도록 시간 순서로 나옵니다. commit 로그의 오른쪽에는 commit 해시가 적혀있는데, commit 해시를 클릭하면 해당 commit과 관련된 상세한 내용으로 링크됩니다.

Column ▶ **댓글 인용**

Conversation에서는 각 사람들이 댓글로 회의를 합니다. 다른 사람의 말을 인용하고 싶을 때가 있을 텐데요. 이런 때에 사용할 수 있는 단축키가 있습니다. 인용하고 싶은 말을 선택하고 ®을 눌러보세요. 자동으로 댓글 입력 화면에 선택된 부분이 '>' 기호^{역주1}와 함께 복사됩니다.

이렇게 하면 손쉽게 인용하고 싶은 부분을 복사하여 붙일 수 있습니다. 참고로 이러한 단축키는 Issue에서도 사용할 수 있습니다.

그림a 선택한 부분을 인용하고 싶을 때는 ®을 누릅니다

역주1 Markdown 문법에서 '>' 기호는 인용하는 문장을 입력할 때에 사용하는 기호입니다. 그냥 복사가 되는 것이 전부이기는 하나, 앞에 '>' 기호가 붙은 채 복사되므로 '인용'이라고 부릅니다.

Commits

Commits 탭에서는 해당 Pull Request와 관련된 commit 목록을 시간 순서대로 확인할 수 있습니다(그림 5.21). 탭에 있는 숫자는 commit 횟수를 의미합니다. commit 오른쪽에 있는 해시를 누르면 해당 commit에 대한 코드로 이동할 수 있습니다.

그림 5.21 Pull Request의 commit 목록

Files Changed

Files Changed 탭에서는 해당 Pull Request와 관련된 파일의 작성 또는 변경 사항을 확인할 수 있습니다. 탭 옆에 있는 숫자는 작성 또는 변경된 파일 개수입니다.

기본적으로 공백 추가 또는 삭제도 변경 사항으로 취급하는데, 이로 인해서 실질적인 변경 내역을 확인하기 힘들 때가 있습니다. 이런 경우에는 URL 뒷부분에 '?w=1'을 추가해 봅시다. 이렇게 하면 공백 변경과 관련된 내용은 표시되지 않습니다.

변경된 줄의 줄 번호에 마우스 커서를 올리면 + 기호가 표시됩니다. 이 마크를 클릭하면 해당 줄에 댓글을 작성할 수 있습니다(그림 5.22). 이렇게 댓글을 작성하면 특정 줄에 대한 의견이라는 것을 명확히 할 수 있습니다.

그림 5.22 선택한 줄에 댓글을 작성하는 모습

특정 줄에 댓글을 작성하는 기능을 활용하면 코드 리뷰가 굉장히 편합니다. 이것은 여러 사람과 개발을 할 때 없어서는 안 될 기능이니 평소에도 적극적으로 활용해 보시기 바랍니다.

5.8
Wiki

Wiki는 간단한 문법으로 문서를 작성 또는 편집할 수 있는 기능입니다(그림 5.23). 리포지토리 작성 권한이 있는 사람이라면 누구나 Wiki를 사용할 수 있으므로 공동으

로 작업할 때 편리하게 이용됩니다. 또한 웹 브라우저에서 곧바로 작성 또는 편집할
수도 있어, 변경되는 소프트웨어 문서 등을 정리할 때에 무척 편리합니다.

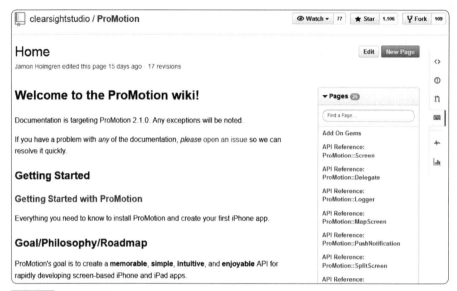

그림 5.23 Wiki 활용 예

Issue 또는 Pull Request와 마찬가지로 GFM으로 작성 가능하여 멋진 페이지를
간단하게 만들 수 있습니다. 화면 오른쪽 상단에 있는 'New Page' 버튼을 누르면 새
로운 Wiki 페이지를 작성할 수 있습니다.

Wiki 기능으로 작성하는 페이지도 Git으로 관리됩니다. 오른쪽의 'Clone URL'
버튼을 누르면, Wiki 리포지토리 URL이 복사됩니다. 복사된 URL로 clone하면,
GitHub에 있는 Wiki 리포지토리를 로컬 리포지토리로 옮길 수 있습니다. 이후에
로컬에서 페이지를 수정하고 push해서 Wiki를 작성하거나 수정할 수 있습니다.

History

　'17 revisions'처럼 'revisions'가 붙은 글자 태그를 클릭하면, Wiki의 변경 내역을 확인할 수 있습니다(그림 5.24). 작업 실수를 해도 과거 상태로 되돌릴 수 있으므로 안심하고 작업해도 됩니다. 또한, 자신의 컴퓨터에 clone하면 웹 브라우저 외에도 평소에 사용하는 에디터로 편집할 수 있습니다.

　일반적으로 Wiki에는 소프트웨어와 관련된 FAQ, 문서, 샘플 코드, 설명 등을 정리합니다. 따라서 GitHub에서 개발되고 있는 소프트웨어를 이용한다면 한 번 정도는 Wiki를 확인해 볼 것을 추천합니다.

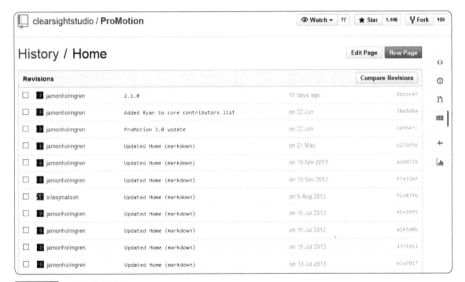

그림 5.24 Wiki 변경 내역

Column　　　　　　　　　　**Wiki에 사이드 바 생성**

　Wiki 페이지는 사이드 바를 만들 수 있습니다. 사이드 바를 만들고 싶을 때는 '_sidebar'라는 이름의 페이지를 작성해 주면 됩니다. 참고로 _sidebar 페이지는 만들고 나서도 사이드 바를 만들 때만 이용되므로, Pages 목록에는 표시되지 않습니다.

> **역자 한마디**
>
> **사이드 바와 푸터**
>
> 사이드 바를 따로 설정하지 않으면 다음과 같이 나옵니다. 'Add a custom sidebar' 버튼을 누르면 자동으로 _sidebar 파일이 생성됩니다.
>
>
>
> 추가로 _footer 파일을 만들면 Wiki 페이지마다 아래에 표시되는 부분을 만들어 줄 수 있습니다. 이것 또한 Wiki 페이지에서 'Add a custom footer' 버튼을 누르면 자동으로 생성됩니다.
>
> # Home
> **hasat91** edited this page just now · 2 revisions
>
> Welcome to the Jpub wiki!
>
> + Add a custom footer
>
> 사이드 바와 푸터 모두 굉장히 많이 사용되는 기능입니다. 자세한 내용을 더 알고 싶은 경우에는 다음 경로를 참고해 주세요.
>
> - https://help.github.com/articles/creating-a-sidebar
> - https://help.github.com/articles/creating-a-footer

5.9
Pulse

Pulse는 소프트웨어가 얼마나 활발하게 개발되고 있는지 확인할 수 있는 기능입니다(그림 5.25). Pull Request, Issue 등이 얼마나 많이 작성되고 있는가 등의 정보를 한눈에 볼 수 있습니다.

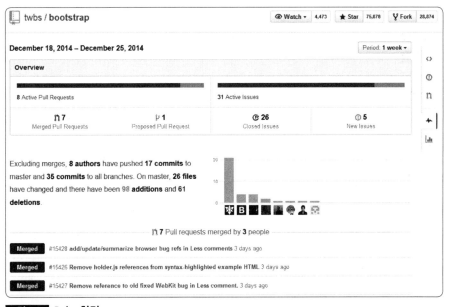

그림 5.25 Pulse 화면

따라서 Pulse를 보면 해당 소프트웨어가 얼마나 적극적으로 개발되는지 판단할 수 있습니다. 또한, 권한을 가진 사람들이 버그 수정 등의 관리를 제대로 하는지 파악할 수 있는 기준도 생깁니다. GitHub에서 개발되고 있는 소프트웨어 중에 어떤 것을 골라서 활용하고자 할 때 꼭 확인해 보시기 바랍니다.

다음은 각각의 정보에 대해 더 자세히 설명하겠습니다.

active pull requests

'Overview'에 표시되는 왼쪽 부분에는 특정 기간 동안 토론 등이 이루어지고 있는 Pull Request가 표시됩니다. 그림 5.25을 보면 8개의 Pull Request가 있다는 것을 알 수 있습니다. 그중에 7개가 merge 되었고, 나머지 하나는 아직 토론이 이루어지는 중입니다. 토론 등이 끝나면 해당 Pull Request는 merge 또는 close됩니다[역주2].

각각의 내용에 대해서 알고 싶다면 링크를 클릭하세요(그림 5.26). 최근에 merge된 순서로 Pull Request가 표시됩니다.

그림 5.26 merge했던 Pull Request 개요와 링크

'proposed-pull-requests'를 클릭하면 제출된 Pull Request를 순서대로 보여줍니다. 각각의 Pull Request를 클릭하면 상세 정보 페이지로 이동합니다.

각 정보를 확인하고 나면 최근 소프트웨어들에 어떤 기능이 개발되고 있는지 알 수 있습니다. 기능 추가, 또는 수정하고 싶은 부분이 있다면 적극적으로 확인해 보기 바랍니다. 해당 내용들을 직접 추가 또는 수정하면 오픈 소스 소프트웨어를 개발해 내는 기회가 될 수도 있습니다.

active issues

'Overview' 표시된 부분의 오른쪽에는 특정 기간 동안 Open된 Issue가 표시됩

역주2 merge는 해당 코드가 많은 사람들에게 필요하다는 판단 하에, 리포지토리에다 해당 코드를 통합하는 활동입니다. 반면, close는 해당 코드가 불필요하고 잘못되었다는 판단 하에 무시하는 활동입니다(물론 다양한 방법으로 활용되므로 예외가 되는 경우는 있습니다).

니다. 그림 5.25을 보면 31개의 Issue가 생성되었고, 26개가 close되었다는 것을 알수 있습니다. 따라서 나머지 5개가 Open되어 있을 것입니다. 어떤 Issue가 있는지확인하고 싶다면 한번 클릭해 보세요. close된 순서에 따라서 Issue들이 나열되고,각각의 Issue를 클릭하면 상세 페이지로 이동합니다.

'new issues'를 클릭하면 Issue들이 작성된 순서에 따라서 나열됩니다. 각각의Issue를 클릭하면 마찬가지로 상세 페이지를 향해 이동합니다. Issue가 어떤 식으로 움직이는지 확인하게 되면 해당 소프트웨어의 유지보수 또는 지원이 얼마나 적극적으로 이루어지는지 알 수 있습니다. 만약 활발하게 활동하고 있는 소프트웨어라면독자가 버그를 보내거나, 상담 요청을 하더라도 잘 대응해 줄 것입니다.

commits

'Overview' 아래에 표시되는 부분에는 commit과 관련된 정보가 표시됩니다. 왼쪽 부분에는 다음과 같은 정보가 표시됩니다.

- 코드를 작성한 사람의 수
- commit 횟수
- default branch에서 변경된 파일의 수
- default branch에서 추가된 줄 수
- default branch에서 제거된 줄 수

이러한 정보를 바탕으로 활발하게 활동하고 있는 개발자가 얼마나 되는지 파악할수 있습니다.

또한, 오른쪽에는 개발자별 commit 횟수가 그래프로 표시됩니다. 이 그래프를 살펴보면 어떤 개발자가 가장 활발하게 commit하고 있는지 파악할 수 있습니다.

Releases published

이어서 '5 Releases published'로 표시되고 있는 배포 관련 정보도 있습니다. 배포된 버전 순서로 다운로드 페이지 링크가 걸려 있으며, 이를 확인하면 어느 정도의

131

빈도로 버전이 올라가는지 파악할 수 있습니다역주3.

Unresolved Conversations

마지막으로 '4 Unsolved Conversation'의 형태로 표시되는 목록을 설명하겠습니다.

Period로 지정된 기간보다 오래된 Issue와 Pull Request에 대해서 어떠한 댓글이 달려 close되지 않은 것들이 표시됩니다. 리포지토리와 관련된 중대한 사항은 오랜 기간 논의될 것이므로 이 부분에 표시되는 일이 많습니다. 또한, 소프트웨어의 방향성 등도 이곳에 표시되는 경우가 많기 때문에 관심 있는 소프트웨어라면 자주 보고 댓글도 달아 보기 바랍니다.

역자 한마디

그림 5.25에 Unresolved Conversation 관련 부분이 잘려 이해하기 힘들 수 있으므로 추가로 설명하겠습니다. Pulse 탭의 맨 아래를 보면 다음과 같은 부분이 있습니다.

역주3 지정된 기간에 출시된 버전이 없다면 표시되지 않습니다. 일반적으로 버전을 매주 올리거나 하는 경우는 드뭅니다. 따라서 독자가 보는 시점에는 표시되지 않을 수도 있으므로 안 보인다고 해서 걱정하지 않으셔도 됩니다.

5.10
Graphs

Graphs에서는 리포지토리와 관련된 통계 정보를 네 종류의 그래프로 확인할 수 있습니다. 각 그래프를 보면 리포지토리와 관련된 다양한 경향을 살펴볼 수 있는데, 각각의 그래프에서 파악할 수 있는 내용을 설명하겠습니다.

Contributors

Contributors에서는 어떤 사용자가, 언제, 얼마만큼 코드를 추가 또는 삭제했는지 그래프로 알아볼 수 있습니다(그림 5.27). 또한 그래프를 보면 어떤 사람이 리포지토리 개발을 이끌고 있는지, 리포지토리의 소프트웨어가 언제 격변하는지, 언제 안정적인 상태로 들어갔는지도 알 수 있습니다.

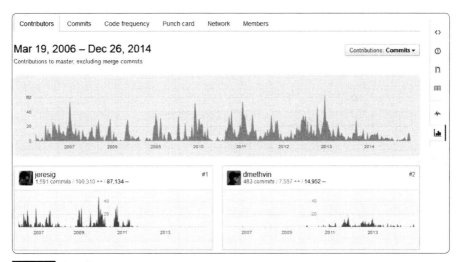

그림 5.27 Contributors

추가로 그래프에는 Pull Request를 보내고 확인한 코드의 추가와 삭제도 포함되어 있습니다.

Commit Activity

Commit Activity에서는 일주일 단위로 얼마나 많은 commit이 발생했는지 그래프로 표시됩니다(그림 5.28). 1년 동안의 기록이 나오는데, commit이 어떤 요일에 활발하게 일어났는지도 알 수 있습니다. 해당 소프트웨어가 잘 개발되고 있는지 확인 가능한 지표 중 하나입니다.

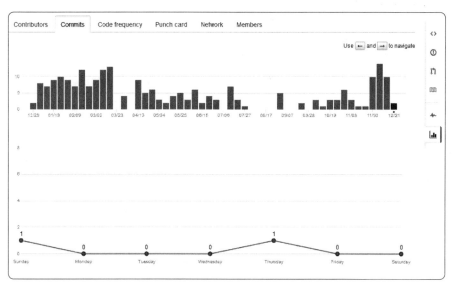

그림 5.28 Commit Activity

Code Frequency

Code Frequency에서는 코드줄의 증가와 감소를 그래프로 살펴볼 수 있습니다 (그림 5.29). 일반적으로 좋은 소프트웨어는 리팩토링을 지속적으로 수행하며, 코드의 증가와 감소가 모두 활발하게 일어납니다. 따라서 Code Frequency 그래프를 살펴보면 이러한 것을 시각적으로 파악할 수 있습니다.

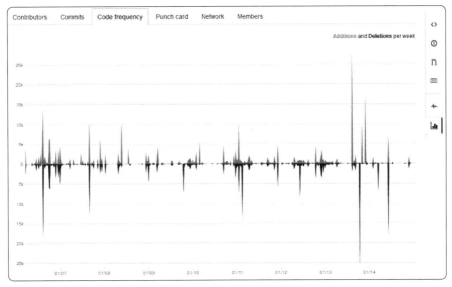

그림 5.29 Code Frequency

Punchcard

Punchcard를 보면 무슨 요일, 몇 시에 commit이 활발하게 일어났는지 알 수 있습니다(그림 5.30) 검은 동그라미가 클수록 commit이 활발하게 일어났다는 뜻입니다.

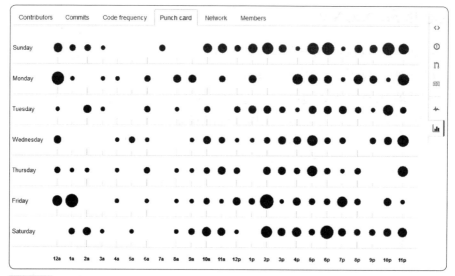

그림 5.30 Punchcard

검은 동그라미가 큰 시간대일수록 사람들이 해당 리포지토리를 많이 확인한다는 뜻입니다. 따라서 해당 시점에 Pull Request를 보내면 피드백을 빨리 받을 수 있습니다. 또한, 오전과 오후 중 어떤 때에 개발이 많이 이루어지는지 등의 간단한 정보도 알아낼 수 있습니다.

Network

Fork된 리포지토리까지 포함해서 모든 브랜치 관계를 그래프로 나타내 줍니다(그림 5.31). 누가 얼마나 작업했는지 확인하고 싶을 때 보면 유용합니다. 또한, 그래프에서 commit 또는 merge되는 지점에 마우스를 올리면 관련 정보가 표시됩니다.

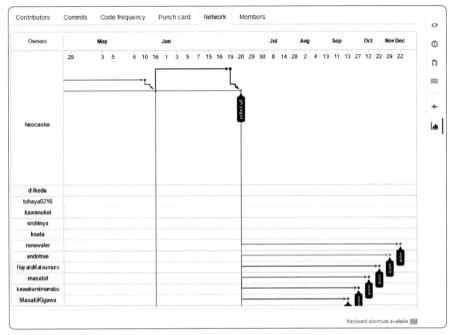

그림 5.31 모든 브랜치의 그래프

members

members 탭을 클릭하면 현재 리포지토리 개발에 참여하고 있는 사람들의 목록이
나옵니다(그림 5.32).

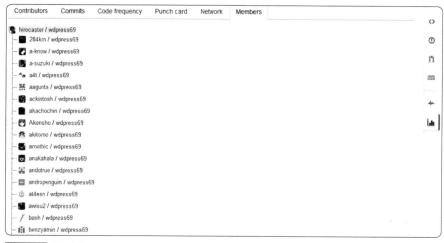

그림 5.32 참여 중인 사람들 목록

5.11
Settings

리포지토리와 관련된 전반적인 설정을 할 수 있는 페이지입니다. 설정 변경 권한
이 있는 경우에만 표시됩니다.

Options

Options에서는 리포지토리 설정을 할 수 있습니다(그림 5.33).

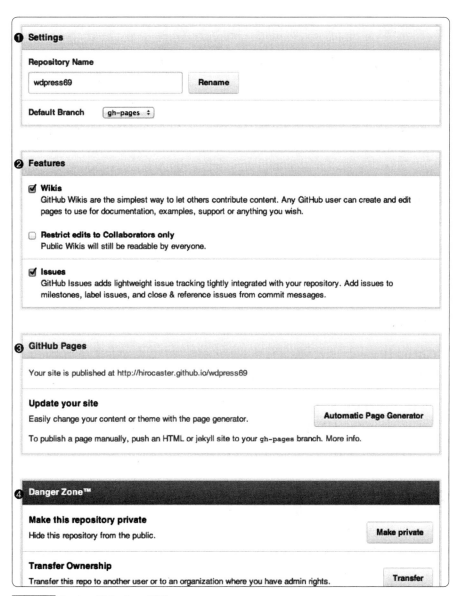

그림 5.33 Settings의 Options 화면

❶ Settings

Settings에서는 리포지토리의 이름을 변경할 수 있습니다. 또한, 리포지토리의 URL을 입력하고 들어갔을 때 나오는 브랜치도 변경할 수 있습니다. 이렇게 초기 화면에 뜨는 브랜치는 Pull Request를 작성하는 경우에도 기본 값으로 들어가게 됩니다. master 브랜치 이외의 브랜치를 사용하고 싶다면 이러한 초기 설정을 변경해 둘 것을 추천합니다.

❷ Features

Wiki 또는 Issue와 관련된 설정을 변경할 수 있습니다. 체크박스의 체크를 해제하면, 각각의 기능이 메뉴에서 제거되어 더는 이용할 수 없게 됩니다. 필요치 않은 기능이라면 체크를 해제해 두기 바랍니다.

❸ GitHub Pages

GitHub Pages는 리포지토리에 등록되어 있는 파일들을 활용해 웹 페이지를 작성하는 기능입니다. 이를 활용하면 리포지토리에서 개발하고 있는 소프트웨어와 관련된 웹 사이트를 만들어 공개할 수 있습니다. 이미 GitHub Pages를 작성해서 사용하고 있다면 해당 부분에 URL이 표시됩니다. 'Automatic Page Generator'를 누르면, GitHub Pages가 자동으로 작성됩니다.

❹ Danger Zone

조금은 위험한 버튼들이 들어 있는 부분입니다. 리포지토리를 비공개 리포지토리로 변경하거나, 리포지토리의 소유자를 변경, 또는 삭제하는 경우에 사용합니다. 다른 사람들에게도 영향을 줄 수 있는 부분이므로 주의해서 설정하기 바랍니다.

Collaborators

Collaborators에서는 리포지토리의 접근 권한을 설정할 수 있습니다. 일반 사용자 계정으로 작성한 리포지토리의 경우, 그림 5.34처럼 다른 사용자 이름을 직접적으로 추가해서 해당 사용자에게 접근 권한을 부여합니다.

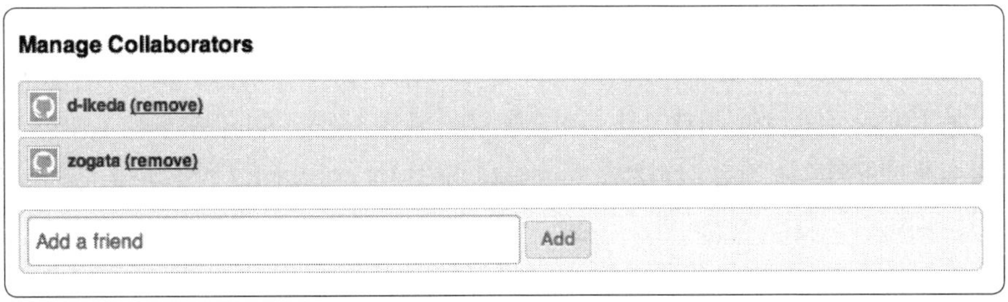

그림 5.34 사용자 계정의 Collaborators 화면

반면 리포지토리가 Organization 계정에 속해 있는 경우에는 그림 5.35처럼 Team을 작성하고, 작성한 Team에 대응되는 리포지토리를 기입 또는 확인할 수 있는 권한이 부여됩니다.

그림 5.35 Organization 계정의 Collaborators 화면

이렇게 Organization 계정을 사용하면, 리포지토리와 관련된 권한을 효율적으로 설정할 수 있습니다. 여러 사람이 함께 개발을 하는 회사 등의 조직에서는 Organization 계정을 적극 활용할 것을 추천합니다.

Webhooks & Services

이 화면에서는 GitHub 리포지토리와 다른 서비스를 연동하기 위한 Hook 설정을 합니다. 'Add webhook'으로 독자적인 webhook을 등록할 수 있습니다. 'Add service' 버튼을 누르면 GitHub와 연동할 수 있는 서비스 목록이 나옵니다. 메일은 물론 IRC와 같은 커뮤니케이션 서비스를 추가해서 사용할 수 있습니다. 다양한 서비스가 제공되므로 직접 살펴보고 사용하기 바랍니다. 아마 여러분이 현재 사용하고 있는 서비스도 있을 것입니다.

Deploy Keys

이 화면에서는 Deploy를 위한 읽기 전용 공개 키를 등록할 수 있습니다. 공개 키를 설정하면, 설정한 키를 사용해 SSH 프로토콜로 clone 등의 작업을 수행할 수 있습니다. 참고로 주의해야 할 것은 여기서 등록한 공개 키와 비밀 키는 다른 리포지토리에서 사용할 수 없다는 점입니다. 따라서 Deploy Keys 기능을 활용할 때는 리포지토리마다 공개 키와 비밀 키를 별도로 관리해야 합니다.

5.12
Notifications

화면 오른쪽에 있는 서류 봉투 모양의 아이콘이 Notifications입니다. Notifications 버튼을 클릭하면 GitHub에서 사용자와 관련해서 발생된 일들을 알려줍니다(그림 5.36). Notifications를 잘 활용하면 협업을 더 빠르게 처리할 수 있습니다.

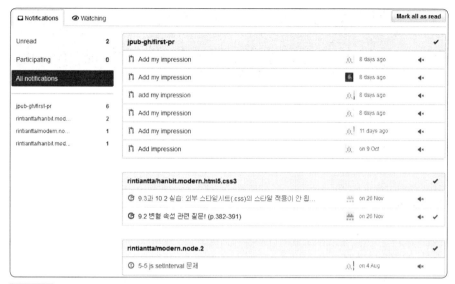

그림 5.36 Notifications 화면

Notifications는 Issue, 댓글, Pull Request 등이 만들어진 상황에 곧바로 통지됩니다.

화면 왼쪽에는 읽지 않은 Notification, 자신과 관련된 Notification이 나옵니다. 또한, 리포지토리별로 분류해서 볼 수도 있습니다.

리포지토리 옆의 체크 아이콘을 누르면, 해당 리포지토리와 관련된 Notification이 모두 읽음 상태로 변경됩니다. 각각의 Notification 오른쪽에 있는 스피커 모양의 마크를 클릭하면, 이후에 해당 Notification과 관련된 내용은 표시되지 않습니다. 그리고 오른쪽에 있는 체크 표시를 클릭하면 읽은 것으로 표시됩니다. 물론, 각 Notification을 클릭해서 상세 내용을 확인해도 읽은 것으로 표시됩니다.

화면 오른쪽 위에 파란색 불이 들어오면, 읽지 않은 Notification이 있다는 의미입니다. 이러한 Notification에 빠르게 대응할수록 개발자들과 함께 협업할 때 더 빨리 개발할 수 있으므로, 가능한 빨리 확인하는 습관을 기르기 바랍니다.

5.13
그 외의 기능

GitHub에는 이 이외에도 다양한 기능이 제공되고 있습니다. 그중에서 몇 가지 내용을 소개하겠습니다.

GitHub Pages

GitHub Pages[주11]를 이용하면 프로젝트의 웹 사이트를 정적 HTML로 만들어 공개할 수 있습니다.

독자 도메인을 할당하는 것도 가능합니다. 이러한 기능을 이용해서 블로그를 만드는 Octopress[주12]라는 프레임워크도 있습니다. 흥미가 있다면 한번 사용해 보는 것이 어떨까요?

GitHub Jobs

GitHub Jobs[주13]는 프로그래머 구인과 관련된 정보가 모여 있는 곳입니다.

450달러를 지불하면 30일 동안 게시할 수 있으므로 전 세계에 퍼져있는 우수한 프로그래머를 채용하고 싶어하는 기업이라면 글을 한번 올려보는 게 어떨까요?

해외에서 일하고 싶은 개발자라면 올라오는 글들을 자주 확인할 것을 추천합니다. 한국의 구인 정보도 많지는 않지만 종종 올라옵니다.

주11 https://pages.github.com

주12 http://octopress.org

주13 https://jobs.github.com

GitHub Enterprise

GitHub Enterprise는 회사 외부의 호스팅 서비스에서 소스 코드를 반출할 수 없도록 회사 내부에 자체 GitHub를 구축해서 사용하는 서비스입니다. 서비스를 등록하면 GitHub 가상 머신 이미지를 줍니다. 45일 동안 무료로 사용해 볼 수 있으므로 도입을 검토 중이라면 한번 이용해 보기 바랍니다.

하지만 GitHub Enterprise를 도입할 때는 비용이 문제가 됩니다. 기본적으로 GitHub에서는 20명 이상의 규모일 때만 GitHub Enterprise를 사용할 것을 추천하는데, 그 이하의 규모라면 일반 GitHub를 사용하는 편이 좋습니다. 추가 내용을 알고 싶다면 GitHub Enterprise[주14]를 확인하기 바랍니다.

물리적인 시스템의 운용 비용 또는 유지보수를 고려하더라도, 아주 큰 규모의 시스템이 아니라면 GitHub Enterprise까지는 필요 없을 것입니다.

GitHub API

GitHub는 개발자를 위한 API를 공개하고 있습니다. 개발자를 위한 웹 서비스를 개발하는 경우, GitHub와 연동해 보는 것은 어떨까요? 자세한 내용은 공식 사이트[주15]를 참고해 보시기 바랍니다.

주14 https://enterprise.github.com/pricing

주15 https://developer.github.com/

5.14
정리

이번 장에서는 실제 GitHub 화면과 함께 GitHub를 자주 사용하는 사람도 잘 모르는 세부적인 기능까지 모두 포함하여 설명했습니다.

함께 개발하는 사람이 사용하지 않는 기능이 있다면 직접 자세히 소개해 줍시다. 기능을 활용하면 좀 더 효율적으로 좋은 소프트웨어를 개발할 수 있을 것입니다.

Column　　**맥의 통지 센터로 GitHub의 Notification을 확인**

맥 OS X 10.8 Mountain Lion부터는 통지 센터(notification center)라는 기능이 추가되었습니다. 통지 센터는 애플리케이션과 관련된 Notification을 즉시 알려 주는 기능입니다.

GitHub의 맥 전용 클라이언트[주a]는 이러한 Notification을 지원합니다. 클라이언트를 실행하고 있는 것만으로도 Notification이 옵니다(그림 a).

boxen/our-boxen
#340: Updating Boxen

그림 a 통지 센터에서 GitHub의 Notification을 받는 모습

이러한 기능은 사내 전용 GitHub, GitHub Enterprise에서도 지원됩니다. 클라이언트 설정 화면(그림 b)에서 계정을 전부 등록해 두면, 양쪽 모두에서 Notification을 확인할 수 있습니다. 맥과 GitHub를 함께 사용한다면 반드시 활용해 보세요.

그림 b GitHub Enterprise 설정

주a　https://mac.github.com/

Pull Request를
해보자

GitHub에 계정을 만들고, 자신의 소스 코드를 공개하는 것까지는 해보면 막상 그렇게 어려운 일이 아닙니다. 하지만 GitHub를 갓 사용하기 시작한 초기 개발자들이 어렵게 느끼고 심지어 한 번도 사용해 보지 않은 기능을 꼽는다면 바로 Pull Request일 것입니다. Pull Request는 GitHub를 사용한 개발의 중심이 되는 기능입니다. 따라서 이 기능을 활용하지 않는다면 GitHub를 제대로 사용하고 있다고 말할 수 없습니다.

하지만 GitHub를 갓 사용하기 시작한 개발자들이 Pull Request를 활용하기에는 굉장한 어려움이 따릅니다. 무엇보다도 Pull Request를 보낼 대상 프로젝트를 찾는 것부터가 문제입니다. 따라서 이번 장에서는 책을 위해 만들어진 프로젝트에 Pull Request를 보내 보겠습니다. 직접 실천해 보기 바랍니다.

6.1
Pull Request 개요

Pull Request란?

일단 Pull Request[주1]가 무엇인지 알아봅시다. Pull Request는 당신이 추가한 변경 사항을 다른 상대의 리포지토리에 적용하고 싶을 경우에 사용하는 것입니다.

Pull Request의 흐름

조금 더 구체적인 예로 Pull Request가 무엇인지 알아보겠습니다. 일단 예를 들어, 당신이 GitHub에 소스 코드가 공개되어 있는 소프트웨어를 이용하고 있다고 가정합시다. 그런데 그 프로그램을 이용하고 있는 도중에 버그를 발견했고, 이를 그냥

주1 Pull Request를 간단하게 'PR'이라고 부르는 경우도 있습니다. 기억해 두기 바랍니다.

수정하고서 해당 소프트웨어를 계속 사용하기로 했습니다. 코드를 수정해서 버그를 해결했지만, 해당 소프트웨어의 원래 리포지토리에서는 버그를 처리하지 않았습니다. 그리고 당신과 같은 많은 개발자들이 해당 버그 때문에 고통을 호소하고, 누군가에게 도움을 요청하고 있습니다. 이럴 때는 Pull Request를 보내 보세요.

GitHub에서 Pull Request를 보내면 해당 리포지토리의 소스 코드에 Issue가 만들어집니다. 이 Issue에 상세 내용을 입력해 주세요. 이것이 바로 Pull Request입니다.

이렇게 하면 해당 리포지토리의 관리자가 보내진 Pull Request를 반영할지 말지를 판단합니다. 문제가 없는 부분이었다면 Pull Request는 거절됩니다만, 문제가 있다면 댓글을 달아 줄 것입니다.

당신이 제출한 Pull Request가 해당 리포지토리의 문제를 해결한 것으로 받아들여지면, 당신은 해당 프로젝트의 contributor(기여자)가 됩니다. 그리고 당신이 작성한 코드가 이후에도 계속 이용됩니다. 이것이 바로 소셜 코딩 또는 오픈 소스의 묘미입니다.

이번 장의 실습을 위해 간단한 웹 사이트를 구축했습니다. 해당 사이트에 Pull Request를 보내 봅시다.

6.2
Pull Request 전송 준비

이번 절에서 할 일을 그림으로 나타내면 그림 6.1과 같습니다.

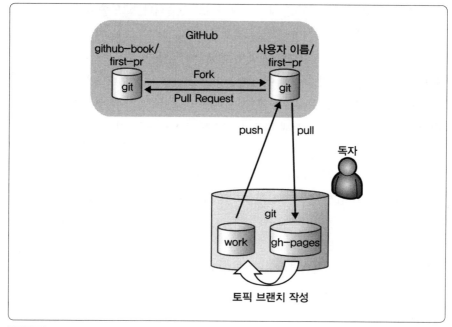

그림 6.1 Pull Request

수정할 소스 코드 확인

이제 책에서 준비한 사이트[주2]에 접속해 봅시다. 이 사이트의 소스 코드는 이곳에[주3] 공개해 놓았습니다. 이 사이트는 Pull Request로 받은 독자 한마디를 올려주는 곳입니다.

이 사이트는 GitHub에서 제공하는 GitHub Pages입니다. 따라서 'gh-pages'라는 이름의 브랜치에서 HTML 페이지의 소스 코드를 확인할 수 있습니다.

독자 한마디를 적을 때는 index.html 파일을 수정하므로 소스 코드의 내용을 직접 확인해 두세요!

주2 http://jpub-gh.github.io/first-pr
주3 https://github.com/jpub-gh/first-pr

Fork

일단 리포지토리 페이지에 접속해서 'Fork' 버튼을 눌러 주세요. 이렇게 하면 자신의 리포지토리가 만들어집니다(그림 6.2).

Fork 버튼을 누르고 나면 '사용자 이름/first-pr'이라는 이름의 리포지토리가 작성됩니다. 이 책에서는 '사용자 이름'을 hirocaster로 적었습니다. 직접 작성할 때는 주의하세요.

그림 6.2 Fork 버튼

clone

페이지 오른쪽을 보면 리포지토리 clone과 관련된 URL이 있습니다. 이를 사용해서 자신의 개발 환경에서 리포지토리를 clone해 줍니다.

```
$ git clone git@github.com:jpub-gh/first-pr.git
Cloning into 'first-pr'...
remote: Counting objects: 14, done.
remote: Compressing objects: 100% (12/12), done.
remote: Total 14 (delta 2), reused 0 (delta 0)
Receiving objects: 100% (14/14), 24.05 KiB, done.
Resolving deltas: 100% (2/2), done.
$ cd first-pr
```

first-pr이라는 폴더에 Git 리포지토리가 작성됩니다. 이는 GitHub 계정에 있는 리포지토리와 같은 것입니다. 따라서 first-pr 폴더의 리포지토리를 수정하고 push하면, GitHub 계정에 있는 리포지토리가 수정됩니다.

151

branch

● 토픽 브랜치에서 작업하는 이유

Git 개발을 할 때는 토픽 브랜치를 활용해서 개발합니다. 토픽 브랜치와 관련된 자세한 내용은 4장의 63쪽에서 설명했었습니다.

코드를 수정할 때는 항상 토픽 브랜치를 만들고 작업하는 습관을 들여 주세요. GitHub에서는 일반적으로 토픽 브랜치에서 작업하고 Pull Request를 수행합니다. 이렇게 하면 Pull Request를 할 때 어떤 것을 수정하는지 주제를 명확하게 잡을 수 있으며, 코드 변경과 관련된 의도를 쉽게 전달할 수 있습니다. 또한, 특정 주제를 기반으로 리뷰하게 되므로 코드를 효과적으로 검토할 수 있습니다.

● 브랜치 확인하는 방법

clone한 리포지토리를 확인하겠습니다.

```
$ git branch -a
* gh-pages          ← 현재 브랜치
  remotes/origin/HEAD -> origin/gh-pages
  remotes/origin/gh-pages
```

'remotes/origin' 아래에 나오는 브랜치가 GitHub에 있는 리포지토리의 브랜치입니다. 현재 개발 환경에는 gh-pages 브랜치만 있다는 것을 확인할 수 있습니다.

이전에 확인하라고 했었던 HTML 페이지는 '/origin/gh-pages' 브랜치에 있습니다. 일반적으로 최신 버전의 소스 코드는 master 브랜치에 들어갑니다. 하지만 이 리포지토리는 GitHub Pages를 활용하는 것이 주된 목적이므로 최신 버전의 소스 코드가 gh-pages 브랜치에 들어 있습니다.

● 토픽 브랜치를 작성하는 방법

Pull Request를 작성하기 위한 work라는 이름의 브랜치를 작성하겠습니다.

152

work 브랜치가 이번 작업의 토픽 브랜치입니다. work 브랜치를 작성하고 브랜치를
변경합니다.

```
$ git checkout -b work gh-pages
Switched to a new branch 'work'
```

브랜치가 work 브랜치로 바뀐 것을 확인합니다.

```
$ git branch -a
  gh-pages
* work          ← 현재 브랜치
  remotes/origin/HEAD -> origin/gh-pages
  remotes/origin/gh-pages
```

파일을 확인하면, 웹 사이트에 표시되었던 index.html 파일이 있습니다.

```
$ ls
README.md       index.html      params.json
images          javascripts     stylesheets
```

웹 브라우저로 index.html 파일을 열어 직접 확인해 봅시다

코드 추가

index.html 파일을 에디터로 열고 독자의 한마디를 HTML 형식으로 추가해 주
세요.

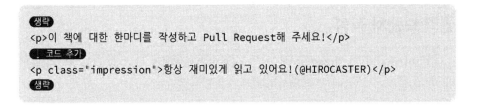

```
생략
<p>이 책에 대한 한마디를 작성하고 Pull Request해 주세요!</p>
코드 추가
<p class="impression">항상 재미있게 읽고 있어요!(@HIROCASTER)</p>
생략
```

153

위와 같이 p 태그로 간단하게 한마디를 추가하고 저장해 주세요. 저장까지 모두 완료했다면 편집 프로그램을 종료하도록 합니다.

변경 사항 commit

git diff 명령어로 수정이 정상적으로 이루어졌는지 확인해 주세요.

```
$ git diff
diff --git a/index.html b/index.html
index f2034b3..91b8ecb 100644
--- a/index.html
+++ b/index.html
@@ -39,6 +39,8 @@

 <p> 이 책에 대한 한마디를 작성하고 Pull Request해 주세요!</p>

+<p class="impression">항상 재미있게 읽고 있어요!(@HIROCASTER)</p>
+
생략
```

이어서 웹 브라우저에서도 실행하여 레이아웃 등이 깨지지 않는지 확인해 보세요. 그리고 index.html 파일을 스테이지 영역에 추가한 후 현재 리포지토리에 commit 합니다.

```
$ git add index.html
$ git commit -m "Add my impression"
[work 243f28d] Add my impression
 1 file changed, 2 insertions(+)
```

원격 브랜치 작성

GitHub에 Pull Request를 보내려면 GitHub에 수정을 한 브랜치가 있어야 합니다. 현재 환경에서 work에 해당하는 브랜치를 만들겠습니다.

```
$ git push origin work
Counting objects: 5, done.
Delta compression using up to 4 threads.
Compressing objects: 100% (3/3), done.
Writing objects: 100% (3/3), 353 bytes, done.
Total 3 (delta 2), reused 0 (delta 0)
To git@github.com:jpub-gh/first-pr.git
 * [new branch]      work -> work
```

브랜치를 확인해 보면 /origin/work가 작성된 것을 확인할 수 있습니다.

```
$ git branch -a
  master
* work
  remotes/origin/HEAD -> origin/master
  remotes/origin/gh-pages
  remotes/origin/work      ← 작성되었습니다
```

GitHub에서 '사용자 이름/first-pr' 사이트를 표시해서 work 브랜치에서 작성한 코드가 추가되어 있는지 확인해 봅시다.

6.3
Pull Request 전송

그림 6.3처럼 GitHub에서 브랜치를 work 브랜치로 변경합니다. 브랜치 이름 왼쪽에 표시되는 녹색 버튼을 클릭하면 변경 사항 확인 페이지로 이동합니다(그림 6.4). 화면에 표시되는 내용은 이전에 했던 commit 내용입니다. 자신이 변경한 내용에 문제가 없는지 확인해 주세요.

그림 6.3 브랜치 변경

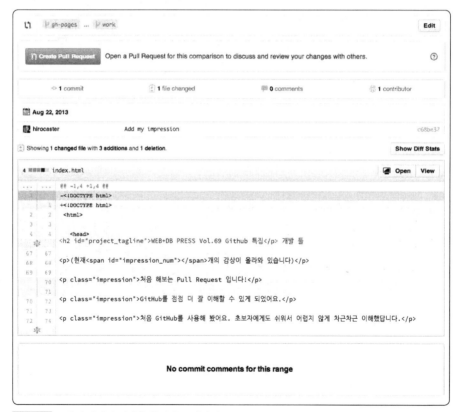

그림 6.4 브랜치 사이의 변경을 확인하는 페이지

Pull Request를 보낼 내용을 확인하고 'Create Pull Request'를 눌러 주세요. 입력 양식이 나오면 Pull Request와 관련된 설명을 입력합니다(그림 6.5). 설명은 왜 Pull Request를 하는지에 대한 이유를 상대방이 이해할 수 있도록 적기 바랍니다.

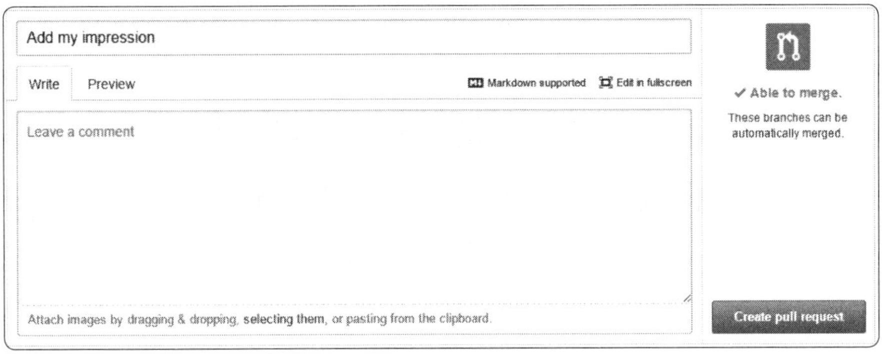

그림 6.5 Pull Request를 반영해 달라고 댓글을 작성하는 모습

문제가 없다면 'Create pull request' 버튼을 눌러 주세요. 그러면 대상 리포지토리에 Pull Request와 Issue가 생성되며, 관리자에게 통보됩니다.

이렇게 하면 Pull Request가 성공적으로 보내진 것입니다. 아직 소스 코드가 포함되지 않았으므로 상대 리포지토리에도 아무 변화가 없습니다. 따라서 웹 페이지에도 아무런 변경이 없습니다.

자신의 대시보드에서 Pull Requests 탭을 보면, 보낸 Pull Request의 상태를 쉽게 확인할 수 있습니다. 또한 그림 6.6과 같이 해당 리포지토리의 관리자가 Pull Request에 댓글을 달면, Conversation 탭에서 확인할 수 있습니다[주4].

주4 홈페이지(http://jpub-gh.github.io/first-pr/)에 Pull Request를 제대로 보내시면 리포지토리 권한을 드립니다. 보내는 것 외에 받는 연습도 해봅시다. 물론, 권한을 받더라도 부적절한 행위를 한다면 관리자의 판단으로 리포지토리 접근 권한을 없앨 수 있습니다. 해당 페이지는 역자와 권한을 받은 사람들이 관리하고 있습니다. 때에 따라 Pull Request를 보내더라도 곧바로 반영되지 않을 수 있으니 양해 바랍니다.

157

그림 6.6 Pull Request

6.4
Pull Request를 효과적으로 사용하는 방법

Pull Request를 실무에서 더 효과적으로 사용하는 방법을 살펴보겠습니다.

개발 도중에도 토론을 위한 Pull Request를 보내자

방금 전에 Pull Request를 사용해 본 것처럼 코드를 완성하고 보내는 것도 좋습니다. 하지만 Pull Request는 실제로 코드를 개발하는 도중에도 설계와 구현을 논의할 때 아주 좋습니다.

GitHub에서 개발 초기 단계부터 Pull Request를 사용하면 다양한 피드백을 공유할 수 있습니다. 따라서 설계 또는 구현과 관련된 큰 그림을 빠르고 구체적으로 잡아, 품질 높은 코드를 작성할 수 있게 됩니다. 팀 단위로 개발할 때 유용하므로 현재 GitHub를 사용하고 있는 팀이라면 Pull Request를 최대한 활용하기 바랍니다.

코드가 완성되지 않았어도 토론을 위해 Pull Request를 보내는 것이 좋습니다. 어느 정도 상상할 수 있을 정도의 간단한 코드를 적어서 Pull Request하면, 주변 개발자로부터 피드백도 받을 수 있습니다. 또한, 5장의 그림 5.17에서 살펴보았던 것처럼 할 일 목록을 추가해서 어떤 식으로 개발이 진행되고 있는지도 나타낼 수 있습니다.

우리가 새로운 기능을 제안했을 때 다양한 피드백이 올 수 있습니다. 우리가 제안한 기능의 추가를 동의할 수도 있고, 만족하지 못한다며 추가 내용을 요구할 수도 있습니다. 또한 제출한 코드의 문제를 지적받을 수도 있고, 다른 멤버와 중복된 코드를 발견할 수도 있습니다. 어쨌거나 이러한 과정을 거치면서 코드의 품질은 점점 향상되어 갈 것입니다.

전송한 Pull Request에 commit을 추가하면 원래 있던 Pull Request에 자동적으로 추가됩니다. 이런 방법은 개발 초기에 Pull Request를 보낼수록 효과적입니다. 주의할 점은 모처럼 잘 진행되고 있던 토론을 엉망진창으로 만들어 버릴 수 있으니 해당 Pull Request의 주제와 관련 없는 내용은 절대로 보내서는 안 됩니다. 주제가 다른 작업이라면 새로운 브랜치를 만들고 거기서 하시기 바랍니다.

개발 중이라는 것을 알리는 방법

개발 중간에 Pull Request가 잘못 merge되는 것을 막고자, 개발 중인 Pull Request에는 그림 6.7처럼 앞에 '[WIP]'이라는 글자를 삽입합니다. 이는 'Work In

Progress'의 약자로, 현재 작업 중이라는 것을 표명합니다. 구현이 모두 완료된 이후에는 이 글자를 지워 줍니다.

이렇게 코드를 기반으로 토론하면서 진행하는 개발은, 이후에 코드를 다 작성하고 리뷰하는 방법보다 효과적입니다. 실무에서도 사용할 수 있는 방법이므로 실제로 팀에서 실천해 보기 바랍니다.

그림 6.7 Work In Progress

Fork하지 않은 브랜치에서 Pull Request 전송

일반적으로 Pull Request를 보낼 때는 이번 장에서 설명한 것처럼 상대방의 코드를 Fork, 수정한 뒤 Pull Request를 보냅니다만, 리포지토리에 쓰기 권한이 있는 경우에는 새로 브랜치를 만들어 거기서 Pull Request를 보낼 수 있습니다. 이를 사용해 팀원에게 쓰기 권한을 주면, Fork 리포지토리를 따로 만들 필요 없이 각자가 브랜치를 만들어 Pull Request할 수 있습니다.

이런 방법은 실제로 GitHub를 개발할 때도 사용되고 있습니다[주5]. 이러한 개발 진행 과정은 9장에서 자세히 설명하겠습니다.

주5 https://github.com/blog/1124-how-we-use-pull-requests-to-build-github

6.5
리포지토리 관리

Fork 또는 clone을 하고 리포지토리를 계속 방치하면 최신 버전의 소스 코드와 점점 멀어지게 될 것입니다. 또한, 최신 소스를 기반으로 개발하지 않으면 개발을 완료하더라도 무용지물이 되어버릴 수 있습니다. 이번 절에서는 리포지토리를 최신 상태로 유지하는 방법을 알아보겠습니다.

일반적으로 clone해서 가져온 리포지토리는 원본 리포지토리와는 다른 것입니다. 그래서 원격 리포지토리를 기본 리포지토리로 설정하고 데이터를 가져온(fetch) 후, 자신의 리포지토리에 merge해서 최신 코드 상태를 유지합니다. 이를 그림으로 나타내면 그림 6.8과 같습니다.

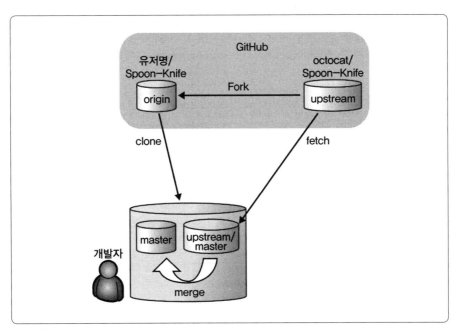

그림 6.8 리포지토리를 최신 상태로 유지

161

리포지토리 Fork, clone

'octocat/Spoon-Knife'를 원본 리포지토리로 GitHub에 Fork, clone합니다.

```
$ git clone git@github.com:hirocaster/Spoon-Knife.git
Cloning into 'Spoon-Knife'...
remote: Counting objects: 24, done.
remote: Compressing objects: 100% (21/21), done.
remote: Total 24 (delta 7), reused 17 (delta 1)
Receiving objects: 100% (24/24), 74.36 KiB | 68 KiB/s, done.
Resolving deltas: 100% (7/7), done.
$ cd Spoon-Knife
```

원본 리포지토리 이름 설정

원격 리포지토리로써 원본 리포지토리의 이름을 'upstream'으로 설정합니다.

```
$ git remote add upstream git://github.com/octocat/Spoon-Knife.git
```

이제 이 리포지토리는 'upstream'이라는 이름으로 원본 리포지토리를 참조합니다. 한 번만 설정하면 됩니다.

최신 데이터 획득

이제 실제로 최신 소스 코드를 받고(fetch), 자신의 리포지토리에 merge합니다. 리포지토리를 최신 상태로 유지할 때 기본적으로 사용하는 코드이므로 기억해 두기 바랍니다.

```
$ git fetch upstream
From git://github.com/octocat/Spoon-Knife
 * [new branch]      master      -> upstream/master
$ git merge upstream/master
Already up-to-date.
```

git fetch 명령어로 최신 데이터를 가져오고, 현재 브랜치(master)에 upstream/master 브랜치를 merge했습니다. 사실 연습용 예제라서 merge되는 내용이 딱히 없습니다만, 이렇게 하면 최신 코드가 merge된다는 사실은 기억해 주세요.

이것으로 현재 브랜치(master)가 최신 상태로 변경되었습니다. 이후에 변경 사항을 추가하는 등의 개발을 할 때는 여기서 토픽 브랜치를 따로 만들고 개발합니다. 기본적으로 master 브랜치는 항상 완벽하게 최신 상태를 유지해야 합니다.

6.6
정리

이번 장에서는 Pull Request를 보내는 방법을 배웠습니다. Pull Request로는 코드만 보내야 한다고 생각하는 경우가 많은데, 코드를 보내는 것 이외에 다양한 활동도 할 수 있다는 것을 다시 한 번 새겨두기 바랍니다.

물론, 실무에서 적용하려고 하면 기존의 문화 또는 규칙과 맞지 않는 부분도 있을 것입니다. 하지만 대부분의 팀에서 효과적으로 사용하고 있는 방법이고, 오픈 소스 소프트웨어 개발에 종사하고 있는 개발자에게는 모두 익숙한 방식입니다. 이런 표준적인 구조 또는 규칙을 과감하게 먼저 시작해 보는 것이 중요한 자세입니다. 실무에서 적극적으로 적용해 보기 바랍니다.

163

7

Pull Request가
도착한다면

Pull Request를 실제로 보낸 사람도 많지는 않겠지만, Pull Request를 받아 본 사람은 거의 없을 겁니다. 하지만 만약의 상황을 대비해서라도 Pull Request가 왔을 경우를 대비해서 관련된 지식을 익혀 두기 바랍니다.

7.1
Pull Request를 보내는 방법

Pull Request가 오면 그림 7.1처럼 리포지토리의 Pull Request 탭에 전해진 Pull Request가 표시됩니다. Pull Request를 클릭하면 상세한 내용을 확인할 수 있습니다.

그림 7.1 도착한 Pull Request

상세 화면을 클릭하면 Pull Request를 보냈을 때와 같은 페이지가 나옵니다. 여기서 'Merge pull request' 버튼(그림 7.2)을 누르면 소스 코드 통합이 이루어집니다. 편리하지만 굉장히 위험한 기능이므로 되도록 전송된 Pull Request가 제대로 동작하는지, 제대로 작성된 코드인지 등을 테스트하기 바랍니다. 그리고 8장에서 설명하는 Jenkins 등으로 자동 테스트를 적용해서 기존의 기능을 훼손하지 않는지 확인할 것을 권장합니다.

그림 7.2 Merge pull request 버튼

이제 개발 환경에서 검증하는 방법에 대해 차근차근 알아보겠습니다.

7.2
Pull Request를 보낼 준비

Pull Request로 전달된 코드가 정상적으로 작동하는지 확인하는 것은 당연한 일입니다. 특히, 코드 리뷰를 확실하게 하기 바랍니다. GitHub에서는 코드 리뷰를 위한 다양한 기능을 제공하고 있는데, 어떤 기능들을 제공하는지 차근차근 알아봅시다.

각각의 기능을 잘 사용할 수 있다면 기존의 방법으로 하는 코드 리뷰보다 더 효과적이라는 것을 깨달을 것입니다. 실제 자신이 일하는 팀에서도 구성원 모두가 코드 리뷰하는 습관을 기르면, 팀 전체의 개발 효율성 등이 더욱 향상될 것입니다.

코드 리뷰

Pull Request로 전달된 코드는 그림 7.3처럼 출력됩니다. 코드의 어떤 부분이 변경되었는지 확인할 수 있으므로 효율적인 코드 리뷰가 가능합니다. 또한, 해당 코드와 관련된 의견을 댓글로 남기면 작성자에게 Notification이 보내집니다. 그러므로 Pull Request를 보낸 쪽에서 피드백을 신속히 처리할 수 있습니다. GitHub를 사용하면 코드 리뷰 등을 간단하고 쉽게 할 수 있어서 개발 생산성이 향상됩니다. 참고로 GitHub가 아니라 다른 것을 사용하면 스트레스를 받는다고 하는 사람도 많을 정도입니다.

167

오픈 소스 개발자들은 대부분 GitHub를 사용합니다. 따라서 실제 회사에서도 GitHub를 사용하면 회사 자체에서 제공하는 환경을 따로 배우거나 하지 않아도 됩니다. 이러한 사항만으로도 회사에서 GitHub를 사용하는 것은 큰 장점이 있습니다.

그림 7.3 코드에 붙은 댓글

※ 행 앞의 숫자는 왼쪽이 수정 전, 오른쪽이 수정 후의 줄 번호입니다.

그림 변경 사항 확인

GitHub에서는 코드의 차이를 확인하는 것뿐만 아니라, 그림의 차이를 확인하는 것도 가능합니다. 간단하게 사용 방법을 알아보겠습니다. 더 자세하게 알고 싶다면 GitHub 공식 블로그[주1]를 참고 바랍니다.

공식 블로그에서는 간단한 시험용 리포지토리[주2]도 제공하므로 실제 리포지토리에서 기능을 실습해 볼 수 있습니다. 실제로 이용해 보면 굉장한 기능이라는 것을 느낄 겁니다. commit 로그의 'Image View Mode Demo'를 조작하여 확인해 봅시다.

주1 https://github.com/blog/817-behold-image-view-modes

주2 https://github.com/cameronmcefee/Image-Diff-View-Modes

● 2-up

2-up은 과거 이미지와 현재 이미지를 나란히 표시해 주는 방법입니다(그림 7.4)

그림 7.4 2-up

● Swipe

Swipe는 경계선을 두고 왼쪽과 오른쪽으로 나누어 과거 이미지와 현재 이미지를 표시하는 방법입니다(그림 7.5). 마우스로 경계선을 왼쪽과 오른쪽으로 움직일 수 있으므로 차이와 미묘한 색상 변화도 확인할 수 있습니다.

그림 7.5 Swipe

169

● Onion Skin

Onion Skin은 과거 이미지를 아래에 두고 그 위에 현재 이미지를 올린 상태로, 과거 이미지를 Opacity 100%에서 0%로, 현재 이미지를 Opacity 0%에서 100%로 변경해 가며 이미지의 차이를 보여 주는 방식입니다(그림 7.6). 따라서 옛날 이미지에서 현재 이미지로 어떻게 바뀌어가는지 확인할 수 있습니다.

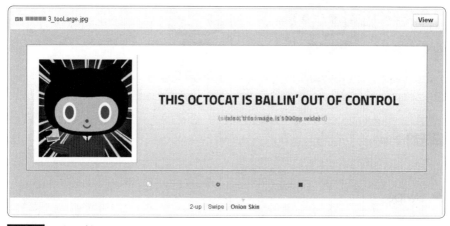

그림 7.6 Onion Skin

이렇게 GitHub를 사용하면, 코드뿐만 아니라 그림의 변경 사항도 효율적으로 확인할 수 있습니다. 함께 일하는 디자이너에게도 GitHub를 가르쳐 줍시다.

Pull Request의 내용을 현재 개발 환경에 반영

이번 절에서는 전송된 Pull Request를 자신의 개발 환경에서 확인하는 방법을 알아보겠습니다. 이번 절에서는 Pull Request를 받는 수신자를 'github-book', 보내는 송신자를 'PR 송신자'라고 부르겠습니다.

● 수신자의 로컬 리포지토리를 최신 상태로 변경

일단 Pull Request를 받은 수신자 쪽에서 리포지토리를 clone합니다(그림 7.7의 왼쪽), 만약 이미 clone되어 있는 상태라면, pull 등을 수행해서 최신 상태로 변경해 주세요.

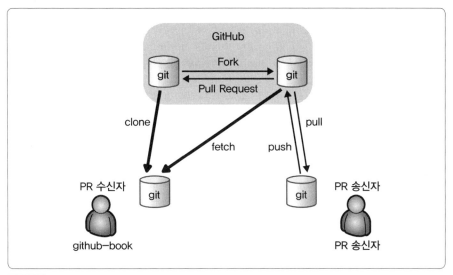

그림 7.7 clone과 fetch

```
$ git clone git@github.com:github-book/first-pr.git
Cloning into 'first-pr'...
remote: Counting objects: 34, done.
remote: Compressing objects: 100% (26/26), done.
remote: Total 34 (delta 10), reused 15 (delta 4)
Receiving objects: 100% (34/34), 89.48 KiB | 112 KiB/s, done.
Resolving deltas: 100% (10/10), done.
$ cd first-pr
```

● 송신자의 원격 리포지토리 가져오기

현재 리포지토리에 Pull Request 송신자의 리포지토리를 원격 리포지토리로 등록합니다. 이렇게 하면 송신자 리포지토리의 데이터를 가져올 수 있습니다. 이렇게 하면 그림 7.7 오른쪽 위의 리포지토리를 원격 리포지토리로 fetch하게 됩니다.

171

```
$ git remote add PR 송신자 git@github.com:PR 송신자/first-pr.git
$ git fetch PR 송신자
생략
From github.com:PR 송신자/first-pr
 * [new branch]      gh-pages    -> PR 송신자/gh-pages
 * [new branch]      master      -> PR 송신자/master
 * [new branch]      work        -> PR 송신자/work
```

Pull Request 송신자 리포지토리, 또는 브랜치의 데이터(PR 송신자/work)를 취득
했습니다.

● 확인 전용 브랜치 작성

지금은 원격 리포지토리를 가져온 것뿐입니다. 따라서 새로운 내용이 반영되지 않
았습니다. 그럼 이제부터 Pull Request를 반영하기 위한 브랜치를 작성하겠습니다.
첫 번째 Pull Reqeust이므로 'pr1'이라는 이름을 사용하겠습니다. 그림 7.8 왼쪽의
화살표(checkout)를 수행합니다. 명령어를 실행해도 아직 gh-pages 브랜치와 pr1
브랜치의 내용은 동일합니다.

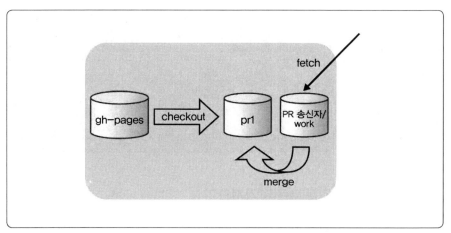

그림 7.8 checkout

172

```
$ git checkout -b pr1
Switched to a new branch 'pr1'
```

● merge

방금 fetch했던 'PR 송신자/work'의 변경 사항을 'pr1' 브랜치에 merge합니다.
그림 7.9 오른쪽 아래의 merge입니다.

```
$ git merge PR 송신자/work
Updating cc62779..243f28d
Fast-forward
 index.html |   2 ++
 1 file changed, 2 insertions(+)
```

'PR 송신자/work' 브랜치의 변경 사항이 'pr1' 브랜치에 반영되었습니다. 이제
index.html 파일의 레이아웃이 깨지지 않는지 한번 확인해 보기 바랍니다. 실무 개
발에서는 자동 테스트 등으로 소프트웨어가 정상적으로 작동하는지 확인합니다.

● 브랜치 제거

확인이 끝났으면, 이제 'pr1' 브랜치는 가지고 있을 필요가 없으므로 삭제하겠습니
다. 'pr1' 브랜치 이외의 브랜치로 변경하고 다음 명령어를 실행해 주세요.

```
$ git branch -D pr1
Deleted branch pr1 (was 243f28d).
```

7.3
Pull Request를 보내기

이 시점에서 Pull Request 내용에 문제가 없다면, 브라우저에서 Pull Request를 표시하고 'Merge pull request' 버튼을 클릭해 자동으로 merge해도 특별한 문제가 없습니다.

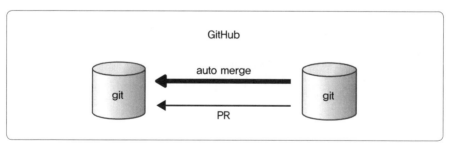

그림 7.9 자동 merge의 동작

또한, 수동으로 CLI에서 merge를 하고 GitHub에 push하면 Pull Request가
합쳐진 상태로 업로드됩니다(그림 7.10). 따라서 'PR 송신자/work' 브랜치를 'gh-
pages' 브랜치에 merge하는 형태가 됩니다.

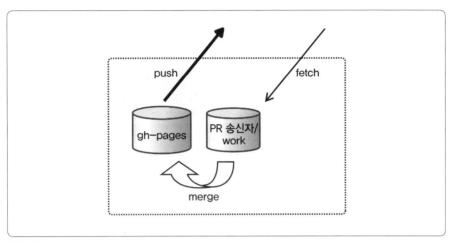

그림 7.10 수동 merge

메인 브랜치에 merge

일단 'gh-pages' 브랜치로 변경합니다.

```
$ git checkout gh-pages
Switched to branch 'gh-pages'
```

'PR 송신자/work' 브랜치의 내용을 merge합니다.

```
$ git merge PR 송신자/work
Updating cc62779..243f28d
Fast-forward
 index.html |    2 ++
 1 file changed, 2 insertions(+)
```

175

이렇게 'PR 송신자/work'를 'gh-pages'에 merge했습니다.

변경 사항 push

이어서 변경 사항을 push해 줍니다. 만약을 위해 코드 변경 사항을 확인하기 바랍니다.

```
$ git diff origin/gh-pages
diff --git a/index.html b/index.html
index f2034b3..91b8ecb 100644
--- a/index.html
+++ b/index.html
@@ -39,6 +39,8 @@

<p>이 책에 대한 한마디를 작성하고, Pull Request해 주세요!</p>
+<p class="impression">항상 재미있게 읽고 있어요!(@HIROCASTER)</p>
+
생략
```

코드 변경 사항을 확인했다면 push합니다.

```
$ git push
생략
Total 0 (delta 0), reused 0 (delta 0)
To git@github.com:github-book/first-pr.git
   cc62779..243f28d  gh-pages -> gh-pages
```

이제 리포지토리의 Pull Request가 Open 상태에서 Close 상태로 변경됩니다 (그림 7.11). GitHub 웹 사이트에 들어가서 확인해 보면 코드가 변경되어 있을 것입니다.

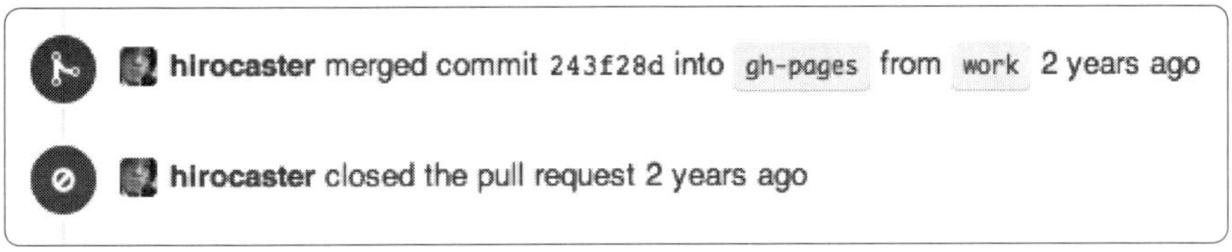

 hirocaster merged commit `243f28d` into `gh-pages` from `work` 2 years ago

 hirocaster closed the pull request 2 years ago

그림 7.11 Pull Request가 자동으로 close된다

지금까지 Pull Request를 받아들이는 방법을 살펴보았습니다. Git이 분산 버전 관리 시스템이라 조금 복잡하게 보일 수 있지만, 직접 해보면 금방 적응할 것입니다.

7.4
정리

이번 장에서는 Pull Request를 하는 방법에 대해서 알아보았습니다.

사실 이번 장에서 살펴보았던 예처럼 몇 줄 밖에 안 되는 코드라면 GitHub 웹 사이트에서 그냥 버튼을 눌러 merge해도 됩니다. 하지만 실무에서의 Pull Request는 여러 파일에 걸친 변경 사항이 반영되는 굉장히 복잡한 것입니다. 그러므로 이번 장의 예제는 어디까지나 연습입니다.

리포지토리에 실행되지 않는 코드를 넣는 것은 프로그래머로서의 신뢰를 잃게 만드는 행위입니다. 테스트가 실패한 코드, 문법 오류가 있는 소스 코드를 merge 또는 공개하는 일은 절대 없기 바랍니다.

GitHub와
연계되는 툴과
서비스

GitHub는 소프트웨어를 개발하는 사람들에게만 영향을 준 것이 아닙니다. GitHub 자체가 플랫폼이 되어, GitHub와 연동되는 다양한 소프트웨어들도 생겨났습니다. 이번 장에서는 자주 사용되고 있는 툴을 소개하겠습니다.

8.1
hub 명령어

GitHub를 이용한다면 git 명령어를 많이 사용하고 있을 것입니다. 이번 절에서 소개하는 hub 명령어[주1]는 지금까지 살펴본 git 명령어를 GitHub 전용으로 쉽게 이용할 수 있게 해줍니다. 매우 편리한 툴이므로 GitHub를 자주 사용하는 사람이라면 반드시 도입하기 바랍니다.

개요

hub 명령어는 크리스 완스트레스[주2]를 중심으로 개발된 소프트웨어입니다.

hub 명령어를 개발하고 있는 리포지토리의 README.md 파일을 보면 'git+hub=github'이라고 쓰여 있습니다[주3]. hub 명령어는 git 명령어에 몇 가지 기능을 추가해서 GitHub API를 함께 사용할 수 있는 소프트웨어입니다. git 명령어를 기반으로 만들었으므로 git 명령어와 유사한 방식으로 사용할 수 있습니다. 구체적인 명령어는 이후에 소개하도록 하겠습니다.

주1 https://hub.github.com/
주2 https://github.com/defunkt
주3 https://github.com/github/hub

기본 설정

hub 명령어를 설치하는 방법을 알아보겠습니다. 일단 hub 명령어를 사용하려면 다음과 같은 소프트웨어가 필요[주4]합니다.

- Git 1.7.3 이상
- Ruby 1.8.6 이상

Git 설치와 관련된 내용은 2장을 참고해 주세요.

● 설치

OS X를 사용하는 경우, 홈브류(Homebrew) 또는 맥포트(MacPorts)와 같은 패키지 관리 시스템으로 쉽게 설치할 수 있습니다.

홈브류를 사용하고 있을 경우에는 다음과 같이,

```
$ brew install hub
```

맥포트를 사용하고 있을 경우에는 다음과 같이,

```
$ sudo port install hub
```

라고 입력하기만 하면 hub 설치가 완료됩니다. 이 이외의 환경을 사용하고 있다면, 다음과 같은 방법으로 설치할 수 있습니다.

```
$ curl http://hub.github.com/standalone -sLo ~/bin/hub
$ chmod +x ~/bin/hub
```

그리고 hub를 다운로드하여 다음과 같이 입력합니다.

주4 Hub 1.12 버전이 요구하는 소프트웨어입니다.

181

```
$ echo 'export PATH="~/bin:$PATH"' >> ~/.bash_profile
```

이렇게 셸의 PATH 앞에 ~/bin을 추가해 주세요. 셸을 다시 시작하면 hub 명령어를 사용할 수 있습니다.

● 동작 확인

다음과 같이 동작을 확인해 주세요.

```
$ hub --version
git version 1.8.5.2
hub version 1.10.6
```

git 명령어와 hub 명령어의 버전이 표시됩니다.

● Alias 설정

hub 명령어를 공부할 때는 git 명령어와 어떻게 대응되는지 확인하는 것이 좋습니다. hub 명령어는 git 명령어로 하던 조작이 모두 가능하므로 지금까지 했던 것들을 기존의 git 명령어로 모두 옮길 수 있습니다. 다음과 같이 bash_profile 등에 사용 중인 셸의 설정 파일에 다음을 추가하면 됩니다.

```
eval "$(hub alias -s)"
```

● 셸 보완 설정

hub 명령어를 보완해 주는 bash[주5]와 zsh[주6] 스크립트가 공개되어 있습니다. 사용

주5 https://github.com/github/hub/blob/master/etc/hub.bash_completion.sh

주6 https://github.com/github/hub/blob/master/etc/hub.zsh_completion

하고 있는 셸에 맞도록 설치하면 hub 명령어를 더욱 쉽게 이용할 수 있습니다. 참고로 초기 설치할 때 설치 방법에 따라 자동으로 설치되기도 합니다.

● ~/.config/hub에 대해

처음 hub 명령어를 사용할 때는 GitHub 사용자 이름과 비밀번호를 물어봅니다. 이를 사용해 GitHub API의 OAuth 토큰을 가져오게 되는데요. ~/.config/hub에 OAuth 토큰을 저장합니다. 중요한 정보이므로 신중하게 다루기 바랍니다.

```
---
github.com:
- oauth_token: OAuth 토큰
  user: hirocaster
```

명령어

이제 실제로 hub 명령어를 배워 보겠습니다. Git과 어떤 부분이 다른지 확인해 보기 바랍니다.

Alias를 설정했다면 지금부터 설명하는 부분의 hub를 git으로 입력해서 사용해도 됩니다. 하지만 hub에서 추가된 기능이 어떤 것인지 더 명확히 하기 위해 이 책에서는 hub 명령어의 기능은 모두 hub로 입력하겠습니다.

> **역자 한마디**
>
> hub 명령어를 설치하면 git 명령어에 기능이 자동 통합됩니다. 따라서 hub라는 글자를 쓰지 않고, git이라는 글자를 써도 됩니다. 예를 들어, 다음 두 명령어는 같은 기능을 수행하게 됩니다.
>
> ```
> $ hub clone [리포지토리 이름]
> $ git clone [리포지토리 이름]
> ```

> hub 명령어의 공식 홈페이지를 들어가면 hub를 사용하지 않고 git만 사용하고 있는데, 어떤 것을 사용해도 상관없으므로 혼동하지 말기 바랍니다. 이 책에서는 git에 있는 명령어와 hub에 있는 명령어를 확실하게 구분하고자 hub를 사용하는 것입니다.

● hub clone

hub clone 명령어를 사용하면 GitHub의 리포지토리를 간단하게 clone할 수 있습니다.

```
$ hub clone Hello-World
```

이렇게 입력하면,

```
$ git clone git@github.com/사용자 이름/Hello-World.git
```

과 같은 동작을 수행합니다.
사용자를 지정해서 clone하는 경우에는

```
$ hub clone octocat/Hello-World
```

이렇게 입력합니다. 이는 다음과 같은 동작을 수행합니다.

```
$ git clone git://github.com/octocat/Hello-World.git
```

● hub remote add

hub remote add 명령어를 사용하면 원격 리포지토리를 쉽게 추가할 수 있습니다.

184

```
$ hub remote add octocat
```

이렇게 입력하면 다음과 같은 동작을 수행합니다.

```
$ git remote add octocat git://github.com/octocat/현재 작업 중인 리포지토
리 이름.git
```

● hub fetch

hub fetch 명령어는 hub remote add 명령어와 같은 기능을 수행하는 것은 물론, fetch까지 수행합니다. 간단한 내용이므로 자세한 설명은 생략하겠습니다.

> **역자 한마디**
>
> 다음 한 줄을 입력하면 아래 두 줄을 시행하는 것과 같은 작업을 수행합니다.
>
> ```
> $ hub fetch rintaut
> > git remote add rintaut git://github.com/rintaut/REPO.git
> > git fetch rintaut
> ```

● hub cherry-pick

hub cherry-pick 명령어는 실행 매개 변수로 commit URL을 지정합니다. 이렇게 commit URL을 지정하면, 해당 commit에서의 변경 사항을 확인한 후 현재 리포지토리에 변경 사항을 반영해 줍니다. 편리하게 사용할 수 있는 기능이므로 많은 사람들이 애용하고 있습니다.

```
$ hub cherry-pick https://github.com/hirocaster/github-book/commit/6
06a76f6831194cfe8a0fdcd6e974a29a4526cbf
```

이렇게 입력하면, 다음과 같이 두 줄을 입력하는 것과 같은 의미입니다.

```
$ git remote add -f hirocaster git://github.com/hirocaster/github-
book.git
$ git cherry-pick 606a76f6831194cfe8a0fdcd6e974a29a4526cbf
```

● hub fork

hub fork 명령어는 GitHub의 Fork 버튼과 같은 기능을 제공합니다. 다른 사용자의 리포지토리를 clone한 후, 자신의 리포지토리로 Fork하고 싶을 때 사용합니다.

```
$ hub fork
```

이렇게 입력하면, 다음과 같이 입력하는 것과 같은 의미입니다.

```
(리포지토리를 GitHub상에서 Fork)
$ git remote add -f 사용자 이름 git@github.com:사용자 이름/현재 작업하고 있는
리포지토리 이름.git
```

현재 가지고 있는 리포지토리에 사용자 이름으로 원격 리포지토리가 등록됩니다.

● hub pull-request

hub pull-request 명령어는 Pull Request를 생성하는 기능을 제공합니다. 따라서 GitHub 웹 사이트에 들어가지 않아도 Pull Request를 만들 수 있습니다.

```
$ hub pull-request -b github-book:master -h hirocaster:index5-draft
```

이렇게 입력하면, hirocaster:index5-draft에서 github-book:master로 Pull Request가 만들어집니다. 명령어를 입력하면 에디터가 실행되는데, 첫 번째 줄은

Pull Request의 제목을 입력합니다. 그리고 한 줄 개행하고, 세 번째 줄부터 Pull Request 본문을 입력합니다.

만약 이미 작성되어있는 Issue에 Pull Request를 보내고 싶다면 다음과 같이 입력합니다. 이렇게 입력하면 Issue#123 작업으로 Pull Request가 전송됩니다.

```
$ hub pull-request -i 123 -b github-book:master -h hirocaster:index5-draft
```

Issue를 그대로 Pull Request에 보내는 조작은 웹 사이트에서도 불가능하므로 알아 두면 편리하게 사용할 수 있습니다.

● hub checkout

hub checkout 명령어를 사용하면 Pull Request가 왔을 때, Pull Request URL을 입력하는 것만으로도 checkout할 수 있습니다.

```
$ hub checkout https://github.com/hirocaster/wdpress69/pull/208
```

이렇게 입력하면 다음과 같은 의미입니다.

```
$ git remote add -f -t impression git://github.com/tomamu/wdpress69.git
$ git checkout --track -B tomamu-impression tomamu/impression
```

Pull Request를 보낸 사용자 이름으로 브랜치가 자동으로 작성됩니다. 따라서 전송된 Pull Request가 제대로 작동되는지 확인하기가 편리합니다.

● hub create

hub create 명령어는 로컬에는 리포지토리를 작성했지만, GitHub에는 리포지토리를 작성하지 않는 경우에 사용하는 명령어입니다.

```
$ hub create
```

이렇게 입력하면 GitHub에 같은 이름의 리포지토리를 작성하고 원격 리포지토리로 등록합니다.

```
( GitHub에서 리포지토리 작성 )
$ git remote add origin git@github.com:사용자 이름/현재 작성 중인 리포지토리
이름.git
```

이어서 push 명령어를 수행하면 GitHub에 있는 리포지토리에 코드가 들어갑니다. 이런 방법으로 GitHub에 올리는 리포지토리는 공개 리포지토리이므로 주의해서 사용하기 바랍니다.

● hub push

hub 명령어의 hub push 명령어는 여러 원격 리포지토리에 한꺼번에 push하는 기능을 제공합니다.

```
$ hub push origin,staging,qa new-feature
```

이렇게 입력하면 다음과 같은 리포지토리에 한꺼번에 push합니다.

- origin
- staging
- qa

한 번에 여러 리포지토리에 push하고 싶을 경우 사용합니다.

● hub browse

hub browse 명령어는 현재 작업하고 있는 리포지토리의 GitHub 페이지를 웹

브라우저로 열어 줍니다.

```
$ hub browse
```

위와 같이 입력하면, 아래와 같은 의미입니다.

```
$ open https://github.com/사용자 이름/현재 작성 중인 리포지토리 이름
```

● hub compare

hub compare 명령어는 토픽 브랜치와 master 브랜치의 차이를 표시해 줍니다.
명령어를 실행하면 GitHub 사이트를 열어 줍니다.
토픽 브랜치에서

```
$ hub compare
```

를 입력하면, 다음과 같은 의미입니다.

```
$ open https://github.com/사용자 이름/현재 작업 중인 리포지토리 이름/compare/
현재 브랜치 이름
```

명령어를 실행하면 웹 브라우저가 열리면서 해당 URL에 접속합니다. 참고로
GitHub에 있는 리포지토리끼리의 차이를 표시해 주는 것이므로 로컬 리포지토리에
새로 작성한 내용이 있다면 push하고 실행해 줘야 합니다.

간단하게 hub 명령어를 살펴보았습니다. hub 명령어를 사용하면 GitHub를 조
금 더 편하게 이용할 수 있을 것입니다. 책에서는 자주 사용하는 명령어만 설명했으
나, 이 외에도 다양한 명령어와 옵션이 존재합니다.

다음과 같이 입력하면 hub 명령어와 관련된 도움말이 나옵니다. 한번 직접 확인해
보세요.

189

```
$ hub help
```

Column **hub 명령어와 GitHub Enterprise**

hub 명령어는 GitHub Enterprise 전용으로도 사용할 수 있습니다. GitHub Enterprise로 사용할 때는 다음과 같은 명령어를 입력해서 설정을 변경해 주어야 합니다.

```
$ git config --global --add hub.host my.example.org
```

※ my.example.org를 GitHub Enterprise 호스트 이름으로 입력해 주세요.

명령어를 입력하면 ~/.gitconfig 파일에 다음과 같은 설정이 추가됩니다.

```
[hub]
  host = my.example.org
```

이런 설정이 추가되면 GitHub Enterprise에서 clone된 리포지토리는 GitHub Enterprise 전용으로 조작됩니다. 참고로 GitHub에서 clone된 리포지토리는 GitHub 전용으로 조작되므로 충돌 없이 사용할 수 있습니다.

8.2
Travis CI

개요

Travis CI[주7]는 오픈 소스 커뮤니티 전용 CI(Continuous Integration, 지속적 통합)

주7 https://travis-ci.org/

를 무료로 해주는 서비스입니다.

CI는 XP(Extreme Programming)의 대표적인 사례입니다. 현재는 대부분 Jenkins 같은 소프트웨어를 사용해서 CI를 구현합니다. CI는 리포지토리를 지속적으로 감시하며, 개발자가 commit하는 순간, 자동으로 테스트 또는 빌드를 실행합니다. 자동으로 이런 활동을 해줌으로써 개발자의 실수를 줄일 수 있으며, 테스트도 통과하지 못하는 잘못된 코드를 검출하여 코드의 품질을 일정 수준으로 유지할 수 있도록 해줍니다.

GitHub로 코드를 공개하고 있는 경우라면 Travis CI를 사용해 보세요. Travis CI는 루비(Ruby), PHP, 펄(Perl), 파이썬(Python), 자바(Java), 자바스크립트(JavaScript) 등 웹 개발을 할 때 사용하는 다양한 언어를 모두 지원하고 있습니다[주8].

실제 사용

실제로 Travis CI를 사용해 봅시다. .travis.yml이라는 Travis CI 전용 파일을 리포지토리에 추가하고, Travis CI와 GitHub를 연동하는 간단한 작업입니다.

● 설정 파일 작성

루비 온 레일스에서 RSpec을 이용하고 있다고 가정하고, .travis.yml 파일을 예로 소개하겠습니다.

```
language: ruby
rvm:
  - 1.9.2
  - 1.9.3
script: bundle exec rspec spec
```

주8 http://docs.travis-ci.com

이렇게 다음과 같은 정보를 입력하기만 하면, 각각의 버전으로 테스트를 수행해 줍니다.

- 사용하는 프로그래밍 언어
- 버전
- 테스트 실행 명령어

따라서 특정 버전에서 테스트를 통과하지 못하는 상황 등을 신속하게 파악할 수 있게 됩니다.

다른 언어를 사용하는 경우에는 공식 사이트의 문서[주9]를 확인하세요. 기본적인 방법은 같습니다. 이 파일을 리포지토리의 루트 폴더에 놓고 GitHub에 push하면 Travis CI를 사용할 준비가 모두 끝나는 것입니다.

● 설정 파일 유효성 확인

방금 작성했던 .travis.yml에 문제가 없는지 확인할 수 있는 Travis WebLint가 제공되고 있습니다. 리포지토리를 지정하기만 하면 자동으로 체크하고 그림 8.1처럼 표시해 줍니다.

Travis WebLint

Uses travis-lint to check your .travis.yml config.

Hooray, your .travis.yml seems to be solid!

그림 8.1 Travis WebLint로 설정 파일 유효성 확인

주9 http://docs.travis-ci.com/user/getting-started/

192

설정 파일에 문제가 있지만, 이를 확인하지 않고 Travis CI를 실행하면 실패 통보가 옵니다. 이때 설정 파일 문제인지, 코드의 문제인지 확인하는 데 오랜 시간이 걸릴 수도 있습니다. 그러므로 반드시 초기에 설정 파일 오류를 한 번쯤 확인하기 바랍니다.

● GitHub와의 연동

Travis CI 사이트에 접속해서 오른쪽 상단의 'Sign in with GitHub'을 클릭해 주세요. 여기에 GitHub 사용자 이름과 비밀번호를 입력하면 GitHub 인증 페이지로 넘어갑니다. Authorize application 버튼을 눌러 인증을 완료하고 돌아오면 'Sign in with GitHub' 부분에 자신의 정보가 표시됩니다.

정보에 표시되는 아바타에 마우스를 올리면 표시되는 'Accounts'를 클릭해서 이동해 주세요. 개인 계정 페이지로 이동하면 그림 8.2와 같은 화면이 나타납니다. 페이지 하단을 보면 자신의 리포지토리가 표시되는데요. Travis CI를 적용할 리포지토리의 오른쪽 스위치를 켜주시기 바랍니다.

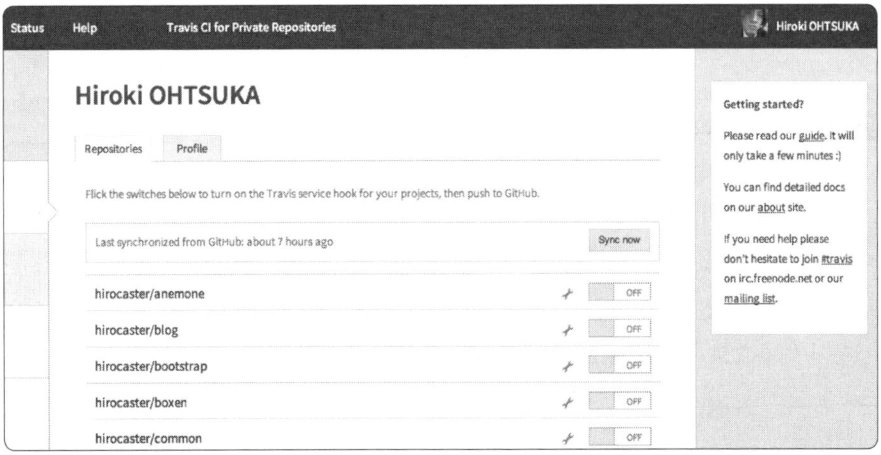

그림 8.2 Accounts

GitHub의 리포지토리의 Settings에 있는 'Webhooks & Services' 페이지(그림 8.3)에서 'Configure Services'를 클릭하면 목록에 'Travis'가 나옵니다. 이를 클릭하면 Travis 관련 설정을 할 수 있습니다. 여기서 'Test Hook' 버튼을 누르면 자동 테스트가 실행됩니다. Travis CI가 정상적으로 작동하는지 직접 확인해 보세요. 설정이 제대로 완료되었다면 아무 문제없이 작동할 것입니다.

이후에는 GitHub에 push되는 순간, 테스트가 자동으로 진행됩니다.

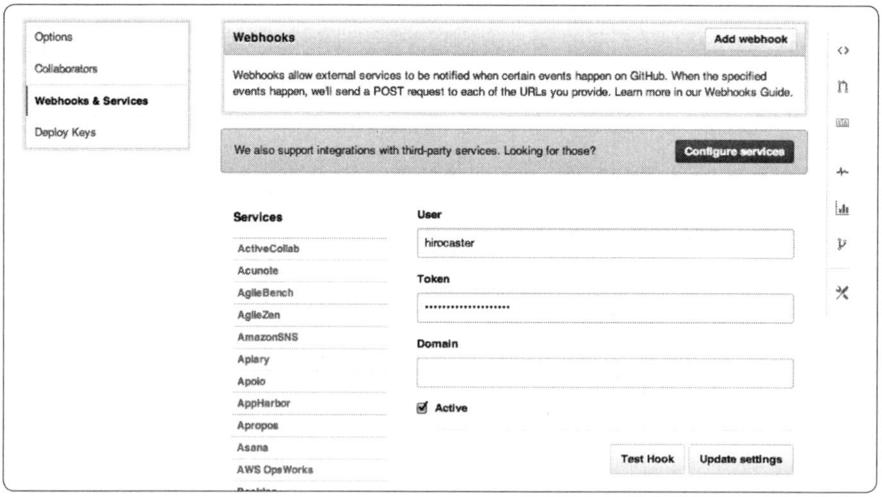

그림 8.3 Hook 테스트

Travis CI에서 특정 리포지토리와 관련된 정보는 'https://travis-ci.org/사용자 이름/리포지토리 이름'에서 확인할 수 있습니다. 페이지에 들어가 보면 테스트와 관련된 상태를 확인할 수 있습니다. 마찬가지로 Travis CI의 메인 페이지에서 자신의 사용자 이름으로 검색해서도 이 페이지에 들어올 수 있습니다(그림 8.4).

그림 8.4 테스트 상태

.travis.yml 파일에 설정을 입력하면, 테스트 결과를 메일 또는 IRC(Internet Relay Chat)로도 통지할 수 있습니다. 테스트 결과는 지속적으로 확인하는 것이 좋습니다. 메일 등을 설정해서 결과를 통지받도록 하세요. 설정 방법은 공식 홈페이지의 문서[주10]를 참고 바랍니다.

● Travis CI 결과를 README.md 파일에 추가

GitHub를 돌아다니다 보면 그림 8.5처럼 README.md 파일에 'build passing'이라고 쓰인 초록색 또는 붉은색 그림을 본 적이 있을 겁니다. 이것이 바로 Travis CI 결과입니다.

📖 **README.md**

Boxen

build passing

그림 8.5 Travis CI의 테스트 상황

주10 http://docs.travis-ci.com/user/build-configuration

녹색으로 표시된 경우는 리포지토리의 코드가 정상적으로 통과되었다는 의미인 반면, 붉은색으로 표시된 경우에는 테스트를 통과하지 못했다는 의미입니다. 따라서 리포지토리에 어떤 결함이 있다는 것을 알 수 있습니다. 자신의 리포지토리가 잘 작동한다는 것을 알리고, 스스로도 테스트 결과를 간과하지 않도록 이 그림을 README.md 파일에 넣는 것이 좋습니다.

Markdown으로 다음과 같이 작성하면 됩니다.

```
[![Build Status](https://api.travis-ci.org/사용자 이름/리포지토리 이름.svg)]
(http://travis-ci.org/사용자 이름/리포지토리 이름)
```

8.3
Coveralls

개요

Coveralls[주11]는 Lemur Heavy Industries[주12]에서 운영하는 코드 커버리지 리포트 서비스입니다. Travis CI 또는 Jenkins와 같은 지속적 통합 서버로 실행된 자동 테스트를 정리해서 보여 줍니다.

주11 https://coveralls.io/
주12 http://lemurheavy.com/

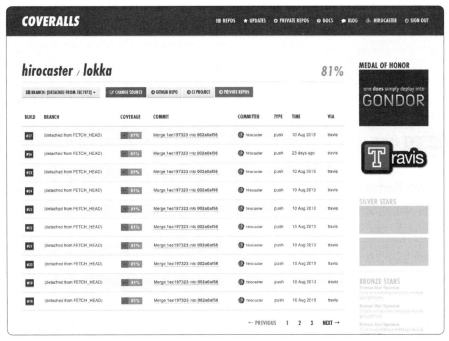

그림 8.6 코드 리포트

   지원되는 언어는 루비/레일스, 파이썬, PHP, 자바스크립트/Node.js, C/C++, 자바, 스칼라(Scala) 등입니다. 상세한 내용은 공식 사이트의 문서[주13]에서 확인해 주세요.

   레포트에는 기본적인 내용뿐만 아니라, 그림 8.7처럼 코드의 어떤 부분에서 변경이 많이 일어났는지 등도 파악할 수 있습니다.

주13 https://coveralls.io/docs

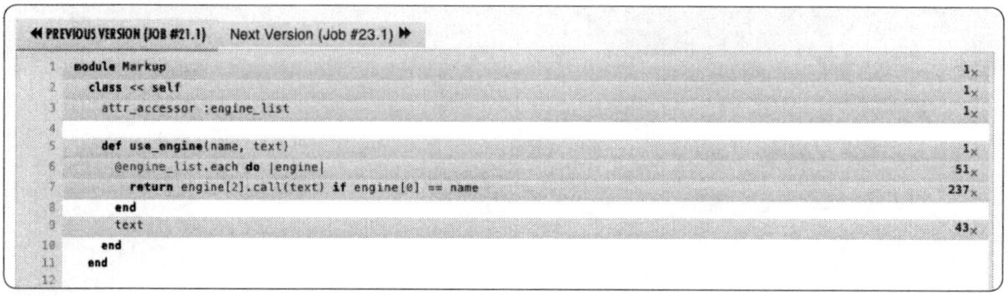

그림 8.7 레포트 상세

Pull Request마다 보고서를 작성해 줍니다. 또한, 보고서에 따라서 테스트되지 않은 부분 등도 파악할 수 있으므로 자동 테스트를 점검할 때도 유용합니다.

이 서비스는 오픈 소스의 경우 무료로 이용할 수 있습니다만, 비공개 리포지토리에 적용할 경우는 유료입니다. 가격 정책은 사이트[주14]에서 확인할 수 있습니다. 이 책에서는 Coveralls를 실제로 설정하고 사용하는 방법을 알아보겠습니다.

기본 설정

Coveralls를 설치하는 방법은 굉장히 간단합니다. 하지만 다음과 같은 기본 조건이 있습니다.

- 소스 코드가 GitHub에 있어야 한다
- Travic CI 또는 Jenkins 등을 사용하고 있어야 한다

이런 기본 조건을 만족한다면 Coveralls를 사용할 수 있습니다. 이번 장에서는 Travis CI 또는 Jenkins 등과 연동하는 방법에 대해서 설명하겠습니다.

이번 설정에 사용하는 코드는 루비로 만들어진 CMS인 lokka[주15]를 이용하겠습니다.

주14 https://coveralls.io/pricing

주15 https://github.com/lokka/lokka

● 가입

Coveralls 메인 페이지의 'FREE SIGN UP'을 클릭하면, GitHub로 가입할 수 있습니다.

● 리포지토리 추가

회원 등록을 정상적으로 마쳤다면, Coveralls의 메인 페이지에서 'ADD REPO'를 클릭해 주세요. 그러면 자신의 GitHub 리포지토리 목록이 표시되는데(그림 8.8), 대상 리포지토리 왼쪽에 있는 스위치를 켜 주시기 바랍니다.

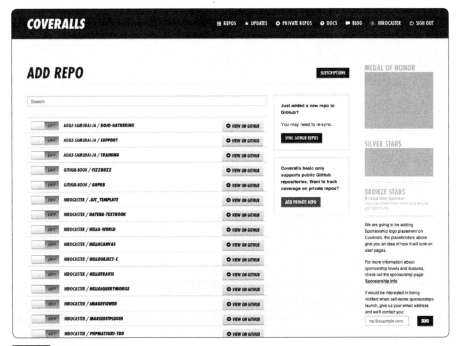

그림 8.8 리포지토리 목록

Coveralls의 메인 페이지로 돌아오면 스위치를 누른 리포지토리가 표시됩니다. 해당 리포지토리를 클릭하면 그림 8.9처럼 Coveralls 설정 파일을 작성하는 방법과 플러그인 설치 방법이 나옵니다.

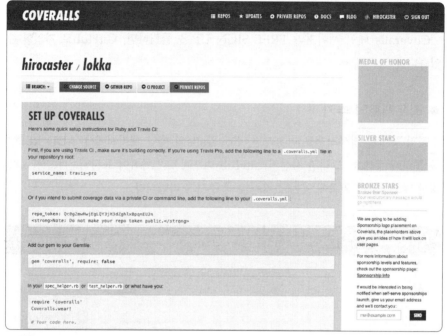

그림 8.9 Coveralls 설정 설명 페이지

● 설정 파일 작성

Coveralls 설정 파일은 .coveralls.yml입니다. 리포지토리 루트 폴더에 다음과 같은 내용을 넣어 주면 됩니다.

```
service_name: travis-ci        ← 이용하고 있는 CI 입력
repo_token: xxxxxyyyyyzzzz      ← 실제 사이트에 적혀 있는 토큰(token)을 입력합니다
```

다른 지속적 통합 서버(Jenkins 등)를 사용하고 있다면, 'service_name'을 알기 쉽게 입력하는 것이 좋습니다. 이런 경우에는 repo_token 속성을 'repo_token: xxxxxyyyyyzzzz' 형태로 추가해야 합니다. 'repo_token'은 그림 8.9의 페이지에 설명되어 있습니다.

● gem 추가

루비 또는 레일스를 사용하고 있다면, 이제 gem을 추가해야 합니다. 다른 프로그래밍 언어를 사용하고 있다면, 공식 홈페이지의 문서를 참고하기 바랍니다.

Gemfile에는 다음 한 줄을 추가합니다.

```
gem 'coveralls', require: false
```

또한 /spec/spec_helper.rb 파일과 ./test/test_helper.rb 파일 등, 이용하고 있는 테스트 툴의 Helper에 다음과 같은 코드를 추가합니다.

```
require 'coveralls'
Coveralls.wear!
```

레일스라면 다음과 같이 설정해 주세요.

```
require 'coveralls'
Coveralls.wear!('rails')
```

이어서 bundle install 명령어를 실행하고, 파일을 모두 commit해 주세요.

● 리포트 확인

설정이 모두 완료되었습니다. 이제 리포지토리에 push하면 Travis CI가 자동 테스트를 수행하여 Coveralls 보고서가 만들어집니다. Coveralls 보고서의 위치는 'http://coveralls.io/r/사용자 이름/리포지토리 이름'입니다.

Travis CI처럼 README.md에 붙일 수 있는 배지도 제공됩니다. 보고서를 보면 'README BADGE' 항목이 있습니다. 배지 아래의 'Get badge URLs'를 클릭하면 이미지 경로를 복사할 수 있는데(그림 8.10), 이를 Travis CI와 마찬가지로 README.md 파일에 붙이면 됩니다.

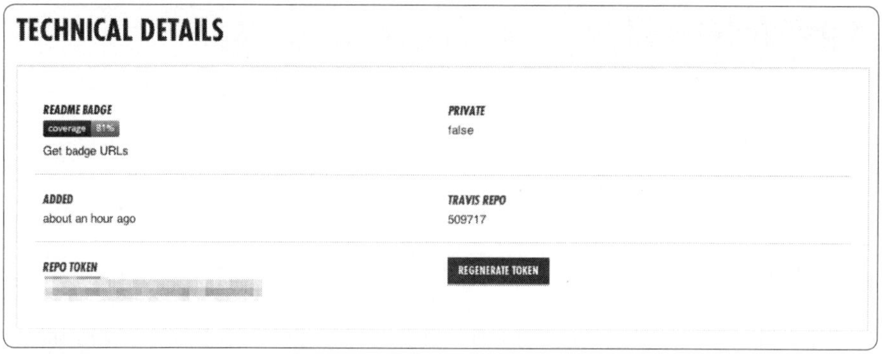

TECHNICAL DETAILS

README BADGE	**PRIVATE**
coverage 81%	false
Get badge URLs	
ADDED	**TRAVIS REPO**
about an hour ago	509717
REPO TOKEN	REGENERATE TOKEN

그림 8.10 Coveralls 배지

8.4
Gemnasium

Gemnasium[주16]은 GitHub 리포지토리의 소프트웨어가 이용하고 있는 루비젬 (RubyGems) 또는 npm(Node Package Manager)을 확인하여 최신 버전의 모듈을 사용해 개발되었는지 알려 주는 서비스입니다.

최근의 소프트웨어는 많은 모듈을 사용하는데, 모듈이 최신 버전으로 변경되었을 때 빠르게 대응하지 못하면 소프트웨어를 제대로 이용할 수 없게 됩니다. 예를 들어 GitHub API를 쉽게 이용할 수 있는 octokit[주17]이라는 모듈이 루비젬에 있는데, 개발하고 있는 소프트웨어가 octokit 모듈을 사용한다고 가정해 봅시다. 어느 날 GitHub API가 변경되었다면 해당 버전의 octokit 모듈이 제대로 작동하지 않을 것이며, octokit 모듈은 이에 대응해서 버전을 올릴 것입니다. 만약 Gemnasium을 사용하고 있다면 이런 경우에 Notification을 받을 수 있습니다.

주16 https://gemnasium.com/

주17 http://rubygems.org/gems/octokit

또한 Gemnasium 사이트에서는 사용하고 있는 루비젬 목록을 볼 수 있으며, 현재 사용하고 있는 버전과 최신 버전의 차이로 인한 문제점을 일목요연하게 정리해서 보여 줍니다(그림 8.11).

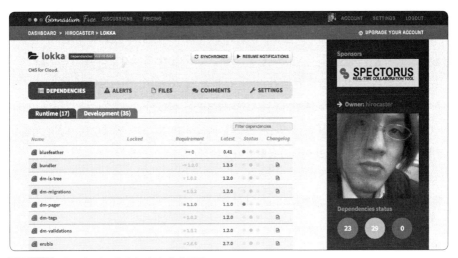

그림 8.11 이용하는 루비젬과 최신 버전 목록

공개 리포지토리의 경우는 무료로 사용할 수 있으며, 비공개 리포지토리의 경우는 유료입니다. 특정한 라이브러리를 공개적으로 사용하고 있는 경우라면 적극 활용하기 바랍니다.

8.5
Code Climate

Code Climate[주18]은 코드 분석 리포트 서비스입니다. 현재는 PHP, 루비, 자바스크립트만 사용 가능합니다. Code Climate는 GitHub 리포지토리에 있는 소프트웨어를 분석하여 품질적으로 문제가 있는 부분을 알려 주며, 소프트웨어 품질 점수를 붙여 줍니다. 유료 서비스지만 14일 동안 체험판을 이용할 수 있습니다.

Code Climate은 개발하고 있는 코드를 분석하고, 버그가 발생할 수 있는 복잡한 부분을 경고해 줍니다. 또한, 리팩토링이 되어있지 않은 코드는 낮은 점수를 부여하므로(그림 8.12), 점수가 떨어지지 않게 코드를 작성해야 합니다. 만약 점수가 떨어진 경우에는 리팩토링해서 좋은 코드로 다시 변경해 줘야 할 것입니다.

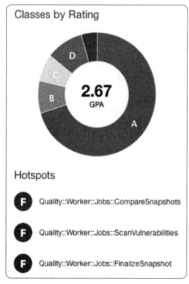

그림 8.12 분석 결과

주18 http://codeclimate.com

Code Climate은 나쁜 코드를 직접 찾아내서 리팩토링하도록 지원합니다. 루비 프로그래밍 언어로 소프트웨어를 개발하고 있다면 반드시 사용해 볼 것을 추천하는 서비스입니다.

8.6 Jenkins

개요

이번 절에서는 지속적 통합 서버로 유명한 Jenkins를 알아보겠습니다. 또한, Jenkins를 GitHub와 연동하는 방법도 살펴보겠습니다.

일단 이번 절에서는 Pull Request를 보내면, 해당 코드로 테스트를 실행하고 테스트 결과를 GitHub에 출력하도록 만드는 방법을 알아보겠습니다. 이렇게 하면 Pull Request로 인해 소프트웨어의 기존 기능이 훼손되는지, 훼손되지 않는지 확인할 수 있습니다. 또한, 새로 추가한 기능에 버그가 발생하면 테스트를 통과할 수 없으므로 Pull Request에 그림 8.13처럼 표시됩니다. 따라서 버그 있는 코드가 merge되는 것을 막을 수 있게 됩니다.

그림 8.13 테스트 결과 실패 표시

만약 테스트를 정상적으로 통과하면 그림 8.14처럼 초록색으로 표시됩니다. 따라서 Pull Request의 코드가 모든 테스트를 통과하는 코드라는 것을 쉽게 알아볼 수 있습니다.

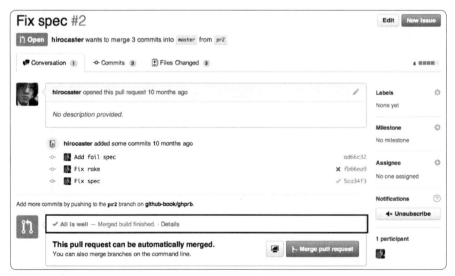

그림 8.14 테스트 결과 성공 표시

이런 식으로 구현을 해놓으면, 테스트를 통과했는지 쉽게 확인할 수 있어 개발자가 안심하고 merge할 수 있게 됩니다. 또한, 테스트에서 실패해도 변경하는 코드가 자동적으로 테스트되었으므로 어떤 코드를 추가하는 시점에서 문제가 발생했는지도 쉽게 확인할 수 있습니다.

설치

Jenkins 공식 사이트[19]의 설치 페이지를 들어가면 리눅스를 포함한 다양한 운영체제의 설치 패키지를 다운로드할 수 있습니다. 자신의 운영체제에 맞는 설치 파일을 받기 바랍니다.

Jenkins는 이미 다양한 운영체제에서 널리 사용되는 소프트웨어로, 이는 모든 운영체제에서 잘 작동한다는 것이 보증된 셈입니다. 물론, 개발하는 소프트웨어를 실제로 실행하는 운영체제와 같은 운영체제에 설치하는 것이 좋습니다.

설치가 정상적으로 완료되었다면 OS를 실행할 때 8080번 포트에서 자동으로 Jenkins가 실행됩니다[역주1]. 웹 브라우저에 'http://서버의 IP 주소:8080'을 입력해서 한번 들어가 보세요. 그림 8.15와 같은 화면이 표시됩니다.

포트 번호를 포함한 JVM 설정은 설치 패키지마다 조금씩 다를 수 있습니다. deb 확장자를 사용하는 데비안(Debian) GNU/Linux와 우분투 등의 리눅스는 /etc/default/Jenkins에, rpm 확장자를 사용하는 레드햇(Red Hat) 리눅스와 CentOS는 /etc/sysconfig/jenkins에 설정 파일이 있습니다. 다른 운영체제의 설정 파일 위치 또는 상세 정보를 알고 싶다면, 공식 사이트의 Wiki 페이지[20]를 참조해 주세요.

주19 http://jenkins-ci.org/

역주1 현재 컴퓨터에 Jenkins를 설치했다면 http://127.0.0.1:8080에 들어가면 됩니다. 참고로 8080번 포트는 다른 소프트웨어에서도 자주 사용하는 포트입니다. 따라서 충돌이 발생할 수 있는데, 이런 경우에는 충돌이 발생하는 소프트웨어 중 하나의 포트를 변경하고 다시 실행하기 바랍니다.

주20 https://wiki.jenkins-ci.org/display/JENKINS/Native+Packages

그림 8.15 Jenkins 초기 화면

bot 계정 작성

Jenkins가 리포지토리에서 소스 코드를 가져오거나, 테스트 결과를 GitHub로 보낼 때 사용하는 GitHub 계정을 새로 만들어 봅시다. 그리고 지금부터는 이 계정을 bot 계정이라고 부르겠습니다.

bot 계정 전용 공개 키와 비밀 키를 만들어 주세요. 패키지로 Jenkins를 설치했다면 사용자가 OS로 되어 있습니다. 이 사용자로 키를 생성하면 됩니다. 암호는 넣지 않는 것이 편합니다. Jenkins는 이때 생성한 키로 GitHub 리포지토리에 접근하는데, 암호를 설정하면 Jenkins에도 따로 암호를 넣어줘야 합니다. 따라서 자동 테스트가 무척 귀찮아집니다.

새로 생성한 암호 없는 공개 키를 bot 계정에 등록해 주세요. GitHub 계정 생성과 설정은 3장을 참고해 주시기 바랍니다.

bot 계정 권한 설정

공개 리포지토리는 읽기 권한이 기본적으로 부여됩니다. 하지만 테스트 결과를 통지할 때는 쓰기 권한이 필요합니다. 또한 비공개 리포지토리의 경우는 읽기 권한조

차 없으므로 읽기, 쓰기 권한을 모두 주어야 합니다. 이번 절에서는 지속적 통합 대상이 되는 GitHub 리포지토리에서 bot 계정에게 권한을 부여하는 방법을 알아보겠습니다.

● 개인 계정의 경우

리포지토리를 개인 계정으로 소유하고 있다면 GitHub 리포지토리에서 Settings 페이지를 열고 Collaborators에 bot 계정을 추가해 주세요. 이렇게 계정을 등록하면 push, clone, pull 등을 할 수 있는 권한이 부여됩니다.

● Organization 계정의 경우

리포지토리를 Organization 계정으로 소유하고 있다면, GitHub 화면의 왼쪽에 있는 계정 변경에서 Organization 계정을 선택해 주세요. 이렇게 하면 Teams 탭이 나타나게 됩니다. 나타난 Teams 탭을 선택해서 팀 목록을 표시하면 그림 8.16처럼 나옵니다. 여기서 'New Team'을 선택하고 bot 계정 전용 팀을 작성해 주세요.

그림 8.16 팀 목록

팀과 관련된 설정을 합니다(그림 8.17). 'Team Name'에는 팀 이름을 입력하세요. 저는 'bot'이라는 이름을 입력하겠습니다. 그리고 'What permission level should this team have?'에는 팀의 권한을 선택합니다. 그리고 'Write Access'를 선택한 후, 이어서 'Create team'을 선택하면 팀이 생성됩니다.

계속해서 다음 화면에서 생성한 bot 팀의 소속 멤버와 리포지토리를 설정합니다

(그림 8.18). 화면 왼쪽에서 팀 소속 멤버 계정을 추가합니다. 일단 'hirocaster-bot'으로 하겠습니다. 이어서 오른쪽에는 팀과 관련된 리포지토리를 추가합니다. 지속적 통합 대상 리포지토리를 선택해 주면 되는데, 이 책에서는 'github-book/ghprb'를 선택하겠습니다.

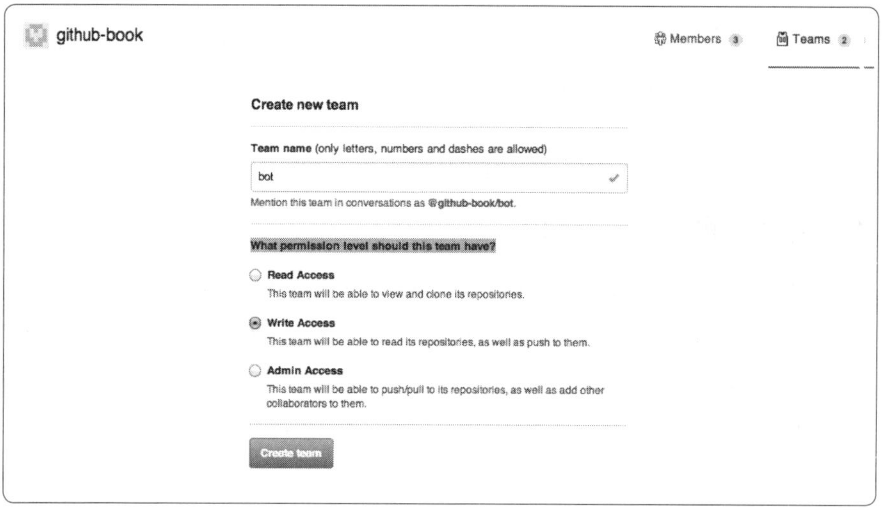

그림 8.17 팀 생성과 권한 설정

그림 8.18 팀 멤버와 리포지토리 설정

팀과 관련된 설명은 'Edit' 버튼을 선택해서 수정할 수 있습니다. 팀과 관련된 설명을 입력하면 나중에 팀이 불어나더라도 무엇을 하는 팀인지 쉽게 구분할 수 있으므로 미리 입력해 둘 것을 추천합니다. 모든 내용을 입력했다면 오른쪽 상단의 Teams 탭을 다시 선택해서 팀이 생성되었는지 확인해 주세요.

● 설정 확인

bot 계정에게 리포지토리에 접속할 수 있는 권한을 부여했습니다. 일단 현재 GitHub 계정에서 로그아웃하고 bot 계정으로 다시 로그인하면 위에서 등록한 리포지토리가 보일 것입니다. 이후에 지속적 통합 리포지토리를 만들 때도 방금 작성했던 bot 계정이 소속된 팀에 리포지토리를 추가해 주기만 하면 됩니다.

Jenkins SSH 키 설정

Jenkins는 bot 계정의 비밀 키를 사용해 리포지토리에 접속합니다. 아직 비밀 키가 없으므로 설정해 줘야 합니다.

● Jenkins를 처음 사용하는 경우

패키지로 Jenkins를 설치했다면 기본 사용자 이름이 jenkins가 됩니다. 따라서 jenkins라는 사용자 이름으로 키를 새로 만들었다면 비밀 키를 별도로 설정할 필요는 없습니다. 그렇지 않은 경우에는 Jenkins 사용자의 홈 폴더 아래에 .ssh 폴더를 생성하고 비밀 키(id_rsa)를 넣어 주세요. 예를 들어, 우분투 같은 리눅스 배포판을 사용하고 있다면 /var/lib/jenkins/.ssh/id_rsa에 비밀 키를 넣으면 됩니다. 그러면 Jenkins가 이 비밀 키를 사용해서 SSH 접근을 하게 됩니다. SSH로 GitHub 리포지토리에 접근할 수 있게 Jenkins의 job을 설정하면, 비로소 리포지토리에 접근할 수 있게 됩니다.

● 이미 Jenkins를 사용하고 있는 경우

이미 Jenkins로 지속적 통합을 하고 있는 경우에는 추가적인 작업이 필요합니다. id_rsa라는 이름으로 비밀 키를 사용하고 있다면 ~/.ssh/config에 경로 추가 설정을 해야 합니다. 다른 호스트 이름으로 SSH 접근 비밀 키를 설정해 주세요.

Jenkins 사용자의 ~/.ssh/config에 다음을 추가합니다.

```
Host ghprb.github-book
  Hostname github.com
  IdentityFile ~/.ssh/bot_id_rsa  ◀ GitHub에서 사용하는 비밀 키 지정
  StrictHostKeyChecking no

Host *
  IdentityFile ~/.ssh/id_rsa  ◀ 일반적으로 사용하는 비밀 키 지정
```

~/.ssh/bot_id_rsa에 이번에 작성한 비밀 키를 넣어 주세요. 비밀 키의 권한은 400 정도로 설정 바랍니다.

일반적으로 GitHub 리포지토리에 접근할 때는 git@github.com:github-book/ghprb.git처럼 합니다. 하지만 위와 같이 설명하면 Jenkins에서 git@ghprb.github-book:github-book/ghprb.git과 같이 호스트 이름을 지정한 이름으로 바꾸어서 사용해야 합니다. 이렇게 하면 SSH 연결 호스트 이름에 따라서 비밀 키를 사용할 수 있습니다.

이제 Jenkins 사용자가 bot 계정의 비밀 키로 GitHub 리포지토리에 접근할 수 있습니다. Jenkins 사용자로서 clone 등의 기능이 제대로 작동하는지 확인해 두세요. 비밀 키가 제대로 작동하는지 미리 확인해 두면 이후에 job 설정을 할 때 오류가 발생해도 적어도 비밀 키 문제는 아니라는 것만은 확신할 수 있습니다.

GitHub pull request builder plugin 설치

Jenkins에서 Pull Request를 자동으로 테스트하려면 GitHub pull request builder plugin[21]이라는 플러그인[22]을 사용해야 합니다. 이 플러그인은 Jenkins

---

주21 https://wiki.jenkins-ci.org/display/JENKINS/GitHub+pull+request+builder+plugin
주22 이 책의 내용은 1.9 버전에서 모두 확인했습니다.

서버 내부에 보내진 Pull Request를 merge하고 자동 테스트를 수행합니다. 테스트가 종료되면 결과를 GitHub로 보내므로 '어떤 문제가 발생되어 테스트가 실패했다.'라는 형태의 메시지를 출력할 수 있습니다. 따라서 Pull Request가 제대로 되어있는 코드인지 쉽게 확인하고 merge할 수 있습니다.

Jenkins에 GitHub pull request builder plugin을 설치하겠습니다. Jenkins에 접근해서 [Jenkins 관리] → [플러그인 관리]를 선택하고 '플러그인 관리자'에서 '설치 가능' 탭을 눌러 주세요. 여기서 GitHub pull request builder plugin을 찾아 설치 확인란에 '확인'을 누르신 후, 이어서 '재시작 없이 설치하기' 버튼을 눌러 주세요(그림 8.19). 이렇게만 하면 플러그인이 차근차근 설치됩니다(그림 8.20).

이어서 Jenkins 설정을 하겠습니다. [Jenkins 관리] → [시스템 설정]을 눌러 주세요.

Git plugin 설정

시스템 설정 화면이 뜨면 'Git plugin'이라고 표시된 항목까지 이동합니다(그림 8.21).

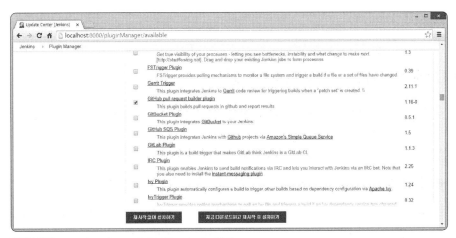

그림 8.19 GitHub pull request builder plugin 선택

213

그림 8.20 관련 플러그인 설치

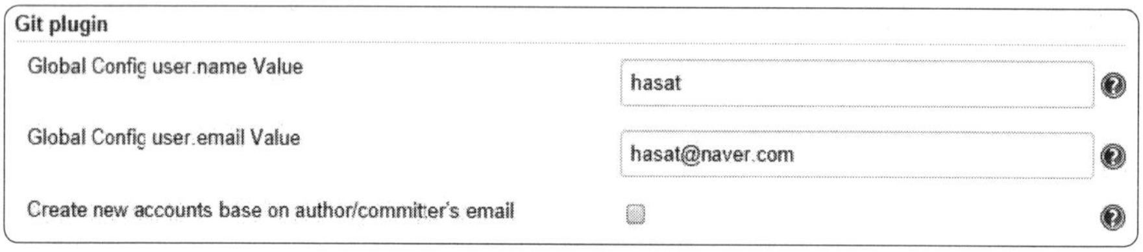

Git plugin	
Global Config user.name Value	hasat
Global Config user.email Value	hasat@naver.com
Create new accounts base on author/committer's email	☐

그림 8.21 Git plugin

GitHub pull request builder 설정

이어서 'GitHub pull request builder'라는 항목으로 이동해 주세요. 그리고 아래의 '고급…'을 누릅니다.

● GitHub server api URL

GitHub를 사용하고 있으므로 따로 변경할 필요는 없습니다. GitHub Enterprise 를 사용하고 있는 경우에는 환경에 맞춰서 설정하기 바랍니다.

● Access Token

Jenkins는 bot 계정의 접근 토큰으로 GitHub API와 통신합니다. 따라서 bot 계정에 접근 토큰이 있어야 합니다.

다음 그림의 'Username'과 'Password'를 입력한 후 'Create access token' 버튼을 눌러 주세요. 버튼을 누르면 Jenkins가 자동으로 GitHub에서 bot 계정의 접근 토큰을 가져옵니다. 아무 문제없이 접근 토큰을 가져오는 데 성공하면 랜덤 문자열이 표시됩니다. 이 문자열을 위에서 두 번째 설정 항목인 'Access Token'에 입력해 주세요(그림 8.22).

그림 8.22 Access Token 설정

● Admin list

GitHub pull request plugin은 GitHub의 특정 사용자가 Pull Request에 입력한 댓글을 보고 특정 작업을 수행합니다. 이런 것을 가능토록 할 관리자 계정을 입력하세요.

여기서 입력한 값은 작업의 디폴트값이 됩니다. 각 작업마다 새로운 값을 설정해줄 수도 있습니다. 이제 지금까지 입력한 내용을 저장합니다.

작업 생성과 설정

실제로 Jenkins에서 자동 테스트를 하는 작업을 만들어 보겠습니다. '새 작업' 또는 '새로운 Item'을 클릭해 주세요[역주2]. 작업에는 적당한 이름을 붙여 주고 'Freestyle project'를 선택하세요.

이어서 작업 설정입니다. 필수 항목만 설명하겠습니다.

● GitHub project

'GitHub project'에는 GitHub 리포지토리의 URL을 입력해 주세요. 예를 들어, https://github.com/github-book/ghprb/ 등을 입력하면 됩니다.

● 소스 코드 관리

'소스 코드 관리'에서 'Git'을 선택해 주세요(그림 8.23). 그리고 'Repository URL'은 SSH로 입력해 주세요(git@github.com:github-book/ghprb.git 형태). ~/.ssh/config로 설정하고 있는 경우, 호스트 이름을 변경해서 입력하기 바랍니다.

역주2 왼쪽 메뉴의 '새로운 Item'을 클릭하면 됩니다. 또한 아무런 작업이 없는 상태라면, 메인 페이지에 '새 작업'이라는 링크가 있습니다.

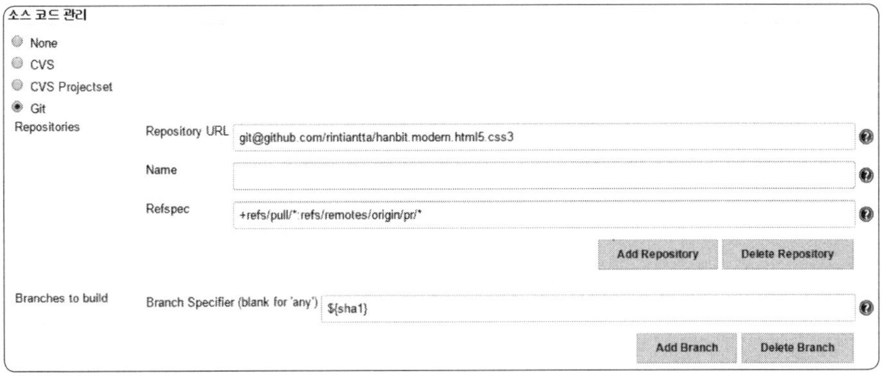

그림 8.23 소스 코드 관리 시스템 설정

이어서 'Repositories'의 '고급…'을 선택한 후 'Refspec'에 다음을 입력합니다.

```
+refs/pull/*:refs/remotes/origin/pr/*
```

'Branches to Build'의 'Branch Specifier (blank for default)'에는 다음을 입력합니다.

```
${sha1}
```

● 빌드 유발

'빌드 유발'에는 작업을 하는 트리거를 설정합니다(그림 8.24). 'GitHub pull requests builder'를 선택한 후, '고급…'을 클릭하세요. 'Admin list'에는 관리자의 GitHub 사용자 이름을 입력하고, 'Crontab line'에는 날짜 또는 시간 형식을 입력합니다. 이 시간 또는 간격으로 Pull Request를 확인합니다. 기본은 5분으로 설정되어 있습니다.

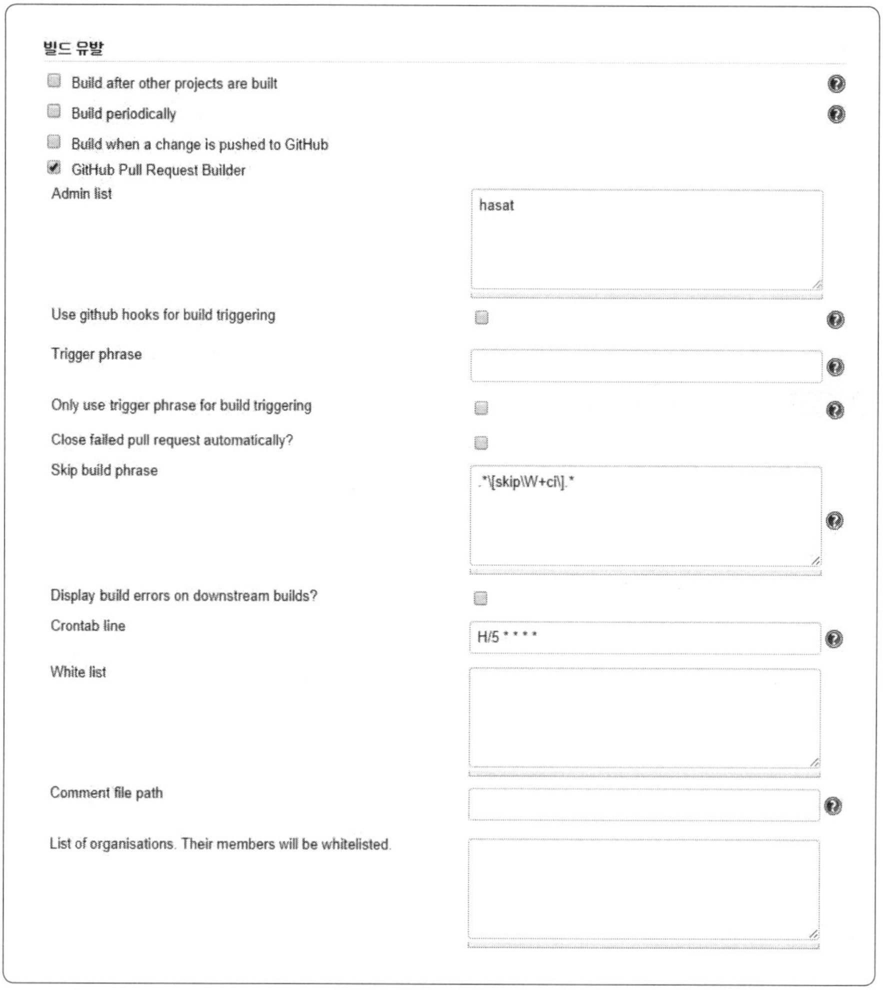

그림 8.24 작업에서의 GitHub pull requests builder 설정

'White list'에는 Pull Request를 보낼 가능성이 있는 사람의 GitHub 사용자 이름을 입력합니다. Admin list 또는 White list에 사용자 이름이 등록되어 있으면 해당 사용자가 Pull Request를 보낼 때 자동으로 작업이 시작됩니다.

'List of organisations. Their members will be whitelisted.'에는 Organization 계정을 입력하면 Organization 계정에 소속된 GitHub 사용자 전

원이 White list에 들어가는 것과 동일하게 취급됩니다.

● 빌드

'빌드'에는 자동 테스트를 수행하는 절차를 설정합니다. 개발하고 있는 소프트웨어에 맞게 설정해 주세요.

지금까지 필수 설정만 알아보았습니다. 이제 Admin list 또는 White list에 소속되어 있는 사용자가 Pull Request를 보내면, 작업이 자동으로 실행됩니다. 이 이외의 개발자는 Pull Request를 보내도 작업이 수행되지 않습니다. Admin list의 사용자가 해당 개발자를 White list에 넣거나, 특정한 글자를 담은 댓글을 입력해서 강제로 실행해 주어야 합니다. 이와 관련된 내용은 뒤에서 다시 설명하겠습니다.

결과 통지

자동 테스트 결과는 GitHub pull request builder plugin에 의해 GitHub로 전달됩니다. 이때, 쓰이는 API가 바로 Commit Status API[주23]입니다.

Pull Request가 보내지면 지속적 통합 서버가 테스트를 처리하고 정보를 GitHub로 보냅니다. 이때, commit을 기반으로 그림 8.25처럼 상태를 출력합니다.

그림 8.25 Pull Request 상태 표현

이 상태에는 'Details'라는 링크가 붙어 있습니다. 이를 누르면 Jenkins의 자세한 사항을 확인할 수 있습니다. 자세한 내용을 보고 싶을 때는 링크에 들어가서 확인하기 바랍니다.

주23 https://github.com/blog/1227-commit-status-api

● 테스트 실행 중 상태

Pull Request를 보내고 자동 테스트가 진행되는 중에는 그림 8.26처럼 표시됩니
다. 잠시 기다리면 테스트 결과가 나옵니다.

그림 8.26 테스트가 실행 중인 경우의 상태 표현

● Failed

특정 테스트가 실패하면 그림 8.27처럼 표시됩니다. 'Details' 링크를 누르면 왜
테스트를 실패했는지 확인할 수 있습니다. 이렇게 테스트를 실패한 Pull Request는
merge해선 안될 것입니다.

그림 8.27 테스트가 실패한 경우의 상태 표현

● All is well

테스트가 정상적으로 통과되었다면 그림 8.25처럼 초록색이 표시됩니다. 이제 코
드 리뷰 등을 수행하면 됩니다. 코드 리뷰에서도 문제가 없다면 merge합니다.

● commit status

GitHub pull request builder plugin은 최신 commit을 바탕으로 작업을 수행
합니다만, 이전 commit의 상태도 기록합니다. 만약 테스트가 실패한 경우에는 그림

220

8.28처럼 × 마크가 표시됩니다.

그림 8.28 테스트가 실패했을 경우의 마크

테스트 실패를 수정하고 push해 보세요. 그림 8.29처럼 초록색 체크 마크가 표시됩니다.

그림 8.29 테스트가 성공했을 경우의 마크

이런 결과를 지속적으로 남겨 주므로 테스트 결과 변화를 쉽게 확인할 수 있습니다. 이로 인해 개발자들이 오류가 있는 부분을 손쉽게 구분할 수 있게 됩니다.

댓글을 활용한 관리

GitHub pull request builder plugin은 Pull Request에 특정한 단어를 입력해서 작업을 관리할 수 있습니다.

● 작업 실행

Admin list 또는 White list에 없는 사용자가 Pull Request를 보내면, bot 계정이 'Can one of the admins verify this patch?'라고 물어봅니다. 한마디로 작업의 여부를 묻는 것일 뿐 아직 작업이 수행되고 있는 것은 아닙니다.

Admin list에 등록된 사용자가 이런 Pull Request에 'ok to test'라고 댓글을 달면 작업이 시작됩니다. 당연히 Admin list에 등록되지 않은 사용자는 이런 댓글을 달아도 소용없습니다. 추가로 White list에 등록되어 있는 사용자가 Pull Request

221

를 보내면, 자동으로 작업을 시작합니다.

● 'White list'에 등록

Pull Request를 보낸 사용자를 White list에 추가하고 싶으면 Admin list에 등록된 사용자가 'add to whitelist'라고 댓글을 달면 됩니다. 댓글을 단 후, 해당 Pull Request를 작성한 사용자가 이후에 Pull Request를 보내면 작업이 모두 자동으로 실행됩니다(그림 8.30).

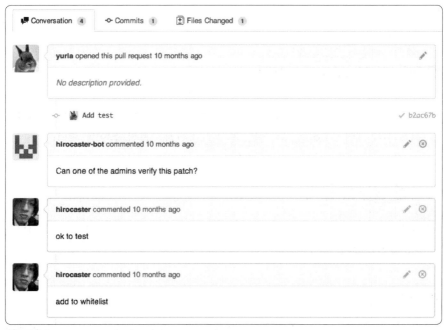

그림 8.30 'add to whitelist'라고 댓글이 달리는 모습

● 한 번 더 작업 실행

특정한 이유로 작업을 다시 시작하고 싶다면, Admin list 또는 White list에 들어가 있는 사용자가 'retest this please'라고 댓글을 입력하면 됩니다. 댓글을 입력하면 작업을 다시 한 번 수행합니다.

● 댓글 문장 변경

댓글에 들어가는 문장은 [Jenkins 관리]→[시스템 설정]→[GitHub pull requests builder]→[고급 설정]에서 변경할 수 있습니다.

8.7
정리

Jenkins와 GitHub pull request builder plugin을 사용하면 GitHub의 Pull Request를 보다 안전하게 merge할 수 있습니다. 9장에서도 이와 같은 자동 테스트와 지속적 통합을 설명할 텐데, 이러한 것들은 이미 현대 소프트웨어 개발에서 기본이자 상식이 되고 있습니다.

지속적 통합 소프트웨어는 설치 방법만 알고 있으면 쉽게 사용할 수 있습니다. 물론, 인증 또는 권한 설정 등과 같은 것이 조금 복잡하고 시간이 걸리는 일이기는 합니다. 따라서 책에 좀 더 자세히 설명했으므로, 책을 참고하면서 자신의 개발 환경에도 지속적 통합을 직접 도입해 보기 바랍니다.

Coderwall로 GitHub 프로필 작성

Coderwall[주a]은 Appdillo에서 만든 서비스입니다. GitHub 리포지토리 정보를 기반으로 개발자의 프로필을 만들어 줍니다. 또한, GitHub에서의 업적과 성취도를 기반으로 배지도 붙여 줍니다(그림 a).

배지는 일반적으로 어떤 프로그래밍 언어로, 몇 개 정도의 프로젝트를 하고 있는지 나타 내는 증표입니다. 따라서 이러한 것으로 해당 사용자의 특징을 파악할 수 있습니다. 관심 있는 개발자라면 한번 확인해 보세요.

Coderwall 배지는 블로그 등에도 게시할 수 있습니다[주b]. 프로필에 올리면 자신이 어떤 프로그래밍 언어를 사용할 수 있는지 증명할 수 있을 것입니다.

다른 회사로 이직을 준비하고 있을 때, 관심을 둔 회사가 있다면 한번 확인해 보세요. 어 떤 프로그래머들이 소속되어 있고, 어떠한 코드를 GitHub에 작성했는지 확인할 수 있습니 다. 여러분의 회사에서도 다 같이 참여해 보는 것은 어떨까요?

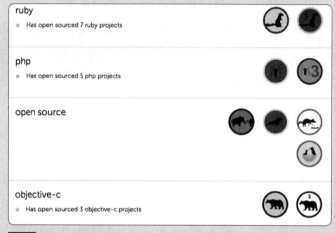

그림 a Coderwall 배지

주a https://coderwall.com/
주b http://coderwall.com/api#blogbadge

GitHub를
사용하는 경우의
개발 진행 과정

이번 장에서는 GitHub로 개발할 때 팀이 최대한의 능률을 끌어낼 수 있는 개발 진행 과정을 소개합니다.

이번 장에서 설명하는 '개발 진행 과정'은 Git과 GitHub를 사용한 팀의 개발 규칙과 순서를 의미하며, 두 개의 개발 진행 과정을 소개합니다. 실무에서 어떤 방식을 사용할지는 직접 확인하고 검토해 보기 바랍니다. 특히 Git 또는 GitHub에 익숙하지 않은 팀은 이번 장의 내용을 참고해서 개발 규칙과 순서를 정해 보도록 합시다.

9.1
팀 내부에서 GitHub를 사용해야 할 때 고려할 것들

Git 또는 GitHub를 활용하는 개발 진행 과정을 설명하기 전, 개발자로 구성된 팀이 최대 효율을 발휘하기 위해 전제되는 것을 설명하겠습니다.

모든 것을 간단하게!

기업 전용으로 판매되고 있는 개발자 도구와 협업 도구는 굉장히 다양한 기능을 제공합니다. 그러한 다양한 기능들을 활용하려면 다양한 소프트웨어 개발 규칙을 정해야 합니다. 그런데 실제 실무에서 정말 그렇게 다양한 기능을 사용해야 하고, 다양한 규칙을 정해야 할까요?

GitHub의 경우는 제공하는 기능이 무척 단순합니다. 실무 개발에서는 GitHub에서 제공하는 기능 이외에 그렇게 복잡한 기능이 필요하지 않기 때문입니다.

● 프로젝트 관리 도구와 GitHub의 차이

예를 들면, 그림 9.1은 오픈 소스 프로젝트 관리 도구로 유명한 Redmine의 새로운 일감 작성 화면입니다. 입력 항목이 굉장히 많은 것으로 보아, 굉장히 다양한 기능을 지원한다는 것을 알 수 있습니다. 게다가 Redmine은 플러그인도 굉장히 많아,

기능을 더 추가할 수도 있습니다.

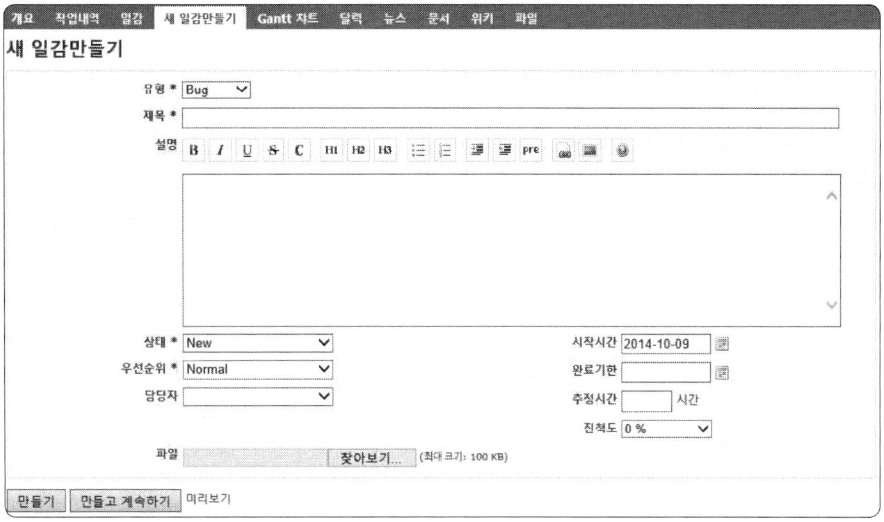

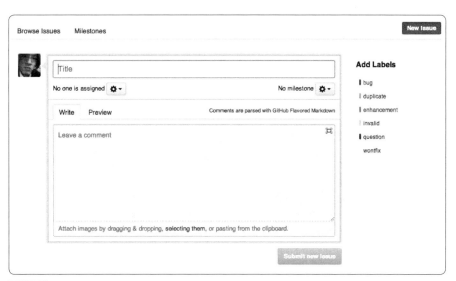

그림 9.1 Redmine의 새 일감만들기 화면

하지만 GitHub의 새로운 Issue 작성 화면은 그림 9.2처럼 굉장히 단순합니다.

그림 9.2 GitHub의 New Issue 화면

왜 이렇게 다른 것일까요?

● 프로젝트 관리 도구와 GitHub가 다른 이유

Redmine과 같은 프로젝트 관리 도구는 프로젝트를 관리하는 것이 목적입니다. 관리를 위한 정보를 입력 또는 입력을 요구할 필요가 있다고 생각한다면 항목이 많은 것도 당연합니다.

반면 GitHub는 소프트웨어 개발자를 위한 전용 도구입니다. 따라서 프로젝트를 관리하는 것이 아니라, 품질 높은 소프트웨어를 빠르게 만들 수 있게 도와주는 도구입니다. 사람은 일이 간단할수록 빠르게 처리할 수 있습니다.

그래서 지금부터 GitHub를 사용하려는 독자들에게 이야기 해두고 싶은 것이 있습니다. 아마 GitHub가 현재 사용하고 있는 프로젝트 관리 도구보다 기능적으로 부족하다는 생각을 많이 할 것입니다. 하지만 그런 부족한 기능을 다른 도구를 사용해 무리하게 보충하려 하기 보다는 그냥 버려 보세요.

GitHub에 있는 기능만으로도 소프트웨어 개발은 충분히 수행할 수 있습니다. 팀이 최대한의 능률을 발휘하기 원한다면 복잡한 규칙 등을 없애고 간단한 규칙만 정하고 활용하기 바랍니다.

리포지토리를 Fork하지 않는 방법

이미 오픈 소스 소프트웨어 개발에서 GitHub를 사용하고 있는 분이라면, 다음과 같은 방법으로 Pull Request를 하고 있을 것입니다.

❶ GitHub 상에서 Fork

❷ ❶번의 리포지토리를 자신의 환경에 clone

❸ 자신의 환경에서 토픽 브랜치를 작성

❹ 토픽 브랜치에서 코드 변경

❺ 토픽 브랜치를 ❶번의 리포지토리로 push

❻ GitHub상에서 Fork했던 리포지토리로 Pull Request 작성

이렇게 하면, 모든 사람에게 접근 권한을 부여할 수 없는 소프트웨어 개발에서 의도하지 않은 코드 변경을 막을 수 있습니다.

하지만 매일매일 개발하는 사람과 얼굴을 마주하는 실제 회사라면 어떨까요? 어차피 얼굴을 보고 이야기할 수 있는데 Pull Request까지 보내는 것은 좀 그렇지 않을까요? 이번 장에서 처음 소개하는 개발 진행 과정은 리포지토리를 Fork하지 않고 사용하는 방법입니다. 각 개발자가 자신의 리포지토리 하나와 원격 리포지토리 하나씩을 가지는 간단한 구조입니다(그림 9.3).

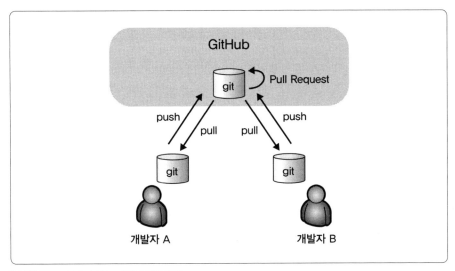

그림 9.3 Fork하지 않는 개발 진행 과정

229

9.2
GitHub Flow – Deploy 중심의 개발 스타일

GitHub 회사에서 GitHub로 하고 있는 개발 진행 과정(그림 9.4)을 소개하겠습니다[주1].

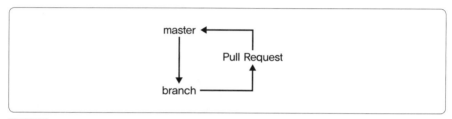

그림 9.4 GitHub Flow 개요

이번 절에서 설명하는 개발 진행 과정은 Deploy[주2] 중심의 개발 진행 과정입니다. 실제로 하루에 수십 번의 Deploy를 하게 되는데요. 이것이 가능해지려면 단순한 개발 진행 과정과 자동화된 환경이 있어야 합니다. 단순한 개발 진행 과정을 채용해야지만 여러 상황에 유연하게 대처할 수 있기 때문입니다. GitHub를 사용한다면 이번 개발 진행 과정을 반드시 확인합시다.

지금부터 소개할 개발 진행 과정은 굉장히 단순하므로 작은 규모의 팀부터 큰 규모의 팀까지 효과적으로 적용할 수 있습니다. GitHub 회사는 이런 개발 진행 과정[주3]으로 15~20명 정도의 규모로 프로젝트를 진행합니다. 저자의 경험상으로도 20명 정도까지는 이번 개발 진행 과정을 사용해도 문제가 없었습니다.

주1 https://speakerdeck.com/holman/how-github-uses-github-to-build-github
주2 소스 코드를 실제 실행 환경에 놓고 실행하는 것을 의미합니다.
주3 http://scottchacon.com/2011/08/31/github-flow.html

9.3
GitHub Flow의 흐름

개발 진행 과정의 기본적인 흐름은 다음과 같습니다.

❶ master 브랜치는 항상 Deploy할 수 있는 상태로 둡니다

❷ 새로운 작업을 수행할 때는 master 브랜치에서 새로운 브랜치를 작성합니다. 이때,
새로운 브랜치의 이름은 무슨 작업을 할지 알 수 있도록 자세히 적습니다

❸ 작성한 로컬 리포지토리의 브랜치에 commit을 수행합니다

❹ 같은 이름의 브랜치를 GitHub 리포지토리에 만들고, 해당 리포지토리에 주기적으로
push합니다

❺ 도움을 주거나 피드백을 원할 때는 Pull Request를 주고받습니다

❻ 다른 개발자가 리뷰하고 작업 종료를 확인하면 master 브랜치에 통합합니다

❼ master 브랜치에 통합하면 곧바로 Deploy합니다

이것이 개발 진행 과정입니다. 특정 작업을 하는 브랜치를 만들고 통합하는 것이
전부이므로 작업을 시작하고부터 Deploy하는 과정이 굉장히 간단합니다. 때문에 쉽
게 배울 수 있어 학습 비용을 줄일 수도 있습니다. 또한, 부가적인 것들이 간단해지
므로 진짜 목적인 개발에 충실할 수 있으며, 흐름이 간단하므로 미세한 변경에도 유
연하게 대처할 수 있습니다.

이제 이런 순서를 어떻게 사용하는지 차근차근 살펴봅시다.

항상 Deploy 상태를 유지, 배포라는 개념은 없다

이번 개발 진행 과정에서 반드시 지켜야 하는 규칙은 'master 브랜치는 항상
Deploy 가능한 상태를 유지한다.'입니다. 주기적으로 몇 시간마다 Deploy하면 큰
버그가 생기는 일이 거의 없습니다.

물론 작은 버그가 생길 수는 있습니다. 하지만 곧바로 해당 commit을 revert하

231

거나, 수정한 코드를 곧바로 commit하면 버그를 대응할 수 있습니다. 이렇게 몇 분에서 몇 시간 단위로 계속해서 Deploy하므로 이런 개발 진행 과정에는 배포라는 개념이 따로 존재하지 않습니다. 또한, 이미 실행했던 작업을 취소하고 싶을 때도 HEAD를 과거 상태로 돌려 놓기[주4]만 하면 됩니다.

그리고 master 브랜치는 항상 Deploy 가능한 상태이므로 안정적입니다. 따라서 언제나 master 브랜치에서 새로운 브랜치를 작성하는 것이 가능합니다. 참고로 테스트가 없는 코드 또는 테스트를 실패한 코드는 절대로 master 브랜치에 넣어서는 안 됩니다. 지속적으로 테스트하고, 통합하는 접근 방법을 사용해야 합니다.

새로운 작업을 할 때는 master 브랜치에서 새로운 브랜치를 작성

새로운 작업을 할 때는 master 브랜치에서 새로운 브랜치를 작성합니다. 새 기능을 추가하거나, 버그를 수정할 때도 새로운 브랜치를 만든다는 규칙은 변함없습니다. 그리고 새로운 브랜치의 이름은 조금 자세하게 적어 주세요.

예를 들어서 다음과 같이 이름을 지어 줍니다.

- user-content-cache-key
- submodules-init-task
- redis2-transition

다른 개발자가 보더라도 무슨 이름인지 알수 있도록 짓는 것이 가장 좋습니다.

이렇게 하면 원격 리포지토리 브랜치 이름을 확인하는 것만으로도, 팀에서 어떤 작업을 수행하고 있는지 한눈에 알 수 있습니다. 또한 무엇을 해야 하는 브랜치인지 쉽게 알 수 있으므로, 다른 작업을 하다 오더라도 어떤 작업을 하고 있었는지 쉽게 짐작할 수 있습니다.

GitHub 브랜치 목록 페이지[주5]를 확인하면, master 브랜치에서 각 브랜치가 분기

주4 Git에서 git reset 명령어에 해당되는 작업입니다.
주5 https://github.com/사용자 이름/리포지토리 이름/branches

되는 부분도 쉽게 확인할 수 있습니다.

작성한 새로운 브랜치에 commit하자

이제 개발자가 코드를 변경할 목적으로 새로운 브랜치를 작성했다고 가정하겠습니다. 아마 브랜치 이름에 어떤 작업을 수행할지 명확하게 쓰여 있겠죠? 이렇게 생성한 브랜치에는 작업하겠다고 써 놓은 작업 이외의 것은 절대 하지 말아야 합니다.

commit할 때는 Pull Request를 리뷰하는 다른 개발자를 위해 의도가 명확히 전달될 수 있도록 commit 단위를 유의해 주세요. 일반적으로 한 번에 commit하는 양이 너무 많으면 힘들므로 크기를 적당히 줄이기 바랍니다.

예를 들어, 메서드를 하나 추가한다고 가정합시다. 그런데 추가해야 하는 부분 주변에 문제가 있어서 다음과 같은 작업을 차례차례 해야만 합니다.

- 근처 코드와 들여쓰기가 달라 적절하게 수정
- 변수 이름에서 오탈자를 발견하여 수정
- 이번 작업에서 추가해야 하는 메서드를 추가

이런 일련의 과정을 한 번에 commit하면, 한 commit에 세 가지 의미가 포함되어 버립니다. 반면, 이런 식으로 commit을 나누어서 한다면 각각의 commit과 관련된 의도가 명확히 전달될 것입니다.

이런 사항을 모두 감안하여 개발할 때 의미가 나뉘는 부분에서 변경 사항을 commit하기 바랍니다.

정기적으로 push하자

이런 개발 진행 과정을 사용하면 master 브랜치 이외의 것은 모두 작업 중인 브랜치가 됩니다. 따라서 브랜치를 부담 없이 push해도 되므로, 로컬 리포지토리에 있는 브랜치와 같은 이름의 브랜치에서 원격 리포지토리로 자주 push하기 바랍니다. 이렇게 하면 코드를 백업할 수 있는 것은 물론, 팀의 개발자들이 정기적으로 소통할 수 있게 됩니다. GitHub 브랜치 목록을 보는 것만으로 다른 개발자는 무엇을 하고 있으며, 도와줄 것은 없는지 확인할 수 있습니다.

자신이 만든 코드를 다른 개발자들이 볼 수 있도록 공개하는 습관을 들입시다. 코드를 기반으로 소통하는 것은 개발자의 특권입니다. 이러한 권리를 잘 이용하기 바랍니다.

Pull Request를 활용하자

master 브랜치로 merge하는 경우 외에도 Pull Request를 사용해 주세요. 팀에서 개발할 때에는 항상 Pull Request를 작성해서 서로의 코드를 리뷰하고, 피드백을 주고받으면서 개발해야 합니다.

Pull Request를 사용하면 코드의 변경 사항을 확인할 수 있는 것은 물론, 특정한 줄에 댓글을 달 수 있습니다. 이를 활용해서 서로 소통하세요. 또한, 특정 개발자에게 피드백을 받고 싶은 경우에는 '@사용자 이름' 형식으로 입력하면, 해당 개발자에게 Notification이 갑니다. 따라서 조금 더 빠르게 피드백을 받을 수 있습니다.

반드시 다른 개발자들에게 코드 리뷰를 받도록 하자

브랜치에서 작업하던 것이 완료되면 다른 개발자들에게 개발을 완료했다고 알려주세요. 그리고 다른 개발자들은 해당 코드를 리뷰해 주면 됩니다. 혼자서 코드를 리뷰하는 것보다는 모두 함께 코드를 살펴보는 것이 실수를 줄일 수 있습니다. 문제가 있다면 해당 부분을 수정하기 바랍니다. 물론 리뷰를 하기 전에 기본적인 테스트는 통과해야 할 것입니다.

코드를 리뷰하는 사람들은 master 브랜치에 merge해도 문제없다고 생각된다면 그러한 의사를 표명해 주세요. ':+1:' 또는 ':shipit:' 등의 이모티콘을 사용해서 의사를 표명하는 것도 GitHub에서 자주 볼 수 있는 모습입니다(그림 9.5). 추가로 'Looks good to me'를 줄인 LGTM이라는 약자로 댓글을 다는 경우도 있습니다.

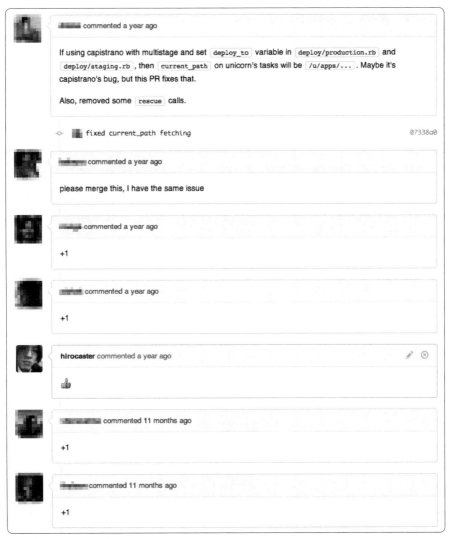

그림 9.5 이모티콘을 사용하는 모습

여러 사람의 동의가 얻어지면, 적절한 시점에 다른 개발자가 master 브랜치에 merge합니다.

merge 후에는 곧바로 Deploy하자

master 브랜치에 코드를 merge하고 자동 테스트를 모두 통과하면 곧바로 Deploy합니다. 그리고 Deploy 후에 소프트웨어를 확인하고, merge했던 코드가 문제없는지 다시 확인해 주세요.

9.4
GitHub Flow를 실천하기 위한 전제 조건

간단하게 설명했지만, 대충 어떤 형태의 개발 진행 과정인지는 깨달았을 것입니다. 이번 절에서는 이런 개발 진행 과정을 실천하려면 어떤 것이 전제되어야 하는지 추가로 살펴보겠습니다.

Deploy 작업 자동화

일단 Deploy 작업을 자동화해야 합니다. GitHub Flow는 하루에도 몇 번이나 Deploy 작업을 수행하므로 일반적인 개발 스타일 순서에 맞춰 Deploy하는 것은 시간 낭비입니다. 또한, Deploy 과정 중에 실수를 일으킬 가능성도 높습니다. 따라서 개발자가 직접 하지 말고, 가급적 자동화시키는 것이 좋습니다.

● Deploy 도구를 사용

이제 Capistrano 등의 Deploy 전용 도구를 사용해 Deploy와 관련된 절차를 자동화합시다. 한번 자동화하면, 명령어 Deploy 작업이 한 줄로 쉽게 이루어집니다. 또한, 실수로 인한 문제도 줄어들므로 Deploy 작업을 누구나 할 수 있게 됩니다.

또한, Deploy 도구는 대부분 과거 상태로 되돌리는 기능이 있습니다. 문제있는 코드가 Deploy되어도, 명령어 한 줄만 입력하면 Deploy 전의 상태로 되돌려 줍니다. 물론 지금까지 GitHub를 사용해온 사람이라면 쉽게 해낼 것입니다. 하지만 개발자 이외의 팀원도 원래 상태로 되돌릴 수 있게 하는 것이 포인트입니다.

● 웹에서 사용할 수 있는 Deploy 툴

Capistrano 등의 애플리케이션은 터미널 명령어를 사용하는 도구입니다. 따라서 개발자가 아닌 사람들이 Deploy하기 힘듭니다. 때문에 이러한 사람들을 위해 웹에서 명령어를 실행할 수 있는 Webistrano, Strano 등의 툴도 있습니다. 이런 툴을 사용하면 디자이너 또는 퍼블리셔도 쉽게 Deploy할 수 있습니다. 대표적으로 표 9.1과 같은 툴이 있습니다.

표 9.1 대표적인 Deploy 툴

이름	URL	설명
Capistrano	https://github.com/capistrano/capistrano	대표적인 루비 Deploy 툴
Mina	https://github.com/nadarei/mina	루비 Deploy 툴
Fabric	http://fabfile.org/	파이썬 Deploy 툴
Cinnamon	https://github.com/kentaro/cinnamon	펄 Deploy 툴
Webistrano[※]	https://github.com/kentaro/webistrano	웹상에서 Capistrano를 실행할 수 있는 툴
Strano	https://github.com/joelmoss/strano	Webstrano와는 다른 미들웨어로 구성된 웹에서 Capistrano를 실행할 수 있는 툴

※ 원래 리포지토리가 개발 중단 상태이므로 Fork되어 개발되고 있는 리포지토리를 적었습니다.

● 실제 개발에서 사용할 때의 주의 사항

팀의 인원이 많아지고 개발 속도가 빨라지기 시작하면, Deploy 작업 중에 Pull Request가 발생하는 경우가 있습니다. 이런 경우에는 동시에 두 가지 이상의 코드가 섞여 Deploy됩니다. 그리고 이후 실제 환경에서 오류가 발생하면, 어떤 코드에서 문제가 발생했는지 찾기 힘들어집니다. 따라서 이런 경우를 대비해 Deploy 작업

237

을 진행하고 있을 때는 다른 Deploy 작업을 못하도록 해주세요. 관련된 툴을 사용해도 되지만, 팀에서 간단한 규칙을 정해서 지켜나가는 방법을 더 추천합니다.

테스트

● 테스트 자동화

실제 환경에서 Deploy하기 전에 하는 테스트를 수동으로 한다면, GitHub Flow를 제대로 진행하기 힘듭니다. 테스트를 자동화해서 잘못된 코드를 삽입하지 않았는지, 버그가 생기지 않았는지 등을 자동으로 확인할 수 있는 구조를 만들어야 GitHub Flow를 정상적으로 수행할 수 있습니다.

● 테스트 통과

모든 개발자는 테스트 코드를 작성해야 합니다. 테스트 코드가 없는 코드의 Pull Request를 master 브랜치에 merge하는 일은 절대로 있어서는 안 됩니다. 테스트 코드가 있고, 해당 테스트를 통과한 코드만 master 브랜치에 통합합시다.

개발자는 자신의 환경에서 모든 테스트를 통과하는 것을 확인하고 원격 리포지토리에 push합니다. 이때 Jenkins 또는 Travis CI 같은 CI 툴이 테스트를 자동으로 다시 실행하고, 테스트 결과가 나오면 곧바로 개발자에게 알려 주게 됩니다. 따라서 소프트웨어를 잘못 건드리지는 않았는지를 자동으로 파악할 수 있습니다. 자세한 내용은 8장의 205쪽에서 GitHub와 Jenkins 환경 구축 부분을 참고하세요.

● 테스트 코드 유지보수

이런 개발 진행 과정에서 어느 정도의 속도로 테스트를 완료하려면 유지보수를 계속해야 합니다. 참고로 GitHub 회사에서는 14,000개의 테스트를 200초 동안 수행할 수 있다고 합니다[주6]. 엄청나게 빠른 속도로 테스트를 실시하고 있는 것입니다.

주6 https://speakerdeck.com/holman/how-github-works

● ● ● ● ● ● ● ● ●

이번 개발 진행 과정은 배포를 중심으로 단순화된 개발 진행 형태입니다. 또한, 배포를 안전하고 빠르게 여러 번 실시할 수 있습니다. 이후에 설명하는 두 번째 개발 진행 과정과 다르게 새로운 기능 추가와 작은 버그 수정이 모두 같은 순서로 진행됩니다. 따라서 굉장히 간단하므로 개발 속도는 물론, 유연성도 있습니다. 자신이 속한 팀에서도 이런 개발 진행 과정을 도입해 보기 바랍니다.

9.5
GitHub Flow 따라하기

지금까지 GitHub Flow를 사용하는 절차를 구체적으로 알아보았습니다. 이제 GitHub를 사용해 실제로 어떻게 이루어지는지 확인해 봅시다.

간단한 가정을 하겠습니다. 여러분은 어떤 소프트웨어의 기능을 개발하는 개발자입니다. 그리고 모든 소속된 팀에서는 GitHub Flow를 개발 진행 과정으로 채용해서 사용합니다. 계정 이름은 'github-book', 리포지토리 이름은 'fizzbuzz'입니다. 지금부터 설명하는 소프트웨어의 코드는 모두 GitHub에서 확인할 수 있으므로 직접 Fork한 후, 실제로 따라해 보세요.

이번 절에서는 Fizzbuzz 문제를 풀면서 GitHub Flow를 실천해 보겠습니다.

Fizzbuzz 개요

현재 여러분이 속한 팀에 이미 Fizzbuzz라는 소프트웨어가 있다고 가정합시다. 이 소프트웨어는 1부터 100까지의 숫자 중에서 다음과 같은 것들을 출력하는 단순한 프로그램입니다.

- 3의 배수에서 fizz
- 5의 배수에서 buzz
- 3과 5의 배수에서는 fizzbuzz
- 그 이외의 경우에는 숫자

```
$ ruby exec.rb
1
2
fizz
4
buzz
fizz
7
8
fizz
buzz
11
fizz
13
14
fizzbuzz
```

이런 소프트웨어를 개발하는 팀의 멤버가 되었다고 생각하고, GitHub Flow를 실무에 어떻게 적용하는지 가상 체험해 봅시다.

새로운 기능 추가

우리에게 새로운 일이 부여되었습니다. 바로 다음과 같은 것입니다.

- 7이라는 숫자가 있는 경우 GitHub를 출력

간단합니다. 곧바로 새로 부여된 기능을 추가해 봅시다.

새로운 브랜치 작성

GitHub Flow를 사용할 때는 새로운 기능을 작성할 때와 버그를 수정할 때마다 master 브랜치에서 새로운 브랜치를 작성합니다. 그리고 코드 변경 작업은 새로 작성한 브랜치에서 수행합니다.

● 새로 clone하는 경우

일단 공개되어 있는 브랜치^{주7}를 Fork해 주세요. 리포지토리를 현재 개발 환경으로 가져오지 않았다면 clone을 수행합니다. 직접 명령어를 입력해서 함께 해봅시다.

```
$ git clone git@github.com:github-book/fizzbuzz.git
Cloning into 'fizzbuzz'...
remote: Counting objects: 18, done.
remote: Compressing objects: 100% (12/12), done.
remote: Total 18 (delta 2), reused 17 (delta 1)
Receiving objects: 100% (18/18), done.
Resolving deltas: 100% (2/2), done.
$ cd fizzbuzz
```

fizzbuzz라는 폴더에 원격 리포지토리와 같은 리포지토리가 만들어집니다.

● 이전에 clone했던 적이 있는 경우

만약 이전에 clone했던 리포지토리가 있어서 새로 할 필요가 없는 경우, 현재 리포지토리의 master 브랜치를 최신 상태로 업데이트해 주세요. 다음과 같이 master 브랜치로 브랜치를 변경하고 pull해 주면 됩니다.

주7 https://github.com/github-book/fizzbuzz

```
$ git checkout master
Switched to branch 'master'

$ git pull
First, rewinding head to replay your work on top of it...
Fast-forwarded master to 51412d2d518af30deaa8fd5e6469c9376ee1f447.
```

이렇게 하면 현재 개발 환경의 리포지토리가 최신 상태로 업데이트됩니다.

● 토픽 브랜치 작성

이제 새로운 브랜치를 만듭니다. '7-case-output-github'라는 이름으로 새로운 브랜치를 만들겠습니다.

일단 현재 우리는 master 브랜치에 있습니다. 다음과 같은 명령어를 입력해서 브랜치를 변경합니다.

```
$ git checkout -b 7-case-output-github
Switched to a new branch '7-case-output-github'
```

이런 이름으로 리포지토리를 만들고, 개발하고 있다는 것을 다른 사람에게도 알리는 것이 좋을 것입니다. 지금 만든 이름과 같은 이름으로 GitHub에 있는 원격 리포지토리에 브랜치를 작성해 둡니다.

```
$ git push -u origin 7-case-output-github
Total 0 (delta 0), reused 0 (delta 0)
To git@github.com:github-book/fizzbuzz.git
 * [new branch]      7-case-output-github -> 7-case-output-github
Branch 7-case-output-github set up to track remote branch 7-case-output
-github from origin.
```

이와 같이 정기적으로 원격 리포지토리에 push하는 습관을 기르기 바랍니다.

새로운 기능 구현

이제 새로운 기능 구현을 시작합니다. 7이라는 숫자가 있을 경우에 GitHub라는 글자를 출력하면 됩니다. 일단 fizzbuzz.rb의 원래 코드는 다음과 같습니다.

```
class Fizzbuzz
  def calculate number
    if number % 3 == 0 && number % 5 == 0
      'fizzbuzz'
    elsif number % 3 == 0
      'fizz'
    elsif number % 5 == 0
      'buzz'
    else
      number
    end
  end
end
```

7이 들어가는 경우에 GitHub를 출력하면 됩니다. 간단히 구현하도록 합니다. diff 명령어로 코드를 확인하면 다음과 같습니다.

```
@@ -6,6 +6,8 @@ class Fizzbuzz
      'fizz'
    elsif number % 5 == 0
      'buzz'
+    elsif number.to_s.include? '7'
+      'GitHub'
    else
      number
    end
```

코드를 실행해 보니 정상적으로 동작하는 것 같습니다.

243

```
$ ruby exec.rb
1
2
fizz
4
buzz
fizz
GitHub
8
fizz
buzz
11
fizz
13
14
fizzbuzz
16
GitHub
```

이번에 구현한 내용을 commit합니다.

```
$ git commit -am "Add output GitHub"
[7-case-output-github 676c64d] Add output GitHub
 1 file changed, 2 insertions(+)
```

구현이 모두 완료되었으니 원격 리포지토리에도 push합니다.

```
$ git push
Counting objects: 7, done.
Delta compression using up to 8 threads.
Compressing objects: 100% (3/3), done.
Writing objects: 100% (4/4), 385 bytes, done.
Total 4 (delta 2), reused 0 (delta 0)
To git@github.com:github-book/fizzbuzz.git
   ca9ebf6..676c64d  7-case-output-github -> 7-case-output-github
```

GitHub 쪽에 있는 원격 리포지토리의 브랜치도 업데이트되었을 것입니다. GitHub에서 브랜치 목록 확인하면 master 브랜치와 차이가 있다는 것을 확인할 수 있습니다(그림 9.6). 또한, 어떤 부분이 다른지 세부 사항도 확인할 수 있습니다.

그림 9.6 브랜치 목록 화면

Pull Request 작성

구현이 제대로 되었다면 이제 master 브랜치에 merge를 위한 Pull Request 를 만들겠습니다. 7-case-output-github 브랜치에서 master 브랜치로 Pull Request를 작성합니다(그림 9.7). Pull Request와 관련된 내용은 6장을 참고하세요.

그림 9.7 master 브랜치로 Pull Request

Pull Request를 보내고 특정 사람에게 피드백을 받고 싶은 경우에는 '@사용자 이름' 형식으로 댓글을 작성합니다. 이렇게 작성하면 해당 사용자에게 Notification이 갑니다. Pull Request를 보냈으니 이제 다른 개발자의 피드백을 기다리면 됩니다.

피드백

Pull Request를 작성하고 몇 시간 후에 GitHub를 보니 다른 개발자로부터의 피드백이 있습니다(그림 9.8). 다음과 같이 두 개의 문제가 지적되었습니다.

그림 9.8 다른 개발자의 피드백

- 들여쓰기가 이상하다
- 테스트 코드가 없다

'들여쓰기가 이상해요'라는 부분의 링크를 클릭해 보겠습니다. 어떤 부분이 이상한지 그림 9.9처럼 특정한 코드를 지적해 주었습니다. 그림을 확인해 보면 알 수 있지만 'elsif' 부분에 들여쓰기가 이상한 것이 확인됩니다. 또한, 기능은 추가했지만 테스트 코드를 추가하지 않은 부분도 지적되었습니다. 지적된 두 부분을 모두 처리해 보겠습니다.

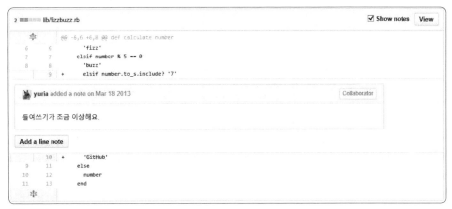

그림 9.9 언급된 코드

들여쓰기 수정

지적된 부분의 들여쓰기를 수정하겠습니다. 수정 후에 변경된 사항은 다음과 같습니다.

```
@@ -6,7 +6,7 @@ class Fizzbuzz
      'fizz'
    elsif number % 5 == 0
      'buzz'
-      elsif number.to_s.include? '7'
+    elsif number.to_s.include? '7'
      'GitHub'
    else
      number
```

다시 7-case-output-github 브랜치의 수정 사항을 commit합니다.

```
$ git commit -am "Fix indent"
[7-case-output-github f15fe2e] Fix indent
 1 file changed, 1 insertion(+), 1 deletion(-)
```

247

또한, 원격 리포지토리에도 수정 사항을 반영할 수 있게 push합니다.

```
$ git push
Counting objects: 7, done.
Delta compression using up to 8 threads.
Compressing objects: 100% (3/3), done.
Writing objects: 100% (4/4), 335 bytes, done.
Total 4 (delta 2), reused 0 (delta 0)
To git@github.com:github-book/fizzbuzz.git
   676c64d..f15fe2e  7-case-output-github -> 7-case-output-github
```

Pull Requset를 다시 확인하면 수정 사항이 Pull Request 아래에 표시되는 것을
확인할 수 있습니다(그림 9.10).

그림 9.10 들여쓰기 수정 내역이 Pull Request에 표시된다

테스트 추가

GitHub Flow에서는 원래 테스트를 통과하지 못한 코드를 master 브랜치에 merge해선 안 됩니다. 따라서 다른 개발자가 '테스트 코드가 없다'라고 지적했습니다. 원래대로라면 다음과 같은 과정을 거쳐서 Pull Request를 작성합니다.

- master 브랜치의 코드를 최신 상태로 변경
- 자신의 개발 환경에서 모든 테스트를 통과하는지 확인
- master 브랜치에서 새로운 브랜치 작성
- 테스트 코드 작성
- 구현해야 하는 기능 구현
- 모든 테스트 통과 확인
- master 브랜치에 통합을 위한 Pull Request 생성

이런 방법을 취하면 버그를 최대한 줄이면서 코드를 변경할 수 있습니다. 이번 경우는 테스트 코드를 미리 작성해 놓지 않아서 코드를 먼저 작성하고, 테스트 코드를 나중에 작성했습니다.

그런데 테스트 코드를 작성하려다 보니, 의문이 생기는 부분이 있습니다. 75처럼 7도 들어가고, 3의 배수이면서, 5의 배수인 숫자는 어떻게 출력해야 할까요? fizzbuzz 를 출력할지, GitHub를 출력할지, fizzbuzzGitHub를 출력할지 애매합니다. 이런 부분의 규칙을 정하지 않았으므로 Pull Request로 다시 한 번 의논해 봅시다.

Pull Request에 그림 9.11처럼 댓글을 달았더니 잠시 후에 다른 개발자가 또 피드백을 해주었습니다(그림 9.12). 피드백을 통과할 수 있게 fizzbuzz_spec.rb에 테스트 코드를 추가합니다.

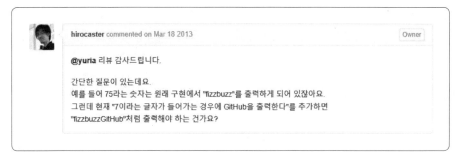

그림 9.11 댓글로 질문하는 모습

그림 9.12 댓글로 답변하는 모습

```
context 'GitHub number' do
  it { subject.calculate(17).should eq 'GitHub' }
  it { subject.calculate(27).should eq 'GitHub' }
  it { subject.calculate(75).should eq 'GitHub' }
  it { subject.calculate(77).should eq 'GitHub' }
end
```

다음과 같은 의도로 테스트를 만들었습니다.

- 17과 77은 7을 가지고 있으므로 GitHub를 출력
- 27은 3의 배수이지만 GitHub를 출력
- 75도 3의 배수이고 5의 배수이지만 GitHub를 출력

테스트를 실행하면 다음처럼 27과 75를 매개 변수로 넣는 경우, GitHub를 출력하지 않는 것으로 나타납니다.

```
$ rspec
..........FF.
Failures:

  1) Fizzbuzz GitHub number
     Failure/Error: it { subject.calculate(27).should eq 'GitHub' }
       expected: "GitHub"
            got: "fizz"

       (compared using ==)
     # ./spec/fizzbuzz_spec.rb:25:in `block (3 levels) in <top (required)>'

  2) Fizzbuzz GitHub number
     Failure/Error: it { subject.calculate(75).should eq 'GitHub' }

       expected: "GitHub"
            got: "fizzbuzz"

       (compared using ==)
     # ./spec/fizzbuzz_spec.rb:26:in `block (3 levels) in <top (required)>'

Finished in 0.00373 seconds
14 examples, 2 failures

Failed examples:

rspec ./spec/fizzbuzz_spec.rb:25 # Fizzbuzz GitHub number
rspec ./spec/fizzbuzz_spec.rb:26 # Fizzbuzz GitHub number
```

따라서 코드를 수정해야 합니다. 다음과 같이 코드를 수정해 주세요.

```
@@ -1,13 +1,13 @@
 class Fizzbuzz
   def calculate number
-    if number % 3 == 0 && number % 5 == 0
+    if number.to_s.include? '7'
+      'GitHub'
+    elsif number % 3 == 0 && number % 5 == 0
       'fizzbuzz'
     elsif number % 3 == 0
```

```
        'fizz'
      elsif number % 5 == 0
        'buzz'
-     elsif number.to_s.include? '7'
-       'GitHub'
      else
        number
      end
```

GitHub가라는 문자열을 리턴하는 위치를 옮겼습니다. 이렇게 수정하고 테스트를 실행하면 테스트를 무사히 통과하는 것을 볼 수 있습니다.

```
$ rspec
..............
Finished in 0.00353 seconds
14 examples, 0 failures
```

테스트 코드 추가를 완료했습니다. 또한, 작성한 코드가 테스트를 통과하는 것도 모두 확인했습니다.

Pull Request 추가

이제 다시 master 브랜치에 통합을 위해 commit하고 push합니다.

```
$ git commit -am "Fix output GitHub"
[7-case-output-github 5d1daae] Fix output GitHub
 2 files changed, 9 insertions(+), 3 deletions(-)

$ git push
Counting objects: 11, done.
Delta compression using up to 8 threads.
Compressing objects: 100% (4/4), done.
Writing objects: 100% (6/6), 531 bytes, done.
Total 6 (delta 3), reused 0 (delta 0)
To git@github.com:github-book/fizzbuzz.git
   f15fe2e..5d1daae  7-case-output-github -> 7-case-output-github
```

Pull Request에는 이상이 없는지 확인을 부탁하고 master 브랜치에 통합해 달라고 요청합니다(그림 9.13). 이와 같이 지금까지 살펴본 과정을 반복하며 Pull Request를 확장해 나가면 되는 것입니다.

그림 9.13 Pull Request에 댓글 추가

Pull Request를 merge

Pull Request를 모두 수정하자 다른 개발자도 만족한 것 같습니다. 그리고 우리가 작성한 코드가 master 브랜치에 통합도 되었습니다. master 브랜치에 통합된다고 해서 기존 브랜치가 자동으로 삭제되지는 않으므로, 작업이 끝난 브랜치는 곧바로 삭제해 주는 것이 좋습니다.

그림 9.14 master 브랜치에 merge되는 모습

253

master 브랜치에 통합되는 즉시 코드는 실제 환경에서 Deploy됩니다.

* * * * * * * * *

간단하게 Pull Request를 키워나가는 개발 흐름을 익혔을 것이라 생각합니다. 물론 실무에서는 더 많은 개발자들이 서로서로 소통하면서 개발하게 됩니다.

Pull Request로 소통하는 것이 익숙해지면, 지금까지 사용하던 방식보다 훨씬 빠르게 코드 리뷰를 진행할 수 있을 것입니다. 이렇게 Pull Request를 잘 사용하는 것이 GitHub를 사용한 개발 진행 과정의 포인트입니다. 여러분의 팀에서 이런 개발 진행 과정을 채용해서 GitHub를 더 잘 활용할 수 있게 된다면 좋겠습니다.

9.6 팀에서 GitHub Flow를 실천하려면

지금까지는 GitHub Flow를 어떤 순서로 진행하는지에 대해서 설명했습니다. 하지만 실제로 실무에서 따라하려다 보면 몇 가지 벽에 부딪치게 됩니다. 이번 절에서는 실제로 저자가 실무에서 경험했던 것을 바탕으로 어떤 문제가 있고, 어떻게 해결했는지 살펴보겠습니다.

Pull Request 크기 축소

하나의 새로운 기능은 하나의 새로운 브랜치에서 개발해야 합니다. 브랜치를 만들기 전에 "기능을 더 작게 세분화 할 수는 없을까?" 하고 한번 고민해 봅시다.

예를 들어, 새로운 기능을 작성하는데 2주가 걸릴 것이라 보고되었다고 가정합시다. 2주 동안 개발하는 것이므로 코드가 굉장히 많을 것이며, 그 후에 Pull Request를 보내면 코드를 리뷰하는 사람들도 굉장히 힘들 것입니다.

또한, 개발 기간이 길어지거나 코드의 양이 많아지면 코드 리뷰가 힘들어지므로 리뷰를 할 때 코드를 정확히 살펴보는 것이 힘들어질 수 있습니다. 결국 버그가 생길 수도 있고, 나중에 가서는 코드 리뷰를 게을리하게 됩니다. 이런 상황이 계속 거듭되며 소프트웨어가 만들어진다면, 실제 환경에서 제대로 Deploy가 되지도 않습니다. 결국 전체적인 개발 속도가 느려지게 되는 것이지요.

2주 동안 개발한 브랜치 보다는 일주일 동안 개발한 브랜치의 코드 양이 적을 것이고, 그러므로 코드 리뷰를 하기도 쉬울 겁니다. 그럼 3일 동안 개발한 코드라면 어떨까요? 더 나아가서 하루 동안 개발한 코드라면? 이쯤 되면 어느 정도는 결말을 상상하실 수 있으시겠지요?

이번 장에서 배운 개발 진행 과정을 채택한 지 얼마 되지 않아 익숙하지 않다면, 몇 시간에서 며칠 단위로 코드를 작성할 수 있도록 세분화하세요. 그리고 Pull Request를 작성해서 개발하면 안정적으로 개발할 수 있을 것입니다.

새로운 브랜치를 작성할 때는 기능과 요구 사항을 더 작게 세분화할 수 없을지를 항상 고민해 보시기 바랍니다.

테스트 환경 준비

테스트 코드를 사용하고는 있지만 중요한 부분을 변경한 브랜치를 곧바로 실제 환경에서 Deploy하는 것은 상당히 위험한 행위입니다. 따라서 실제 환경과 거의 유사한 환경을 재현한 곳에서 Deploy해 동작을 확인해 볼 것을 추천합니다. 물론, 이러한 환경에 Deploy할 때도 되도록 자동화하는 것이 좋습니다.

'데이터베이스 설정 변경', '대규모 리팩토링 실시', '과금과 관련된 부분 변경'처럼 시스템 전체에 핵심적인 영향을 미치는 것을 변경한 것이라면, 실제와 유사한 환경을 만들고 동작을 확인하는 것이 좋습니다. 물론, 그렇다고 모든 코드를 그런 스테이징 환경에서 Deploy하는 것은 말도 안 되는 소리입니다.

참고로 최근 트위터 같은 웹 애플리케이션은 사용자 수의 특정 비율(많은 경우 1%)를 테스트 중인 상태로 Deploy해서 테스트하기도 합니다. 이렇게 하면 개발했던 부분이 어느 정도의 영향을 미치는지 확인하기에 충분합니다.

조금이라도 문제가 될 것 같아 배포를 미루는 경우가 있다면, 실제 상황과 유사한 환경을 조성하고 Deploy하는 과정을 계속 반복하기 바랍니다.

Pull Request 피드백

Pull Request까지는 만들었는데, 지적과 수정이 너무 많아서 좀처럼 master 브랜치에 merge되지 않는 경우가 있습니다. 일반적으로 이런 상황을 일으키는 원인은 두 가지가 있습니다.

일단 첫 번째는 소통의 부족입니다. Pull Request로 합의가 되지 않고 있다면, Pull Request에서 논의하지 말고 다른 소통 방법을 취해야 합니다. 가장 좋은 해결 방법은 직접 얼굴을 맞대고 이야기하는 것입니다. 그리고 두 번째는 기술력과 능력의 부족입니다. 코드를 지적받는 일이 많다면, 개발자로써의 능력 부족인 경우가 많습니다. 또는 코드를 작성하는 기본적인 규칙이 갖추어지지 않았을 수도 있습니다.

소통이 오고 가는 것은 좋지만, 쓸데없이 많이 오가는 것도 그리 좋은 일은 아닙니다. 그런 일을 방지하기 위해 최소한의 개발 규칙 정도는 잡아 주는 것이 좋습니다. 만약 그 이외의 개발 규칙이 필요하다면 Wiki 등으로 정리하는 것도 좋은 방법입니다.

클래스 설계, 메서드 구현, 변수 이름 등을 많이 지적받는다면 개발자의 능력 문제입니다. 해당 개발자의 능력을 키울 대책을 마련하는 것이 좋습니다.

- 페어 프로그래밍(Pair Programming)
- 스터디를 통한 지식 공유
- 참고할 수 있는 정보와 도서 공유

위와 같은 것을 시행할 수 있다면 좋습니다. 특히 페어 프로그래밍은 적극 추천하는 방법입니다.

GitHub Flow는 Deploy를 중심으로 하는 개발 진행 과정으로, 각각의 개발자가 코드 리뷰하고 곧바로 merge, Deploy를 수행할 수 있어야 합니다. 따라서 어느 정도 수준의 코드를 작성할 수 있는 능력이 반드시 전제되어야 합니다. 능력이 되지 않는다면 그 수준까지 개발자의 능력을 키워야 합니다.

빠른 Pull Request 처리

Deploy 중심의 개발 진행 환경인데, 코드 리뷰를 기다리거나, 수정하는 시간이 오래 걸려 Pull Request가 쌓여 버리는 경우가 있습니다. 이런 경우에는 Deploy를 할 수 없게 되므로 문제가 발생합니다.

개발자 전원이 새로운 기능을 구현하려고 하면 코드를 작성하는 것에만 정신이 팔리게 됩니다. 따라서 Pull Request가 계속 들어와도 코드 리뷰나 피드백을 소화하기 힘들어 결국 Pull Request가 쌓여 버리는 것입니다.

이런 상황을 만들지 않으려면 간단한 규칙이 있어야 합니다. 예를 들어, 'Pull Request를 작성한 사람은 곧바로 다른 사람의 Pull Request를 리뷰하고 피드백해준다.'라는 정도의 규칙이면 됩니다. 이런 규칙이 있으면 Pull Request를 작성하기 위해서는 반드시 다른 사람의 Pull Request 처리에 도움을 주어야만 합니다. 그러므로 Pull Request가 쌓이는 상황은 피할 수 있을 겁니다.

9.7
GitHub Flow 정리

실제 개발에서 GitHub Flow를 적용할 때 발생할 수 있는 문제와 해결 방법을 살펴보았습니다. 물론, 그 외에도 다양한 문제가 발생하겠지만, 문제를 해결할 때는 항상 다음 두 가지를 염두하고 해결하기 바랍니다.

- Deploy 중심의 개발 진행 과정
- 단순하기 때문에 빠른 개발 진행 과정

이렇게 한다면 팀에 적합한 해결책을 찾아나갈 수 있을 것입니다.

9.8
Git Flow – 배포 중심의 개발 스타일

네덜란드의 프로그래머 빈센트 드리에센(Vincent Driessen)이 블로그에 올리면서 널리 알려진, 'A successful Git branching model[주8]'이라는 브랜치 전략이 있습니다. 이번에는 이 방법과 GitHub를 조합한 개발 진행 과정을 살펴보겠습니다.

이번에 살펴볼 개발 진행 과정에서는 각 브랜치가 코드의 상태를 나타냅니다. 소프트웨어 배포와 관련된 직원이 있을 경우, 소프트웨어 배포를 중심으로 하는 이번 개발 방법의 도입을 검토해 보세요.

이 방법으로 개발하면 그림 9.15처럼 브랜치가 나뉘게 됩니다. 엄청나게 복잡해 보이는 각 내용에 대해서는 지금부터 살펴보도록 하겠습니다.

표준 개발 진행 과정

이번 개발 진행 과정을 개발자 관점에서 보면, 표준적인 소프트웨어 개발 상태를 브랜치 이름으로 나타낸다는 것을 알 수 있을 것입니다.

❶ 개발 중 브랜치(develop)에서 작업 중 브랜치(feature)를 생성해서 기능을 구현하거나 수정합니다

❷ 작업 중 브랜치(feature)에서 코드를 모두 작성하면, 개발 중 브랜치(develop)에 merge합니다

❸ ❶번과 ❷번을 반복하면서 배포할 수 있는 수준까지 개발합니다

❹ 배포를 위한 배포 전용 브랜치(release)를 생성합니다

❺ 배포 작업이 끝나면 master 브랜치에 merge하고, 버전 태그를 붙여서 배포합니다

❻ 배포하고 있는 소프트웨어에 버그가 있는 경우에는 해당 버전을 기반으로 수정 (hotfixes)합니다

주8 http://nvie.com/posts/a-successful-git-branching-model/

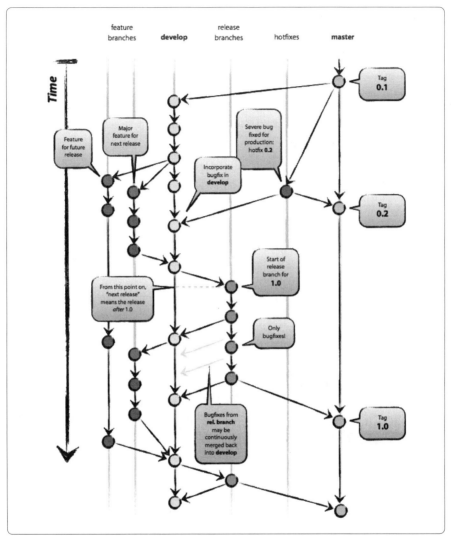

※ Vincent Driessen「A successful Git branching model – nvie.com」(http://nvie.com/posts/a-success-ful-git-branching-model/)

그림 9.15 A successful Git branching model

읽어 보면 무슨 의미인지 대충은 감이 올 것입니다. 이 개발 진행 과정은 빠르게 문제를 해결할 수 있는 대책(hotfixes)도 고려되고 있는 것이 특징입니다.

259

복잡성

이번 개발 진행 과정에는 간단한 문제점이 있는데, 바로 약간 복잡하다는 것입니다. 기억해야 하는 브랜치가 워낙 많기 때문에 사전에 완벽하게 학습하고 개발을 시작하지 않으면 안 됩니다. 물론, 이후에 설명하는 git-flow[주9] 툴 등의 지원을 받을 수는 있습니다. 따라서 개발자는 현재 개발하고 있는 브랜치가 어떤 브랜치에 영향을 주는지 확실하게 이해해야만 합니다.

브랜치 개발을 끝내고 merge해야 하는 대상이 여러 개가 될 수도 있습니다. 이런 경우에는 굉장히 복잡하므로 신중히 조작해 주어야 합니다. 물론, 사람이므로 얼마든지 실수할 수 있지만, git-flow 툴 등의 지원을 받아서 가능한 한 실수하지 않도록 하는 것이 좋습니다.

이런 점에서 개발 진행 과정을 확실하게 학습하고 장점과 단점을 이해한 뒤 사용하기 바랍니다. 그럼 이제부터는 실제 환경에서 어떤 식으로 이번 개발 진행 과정을 사용하는지 알아보겠습니다.

9.9
Git Flow 도입을 위한 준비

git-flow 설치

이번 개발 진행 과정이 쉽도록 도와주는 툴을 설치하겠습니다. git-flow라는 툴인데요. 사용하고 있는 운영체제에 맞게 설정해 주시기 바랍니다. 물론, git-flow 없이도 이번 개발 진행 과정을 실무에 도입할 수는 있습니다만, 모든 것을 수동으로 해야합니다. 실수를 막기 위해서라도 툴을 설치해서 사용하기 바랍니다.

주9 https://github.com/nvie/gitflow

● 맥

홈브류를 사용하고 있는 경우에는 다음과 같이 입력하면 설치됩니다.

```
$ brew install git-flow
```

또한, 맥포트를 사용하고 있는 경우에도 다음과 같은 명령어로 설치할 수 있습니다.

```
$ sudo port install git-flow
```

● 리눅스

우분투 또는 데비안 리눅스 등은 패키지가 있습니다. 따라서 다음과 같은 명령어로 설치할 수 있습니다.

```
$ sudo apt-get install git-flow
```

패키지 관리 소프트웨어가 없는 경우에는 다음과 같은 명령어로 설치합니다.

```
$ wget --no-check-certificate -q -O - https://github.com/nvie/gitflow/r
aw/develop/contrib/gitflow-installer.sh | sudo bash
```

● 동작 확인

git-flow가 정상적으로 설치되었다면, 다음과 같이 git flow 명령어를 사용할 수 있습니다.

```
$ git flow
usage: git flow <subcommand>

Available subcommands are:
   init     Initialize a new git repo with support for the branching model.
   feature  Manage your feature branches.
   release  Manage your release branches.
   hotfix   Manage your hotfix branches.
   support  Manage your support branches.
   version  Shows version information.
```

리포지토리 초기 설정

이번에는 블로그 소프트웨어를 개발하고 있다고 생각합시다.

● 리포지토리 생성

일단 GitHub에서 Git 리포지토리를 새로 만들어 주세요. 저자는 README.md
파일을 자동 생성하게 선택해서 blog 리포지토리를 생성했습니다. 리포지토리를 모
두 생성했으면 clone합니다.

이번 절에서는 사용자 계정 이름을 'hirocaster', 리포지토리 이름을 'blog'로 설명
하겠습니다.

```
$ git clone git@github.com:hirocaster/blog.git
Cloning into 'blog'...
remote: Counting objects: 3, done.
remote: Total 3 (delta 0), reused 0 (delta 0)
Receiving objects: 100% (3/3), done.
Checking connectivity... done.
```

● git flow 초기 설정

git flow 초기 설정을 실시하겠습니다. 초기 설정을 할 때는 -d 옵션을 붙여 줍니
다. -d 옵션을 사용하면 관련된 브랜치가 자동으로 생성됩니다. git clone 명령어를

실행한 이후, 한 번만 실행해 주면 됩니다.

```
$ cd blog
$ git flow init -d
Using default branch names.

Which branch should be used for bringing forth production releases?
   - master
Branch name for production releases: [master]
Branch name for "next release" development: [develop]

How to name your supporting branch prefixes?
Feature branches? [feature/]
Release branches? [release/]
Hotfix branches? [hotfix/]
Support branches? [support/]
Version tag prefix? []
```

이어서 자동 생성된 브랜치를 확인합시다.

```
$ git branch -a
* develop
  master
  remotes/origin/HEAD -> origin/master
  remotes/origin/master
```

develop 브랜치가 생성되고, 그곳으로 이동한 것을 확인할 수 있습니다.

● 원격 리포지토리에 develop 브랜치 생성

현재 로컬에 master와 develop라는 브랜치가 존재하고 있습니다. 하지만 GitHub의 원격 리포지토리[주10]에는 master 브랜치만 있습니다. 따라서 GitHub의 원격 리포지토리에서 develop 브랜치가 생성되도록 push해 줍니다.

주10 GitHub의 리포지토리는 remotes/origin입니다.

```
$ git push -u origin develop
Total 0 (delta 0), reused 0 (delta 0)
To git@github.com:hirocaster/blog.git
 * [new branch]      develop -> develop
Branch develop set up to track remote branch develop from origin.

$ git branch -a
* develop  ← 로컬 develop 브랜치
  master       ← 로컬 master 브랜치
  remotes/origin/HEAD -> origin/master
  remotes/origin/develop    ← GitHub의 develop 브랜치
  remotes/origin/master      ← GitHub의 master 브랜치
```

GitHub에 있는 리포지토리에 develop 브랜치가 작성되었습니다.

자신이 소속되어 있는 팀에서 개발을 할 때는 GitHub 쪽에 있는 develop 브랜치를 사용합니다. 일단 기본적으로 자신이 가지고 있는 리포지토리의 내용을 변경하고, GitHub에 있는 원격 리포지토리에 push하면 됩니다. 그리고 다른 개발자는 GitHub에 있는 원격 리포지토리에서 변경된 코드를 자신의 환경으로 가져옵니다.

브랜치를 조작하기 전에는 반드시 pull하고 자신의 코드를 최신 상태로 변경해야 합니다. 그리고 변경이 끝나면 반드시 push해서 GitHub에 있는 원격 리포지토리가 항상 최신 상태를 유지하도록 해주세요.

9.10
Git Flow 따라하기

지금부터 Git Flow를 함께 따라해 봅시다.

master 브랜치와 develop 브랜치

이번에는 master 브랜치와 develop 브랜치에 대해 알아보겠습니다. master 브

랜치와 develop 브랜치는 절대 삭제하지 않습니다. 영원히 유지해야 하는 아주 중요한 브랜치입니다.

● master 브랜치

master 브랜치는 소프트웨어를 언제든지 실행할 수 있는 상태의 브랜치입니다. 따라서 개발자가 직접 master 브랜치의 코드를 변경하고 commit해선 안 됩니다.

master 브랜치는 배포 가능한 상태까지 개발된 코드가 merge되는 곳입니다. 일반적으로 merge는 배포 바로 직전에만 이루어집니다. 그리고 merge가 될 때 버전 태그 정보를 추가합니다. 이와 관련된 내용은 이후에 설명하겠습니다.

● develop 브랜치

develop 브랜치는 개발 중인 코드의 중심이 되는 브랜치입니다. 하지만 이 브랜치도 개발자가 직접 코드를 수정하고 commit해서는 안 됩니다.

코드를 수정하고 싶을 때는 develop 브랜치를 중심으로 새로운 feature 브랜치를 작성해야 합니다. 그리고 만들어진 feature 브랜치를 기반으로 기능 추가와 코드 수정을 합니다. feature 브랜치에서 개발이 끝나면, develop 브랜치에 merge하게 됩니다.

feature 브랜치

feature 브랜치는 develop 브랜치에서 파생된 브랜치입니다. 그리고 개발자가 코드를 직접 수정하는 브랜치입니다. feature 브랜치는 다음과 같은 과정으로 개발합니다.

❶ develop 브랜치에서 feature 브랜치를 생성한다
❷ feature 브랜치에서 기능을 구현한다
❸ GitHub로 feature 브랜치에서 develop 브랜치로 Pull Request를 보낸다
❹ 다른 개발자의 리뷰를 받고 develop 브랜치에 Pull Request를 merge한다

develop 브랜치에 merge를 완료한 feature 브랜치는 필요가 없어집니다. 따라서 적절한 시점에 제거해도 됩니다.

지금부터 소프트웨어에 기능을 추가한다고 가정하고, 어떤 방법으로 진행되는지 차근히 살펴보겠습니다.

● 브랜치 작성

develop 브랜치를 기점으로, 최신 상태의 develop 브랜치로부터 feature 브랜치를 작성합니다. 이전에도 언급했지만 feature 브랜치에서 실질적인 기능 추가 등이 이루어지게 됩니다. 어쨌거나 브랜치의 이름은 'add-user'로 합니다.

일단 develop 브랜치를 최신 상태로 만들겠습니다. develop 브랜치에서 다음 명령어를 실행합니다. 명령어를 실행하면 GitHub 원격 리포지토리에서 pull될 것입니다.

```
$ git pull
Already up-to-date.
```

현재 가지고 있는 develop 브랜치가 최신 상태이므로 아무런 일도 일어나지 않았습니다. 하지만 다른 개발자에 의해서 GitHub 원격 리포지토리의 develop 브랜치가 변경되었다면 가지고 있는 develop 브랜치가 최신 상태로 변경되었을 것입니다.

사용자 추가 기능을 구현하는 feature 브랜치, 'add-user'를 생성합니다.

```
$ git flow feature start add-user
Switched to a new branch 'feature/add-user'

Summary of actions:
- A new branch 'feature/add-user' was created, based on 'develop'
- You are now on branch 'feature/add-user'

Now, start committing on your feature. When done, use:

    git flow feature finish add-user
```

브랜치를 확인하면 다음과 같습니다. 'feature/add-user'라는 브랜치가 작성되고
해당 브랜치로 이동되어 있는 것을 확인할 수 있습니다.

```
$ git branch
  develop
* feature/add-user
  master
```

현재 상태를 그림으로 나타내면 그림 9.16과 같습니다.

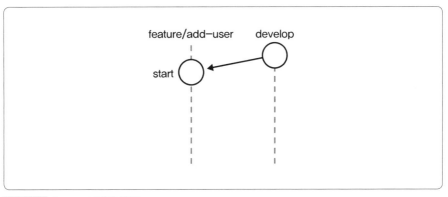

그림 9.16 feature 브랜치 생성

● 브랜치 작업 수행

생성된 feature/add-user 브랜치에 기능을 구현합니다. 실제로 코드를 구현하는
부분은 생략하겠습니다. commit을 몇 번 했다고 가정하면 그림 9.17과 같은 상태가
됩니다.

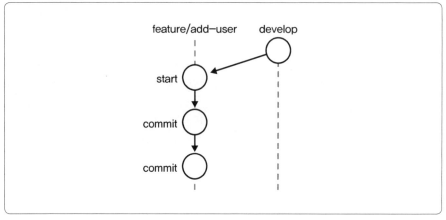

그림 9.17 commit한 형태

Pull Request 전송

기능이 모두 구현되면 feature/add-user 브랜치에서 개발된 내용을 develop 브랜치에 넣어야 하므로, GitHub로 Pull Request를 보냅니다. 절대 자신의 환경에서 곧바로 merge하지 말기를 바랍니다. 반드시 Pull Request를 다른 개발자에게 검토받고 merge하세요. 만약, 이 시점에 다른 개발자에게서 문제가 있다는 지적이 들어온다면 해당 코드를 수정해 주시기 바랍니다. 또한, 논의할 것이 있다면 이어서 논의해 주세요. 이렇게 하면 할수록 코드의 품질이 향상될 것입니다.

일단 GitHub 원격 리포지토리에 feature/add-user 브랜치를 push합니다.

```
$ git push origin feature/add-user
Counting objects: 6, done.
Delta compression using up to 8 threads.
Compressing objects: 100% (4/4), done.
Writing objects: 100% (5/5), 452 bytes | 0 bytes/s, done.
Total 5 (delta 1), reused 0 (delta 0)
To git@github.com:hirocaster/blog.git
 * [new branch]      feature/add-user -> feature/add-user
```

다른 개발자들과 함께 같은 feature 브랜치를 개발하고 있다면, 원격 리포지토리의 add-user 브랜치가 몇 번인가 수정되었을 가능성도 있습니다. 따라서 이런 경우에는 최신 코드를 pull하기 바랍니다. 또한, feature 브랜치를 개발하는 동안에 develop 브랜치가 수정되었을 가능성도 있습니다. 따라서 push하기 전에 develop 브랜치를 자신의 환경에 merge하는 습관을 기르기 바랍니다. 어쨌거나 이런 과정을 모두 완료했다면 push해도 문제없습니다.

이제 GitHub 리포지토리 페이지에 들어가서, 그림 9.18처럼 브랜치를 feature/add-user 브랜치로 변경합니다.

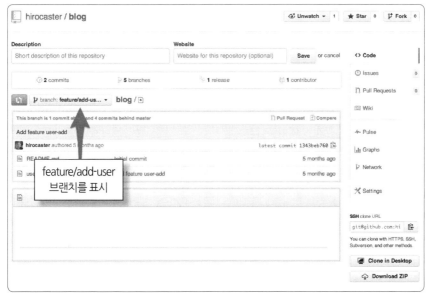

그림 9.18 feature/add-user 브랜치 표시

브랜치를 변경하는 메뉴 왼쪽에 있는 녹색 아이콘을 눌러, 변경 사항 확인 페이지로 이동해 주세요. 이때, develop 브랜치와 feature/add-user 브랜치가 제대로 선택되었는지를 확인하기 바랍니다. 만약 master 브랜치 같은 다른 브랜치가 선택되어 있다면, 오른쪽의 Edit 버튼을 눌러 브랜치를 변경해 줍시다(그림 9.19).

그림 9.19 브랜치 변경 버튼

'develop ⋯ feature/add-user' 브랜치와 대상 브랜치가 설정되어 있는 것을 확인했으면, 'Click to create a pull request for this comparison' 버튼을 눌러 주세요. 그리고 Pull Request 메시지를 입력하고 전송하기 바랍니다. Pull Request를 전송하면 그림 9.20의 상태가 됩니다.

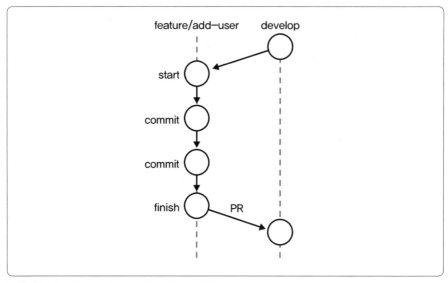

그림 9.20 Pull Request를 전송한 브랜치의 형태

코드 리뷰를 활용한 코드 품질 향상

Pull Request를 전송한 다음에는 이런 방법으로 계속해서 다른 개발자의 피드백을 받고 코드를 수정하기 바랍니다.

❶ 다른 개발자가 코드 리뷰를 하고 피드백

❷ 피드백을 기반으로 코드를 수정(자신의 feature/add-user 브랜치에서 수행)

❸ feature/add-user 브랜치를 push(이전 Pull Request에 자동으로 추가됨)

❹ 위의 과정을 문제없을 때까지 반복

❺ Pull Request에 문제가 없다면 다른 개발자가 develop 브랜치에 merge

피드백을 할 때는 다음과 같은 것을 중점적으로 생각합시다.

- 테스트가 없다 or 테스트가 실패했다
- 코딩 규칙을 위반하고 있다
- 코드가 더럽다(식별자가 이상하다, 메서드가 너무 길다)
- 리팩토링하면 좋아질 것 같다
- 중복된 코드가 있다

만약 이런 부분이 있다면 바로 merge하지 말고, 피드백을 주어 수정하게 하는 것이 좋습니다.

이 시점에서는 반드시 Pull Request를 기반으로 코드 리뷰를 잘 해둬야 합니다. 코드 리뷰를 대충하면 좋지 않은 소프트웨어가 만들어집니다. Pull Request 피드백은 Pull Request를 보낸 사람뿐만 아니라, 팀 전체가 공유해서 확인할 수 있는 내용입니다. 코드 리뷰도 정해진 사람만 하는 것보다, 모두가 솔선수범해서 함께 하는 것이 좋습니다. 이렇게 하면 높은 품질의 소프트웨어를 개발하는 것이 가능해집니다.

로컬 develop 브랜치 갱신

GitHub에 보낸 Pull Request가 develop 브랜치에 반영되면 로컬 develop 브랜치를 최신 상태로 갱신해야 합니다. 이때는 다음과 같은 과정을 수행합니다.

271

- develop 브랜치로 이동

- git pull(fetch & merge) 수행

그리고 다음 명령어를 입력하면 됩니다

```
$ git checkout develop
Switched to branch 'develop'

$ git pull
remote: Counting objects: 1, done.
remote: Total 1 (delta 0), reused 0 (delta 0)
Unpacking objects: 100% (1/1), done.
From github.com:hirocaster/blog
   ad139da..9299f28  develop    -> origin/develop
Updating ad139da..9299f28
Fast-forward
 add-user-1 | 0
 add-user-2 | 0
 2 files changed, 0 insertions(+), 0 deletions(-)
 create mode 100644 add-user-1
 create mode 100644 add-user-2
```

develop 브랜치에서 새로운 feature 브랜치를 작성할 때는 항상 이런 조작으로 develop 브랜치를 최신 상태로 유지하고 브랜치를 만들기 바랍니다.

이렇게 지금까지 살펴본 방법을 계속 반복하면서 develop 브랜치에 기능을 추가해 나갑니다. 어느 정도 기능 개발이 완료되어 배포할 수 있는 상태가 되었다면 release 브랜치를 사용합니다.

이제 기능 개발이 어느 정도 완료되었다고 가정하고 release 브랜치를 사용해 보겠습니다.

release 브랜치 실행

여러 개의 feature 브랜치가 완료되고, develop 브랜치에 통합되었습니다. 이제 소프트웨어를 배포할 단계입니다. 일단, 배포할 기능을 만든 브랜치에서 develop 브랜치로 Pull Request를 보내어 모두 merge해 줍니다.

버전 번호를 정하고 배포합니다. 이제 이 버전의 소프트웨어에서는 버그 수정 같은 소규모 작업만 수행합니다. 만약 배포를 위해 필요한 것이 남아 있다면, 배포하지 않는 것이 좋습니다. 이러한 작업들은 회사 내부의 배포 담당자가 책임지고 처리해야 합니다.

Column   **디폴트 브랜치 설정**

매번 Pull Request를 보낼 때마다, master 분기를 develop 브랜치로 수동 변경하는 것은 실수를 유발할 가능성이 있는 포인트입니다. 따라서 GitHub 리포지토리 설정을 변경해, develop 브랜치를 디폴트 브랜치로 변경하는 것이 좋습니다.

GitHub 리포지토리 페이지에서 'Settings' 탭으로 들어가면, 그림 a처럼 'Default Branch'라는 항목이 있습니다. 이 항목을 'develop'으로 변경하면, 리포지토리 페이지에 들어갔을 때 표시되는 초기 브랜치가 develop으로 바뀝니다. 또한, Pull Request를 보낼 때의 디폴트 브랜치도 develop으로 변경됩니다.

그림 a 디폴트 브랜치 설정 화면

● 브랜치 생성

최신 develop 브랜치에서 버전 1.0.0의 배포 작업을 수행합니다.

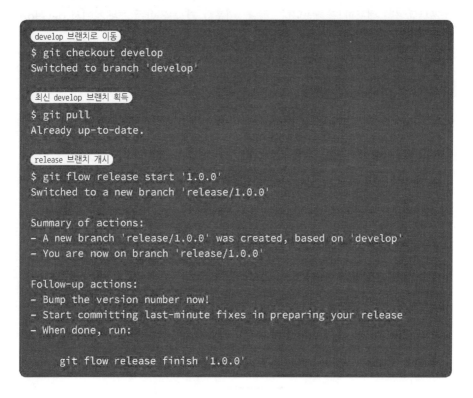

```
develop 브랜치로 이동
$ git checkout develop
Switched to branch 'develop'

최신 develop 브랜치 획득
$ git pull
Already up-to-date.

release 브랜치 개시
$ git flow release start '1.0.0'
Switched to a new branch 'release/1.0.0'

Summary of actions:
- A new branch 'release/1.0.0' was created, based on 'develop'
- You are now on branch 'release/1.0.0'

Follow-up actions:
- Bump the version number now!
- Start committing last-minute fixes in preparing your release
- When done, run:

    git flow release finish '1.0.0'
```

'release/1.0.0'이라는 이름의 새로운 브랜치가 만들어졌습니다. 이것이 바로 release 브랜치입니다(그림 9.21).

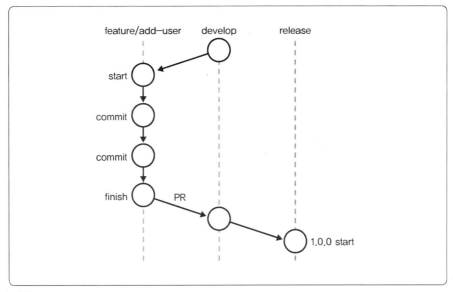

그림 9.21 release 브랜치가 작성된 상태

● 브랜치 작업 수행

이렇게 생성한 release 브랜치에서는 배포와 관련된 commit만 수행합니다. 실제 환경과 유사한 환경 등에서 Deploy를 하고, 테스트를 실시해서 발견된 버그 수정도 브랜치에 commit합니다. 절대로 사양 변경 또는 기능 변경과 같은 수정을 하지 말기 바랍니다. 이 시점에서는 Deploy를 위한 활동 이외의 것은 최소화해야 합니다.

● 배포와 merge 수행

모든 사항을 수정하고 commit까지 완료했으면 브랜치를 종료시킵니다.

```
$ git flow release finish '1.0.0'
```

현재 상태는 그림 9.22와 같습니다.

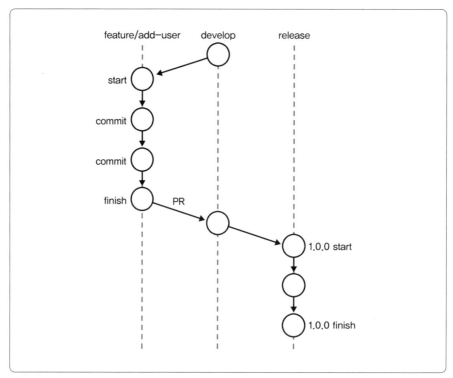

그림 9.22 release finish 직후의 상태

　release 브랜치가 master 브랜치에 merge됩니다. 이때 commit 메시지가 필요
한데, 특별한 경우가 아니라면 기본적으로 입력되어 있는 메시지를 그대로 사용하면
됩니다.

```
Merge branch 'release/1.0.0'

# Please enter a commit message to explain why this merge is necessary,
# especially if it merges an updated upstream into a topic branch.
#
# Lines starting with '#' will be ignored, and an empty message aborts
# the commit.
```

이어서 merge된 master 브랜치에 버전과 같은 숫자로 태그를 만들어 발행합니다.

```
Release 1.0.0
#
# Write a tag message
# Lines starting with '#' will be ignored.
#
```

버전과 관련된 commit 메시지를 작성해 주세요. 일단 현재 상태는 그림 9.23과 같습니다.

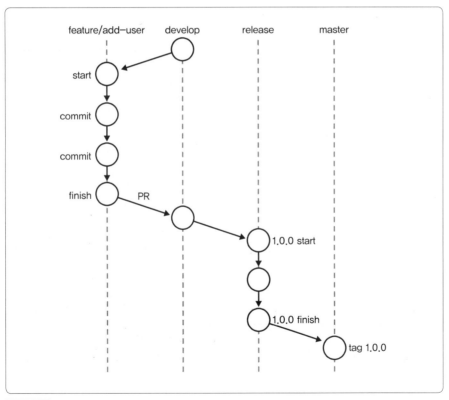

그림 9.23 master 브랜치에 태그가 붙은 상태

이어서 release 브랜치를 develop 브랜치에 merge합니다. merge commit이 발생하는 경우에는 마찬가지로 commit 메시지를 작성해야 합니다.

```
Merge branch 'release/1.0.0' into develop

# Please enter a commit message to explain why this merge is necessary,
# especially if it merges an updated upstream into a topic branch.
#
# Lines starting with '#' will be ignored, and an empty message aborts
# the commit.
```

모든 작업을 무사히 수행하면 다음과 같이 표시됩니다.

```
$ git flow release finish '1.0.0'
Switched to branch 'master'
Your branch is ahead of 'origin/master' by 3 commits.
  (use "git push" to publish your local commits)
Merge made by the 'recursive' strategy.
 release | 0
 1 file changed, 0 insertions(+), 0 deletions(-)
 create mode 100644 release
Switched to branch 'develop'
Your branch is up-to-date with 'origin/develop'.
Merge made by the 'recursive' strategy.
 release | 0
 1 file changed, 0 insertions(+), 0 deletions(-)
 create mode 100644 release
Deleted branch release/1.0.0 (was 9a754a2).

Summary of actions:
- Latest objects have been fetched from 'origin'
- Release branch has been merged into 'master'
- The release was tagged '1.0.0'
- Release branch has been back-merged into 'develop'
- Release branch 'release/1.0.0' has been deleted
```

이제 그림 9.24와 같은 상태가 되었습니다.

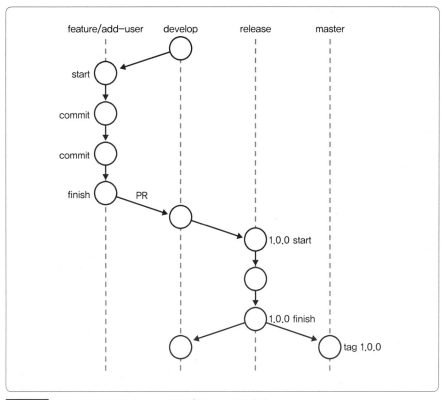

그림 9.24 release 브랜치가 develop 브랜치에 merge된 상태

● 버전 태그 확인

지금까지 했던 작업으로 Git 태그가 생성되었습니다.

```
$ git tag
1.0.0
```

이렇게 태그를 지정하면, 문제가 발생했을 때 해당 태그 지점으로 되돌릴 수 있게 됩니다.

279

원격 리포지토리 반영

지금까지 여러 개의 브랜치에 변경이 가해졌습니다. 이제 GitHub의 원격 리포지토리에 push해서 변경 사항을 반영하겠습니다. 일단, develop 브랜치부터 시작합니다.

```
$ git push origin develop
Counting objects: 5, done.
Delta compression using up to 8 threads.
Compressing objects: 100% (3/3), done.
Writing objects: 100% (3/3), 360 bytes | 0  bytes/s, done.
Total 3 (delta 2), reused 0 (delta 0)
To git@github.com:hirocaster/blog.git
   9299f28..c8add0a  develop -> develop
```

이어서 master 브랜치에 push합니다.

```
$ git checkout master
Switched to branch 'master'
Your branch is ahead of 'origin/master' by 5 commits.
  (use "git push" to publish your local commits)

$ git push origin master
Counting objects: 1, done.
Writing objects: 100% (1/1), 227 bytes | 0 bytes/s, done.
Total 1 (delta 0), reused 0 (delta 0)
To git@github.com:hirocaster/blog.git
   ad139da..5651cfd  master -> master
```

그리고 태그 정보도 push합니다.

```
$ git push --tags
Counting objects: 1, done.
Writing objects: 100% (1/1), 163 bytes | 0 bytes/s, done.
Total 1 (delta 0), reused 0 (delta 0)
```

```
To git@github.com:hirocaster/blog.git
 * [new tag]         1.0.0 -> 1.0.0
```

1.0.0 버전의 태그가 push되었습니다. 이제 master 브랜치를 배포하면 배포 작업이 모두 완료됩니다.

hotfix 브랜치

hotfix 브랜치는 계획적으로 어떤 것을 만들지 미리 정하고 만들어 나가는 브랜치가 아닙니다. 현재 출시되어 있는 버전에서 취약점이 발견되어, 빠른 시일 내에 긴급하게 해결하려 할 때 사용하는 브랜치입니다.

따라서 develop 브랜치가 아니라, 이미 발표되어 있는 master 브랜치에서 분기를 갈라 hotfix 브랜치를 만듭니다. 이렇게 하면 계획적으로 개발하고 있는 develop 브랜치와 취약점 수정을 하는 hotfix 브랜치를 동시에 병행 개발할 수 있게 됩니다. hotfix 브랜치를 사용하면 그림 9.25와 같은 형태가 됩니다.

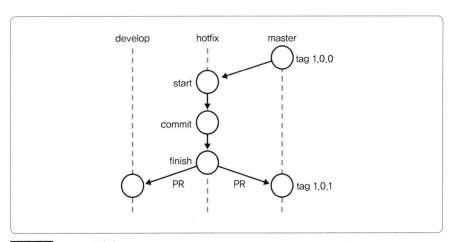

그림 9.25 hotfix 브랜치

● 브랜치 작성

다음과 같은 경우에 hotfix 브랜치를 만들어 대응합니다.

- 최신 버전 1.0.0에서 취약점이 있는 버그를 발견한 경우
- develop 브랜치에서 새로운 기능을 구현하고 있지만, 사용자에게 공개 가능한 수준
  이 아닌 경우
- 취약성으로 인해 빠른 대응이 필요하며, 차기 버전까지 기다릴 수 없는 경우

이런 버그를 대응하는 버전을 1.0.1로 하겠습니다.

GitHub의 원격 리포지토리로부터 태그 정보[주11]를 가져오지 않았다면, 일반 태그
정보를 가져옵니다. 물론 태그를 만들었던 리포지토리에서는 태그 정보를 다시 가져
올 필요가 없겠지만, 가져올 때부터 태그 번호에 문제가 없는지 확인하는 것이 좋습
니다. 명령어를 실행할 때는 어떤 브랜치에서 실행해도 상관없습니다.

```
$ git fetch origin
remote: Counting objects: 1, done.
remote: Total 1 (delta 0), reused 1 (delta 0)
Unpacking objects: 100% (1/1), done.
From github.com:hirocaster/blog
 * [new tag]          1.0.0       -> 1.0.0
```

1.0.1로 hotfix 브랜치를 작성합니다. 1.0.0 태그를 기반으로 브랜치를 만들어 주
면 됩니다.

```
$ git flow hotfix start '1.0.1' '1.0.0'
Switched to a new branch 'hotfix/1.0.1'

Summary of actions:
- A new branch 'hotfix/1.0.1' was created, based on '1.0.0'
- You are now on branch 'hotfix/1.0.1'
```

주11 현재 태그 정보는 1.0.0입니다.

```
Follow-up actions:
- Bump the version number now!
- Start committing your hot fixes
- When done, run:

    git flow hotfix finish '1.0.1'
```

1.0.0 태그로부터 'hotfix/1.0.1'이라는 브랜치가 생성되었습니다. 이 브랜치에서 취약
성 수정 등을 하고 commit하면 됩니다. 수정이 모두 완료되면 hotfix 브랜치를 GitHub
의 원격 리포지토리에 push하고, master 브랜치에 Pull Request를 전송해 주세요.

```
$ git push origin hotfix/1.0.1
Counting objects: 4, done.
Delta compression using up to 8 threads.
Compressing objects: 100% (2/2), done.
Writing objects: 100% (2/2), 242 bytes | 0 bytes/s, done.
Total 2 (delta 1), reused 0 (delta 0)
To git@github.com:hirocaster/blog.git
 * [new branch]       hotfix/1.0.1 -> hotfix/1.0.1
```

● 태그 작성과 배포

전송한 Pull Request를 다른 개발자들이 보고 검토해서 master 브랜치에 merge
되었다고 합시다. 이제 GitHub의 기능으로 1.0.1 태그를 만들어 주면 됩니다.

GitHub 리포지토리를 표시하는 페이지에서 메뉴에 있는 'release'를 클릭하세요
(그림 9.26). 일단, 방금 작성했던 1.0.0 태그가 나올 것입니다(그림 9.27). 이 페이지
에서는 태그와 관련된 정보를 확인 또는 작성할 수 있습니다.

그림 9.26 배포 정보 표시

283

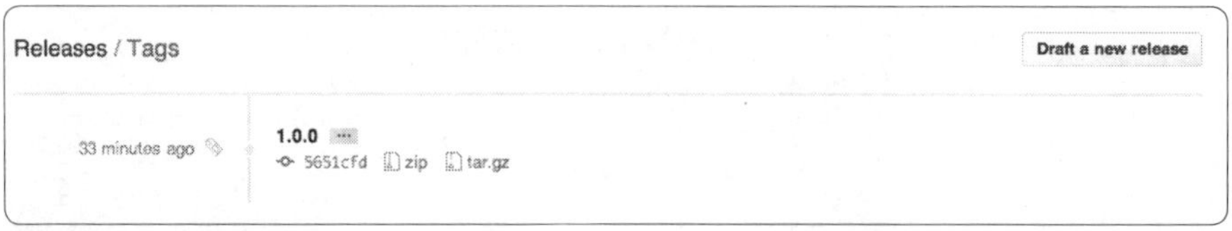

Releases / Tags   Draft a new release

33 minutes ago   **1.0.0** ⋯
                        -○- 5651cfd ▢ zip ▢ tar.gz

그림 9.27 1.0.0 태그 정보

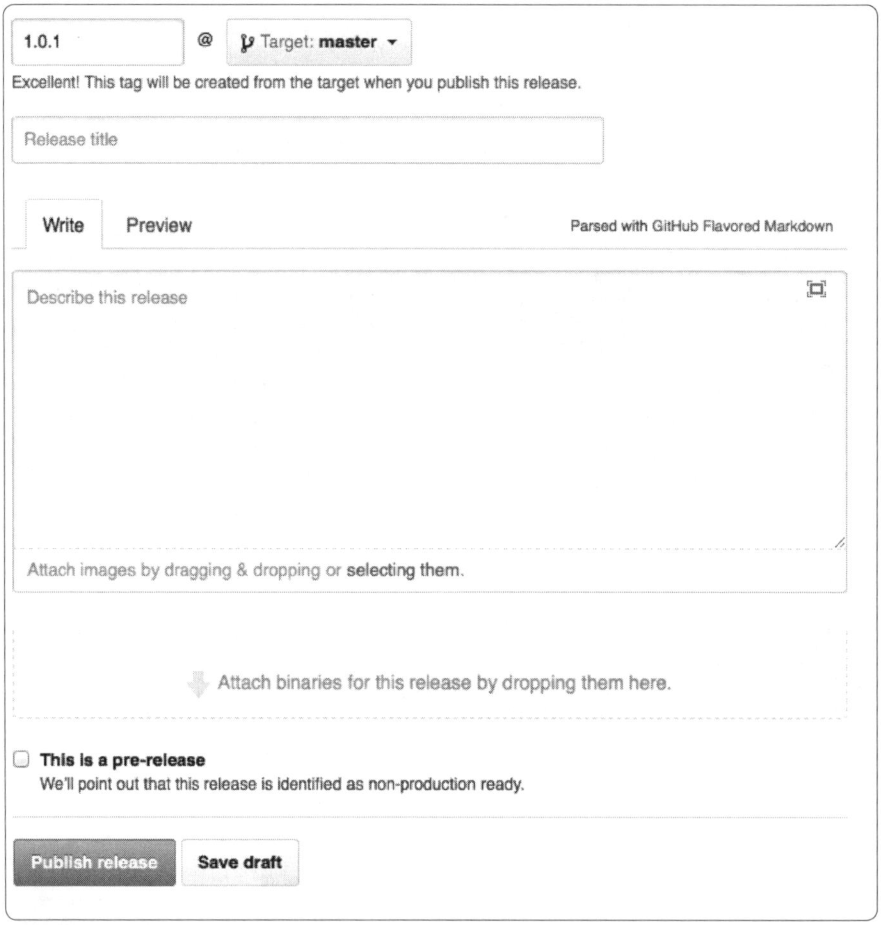

1.0.1   @   ⑂ Target: **master** ▾

Excellent! This tag will be created from the target when you publish this release.

Release title

| Write | Preview | Parsed with GitHub Flavored Markdown |

Describe this release   ⌗

Attach images by dragging & dropping or **selecting them**.

⬇ Attach binaries for this release by dropping them here.

☐ **This is a pre-release**
   We'll point out that this release is identified as non-production ready.

Publish release   **Save draft**

그림 9.28 1.0.1 태그 작성

hotfix를 적용한 1.0.1 태그를 작성합니다. 'Draft a new release' 버튼을 눌러서 태그와 관련된 정보를 입력해 주세요(그림 9.28). 'Tag version'에는 '1.0.1'을 입력합니다. 이어서 'Target'에는 Hotfix 1.0.1 변경이 적용되는 master 브랜치를 지정합니다. 'Release title'과 'Describe this release'는 입력하지 않아도 되지만, 필요에 따라서 이해할 수 있는 간단한 정보를 입력해 주세요. 모두 작성하고 'Publish release' 버튼을 누르면 태그가 작성됩니다(그림 9.29).

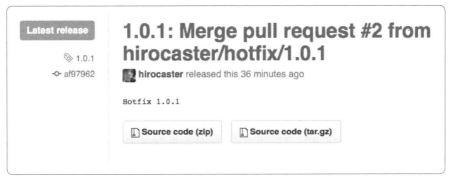

그림 9.29 1.0.1 태그가 생성된 형태

이제 제품을 1.0.1 버전이라 하고 배포하면 모든 것이 끝납니다. 현재 리포지토리에서도 태그 정보를 보면 1.0.1로 되어있는 것을 확인할 수 있습니다.

```
$ git fetch origin
remote: Counting objects: 1, done.
remote: Total 1 (delta 0), reused 0 (delta 0)
Unpacking objects: 100% (1/1), done.
From github.com:hirocaster/blog
 5651cfd..af97962  master     -> origin/master
 * [new tag]        1.0.1      -> 1.0.1

$ git tag
1.0.0
1.0.1
```

● hotfix 브랜치에서 develop 브랜치로 merge

develop 브랜치는 아직 새로 작성된 코드가 업데이트되지 않았습니다. 배포된 제품이 수정된 상태에서 이후 버전을 개발한다면, 수정된 버전의 코드를 다시 받아서 개발하는 것이 좋겠지요? 따라서 1.0.1 버전의 코드를 develop 브랜치에서 가져올 필요가 있습니다. GitHub를 열고 hotfix/1.0.1에서 develop 브랜치로 Pull Request를 보내기만 하면 되므로 무척 간단히 해낼 수 있습니다. 추가적으로 Pull Request를 보내는 과정이므로 한번 검토하고 merge할 것을 추천합니다.

만약 코드를 merge한 이후에 develop 브랜치에서 문제가 발생한다면, hotfix/1.0.1 브랜치는 건드리지 말고 develop 브랜치를 수정하기 바랍니다. hotfix/1.0.1 브랜치는 master 브랜치의 수정 내용만 담고 있어야 합니다. 만약 hotfix 브랜치가 develop 브랜치에서 새로 만들고 있는 내용까지 가져간다면, 오히려 버그가 발생할 가능성이 높아집니다. 또한 이번 hotfix 이외의 내용까지 수정해 버리면, 이후의 hotfix가 복잡해질 수 있습니다. 따라서 항상 hotfix 브랜치는 master 브랜치에서 발생한 문제만 해결하기 바랍니다.

hotfix 브랜치가 master 브랜치에 들어가고 develop 브랜치에서 최신 버전으로 파일을 갱신하게 되면, 이제 이 브랜치는 필요가 없어집니다.

지금까지의 브랜치 상태를 그림으로 표시하면 그림 9.30처럼 됩니다. 여기까지 hotfix 브랜치를 사용하는 방법에 대해서 알아보았습니다.

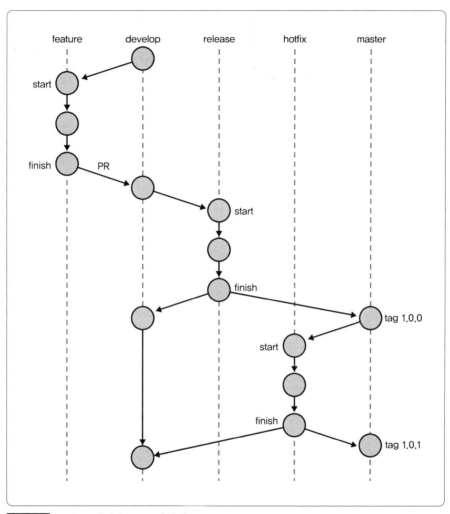

그림 9.30 hotfix 브랜치가 merge된 상태

9.11
Git Flow 정리

이번에 소개한 개발 진행 과정은 소프트웨어 개발 세계에서 예전부터 쓰이던 방법입니다. 새로운 것이 아니므로 소프트웨어 개발자라면 쉽게 이해했을 겁니다. 하지만 실무에서는 많은 사람이 함께 작업하기 때문에 아무래도 더욱 복잡해지므로, 개발 진행 과정의 기본적인 흐름 그림[주12]을 벽에 붙여 놓으면 이해도 쉽게 되고 사용하기도 편리할 것입니다.

Column	버전 번호 붙이기

소프트웨어의 버전을 높일 때는 누구나 납득할 수 있는 형태로 버전을 올리기 바랍니다. 예를 들어, x.y.z 형태인 세 개의 숫자로 버전을 관리하면 다음과 같은 규칙을 사용합니다.

- x는 큰 기능 변경 또는 하위 호환이 불가능한 경우에 증가, x가 증가할 때는 y와 z를 0으로 변경
- y는 새로운 기능 추가 또는 기존 기능 추가로 증가, y가 증가할 때는 z를 0으로 변경
- z는 내부적인 변경이 있는 경우에 증가

구체적으로 예를 들면 다음과 같습니다.

- 1.0.0: 처음 배포 버전
- 1.0.1: 작은 버그 수정
- 1.0.2: 취약점 수정
- 1.1.0: 새로운 기능 추가
- 2.0.0: UI 전체 변경과 새로운 기능 추가

이런 형태로 버전 번호를 붙이면 됩니다.

Git Flow로 개발을 하면 개발자끼리 버전 번호를 기반으로 소통하게 됩니다. 따라서 미리 버전 증가와 관련된 규칙을 만들어서 사용하는 것이 좋습니다.

주12 http://github.com/downloads/nvie/gitflow/Git-branching-model.pdf

CHAPTER 10

회사에서 GitHub 사용하기

이번 장에서는 회사에서 GitHub를 사용하는 것에 대해 다루겠습니다. 회사의 개발자는 좋은 소프트웨어를 만드는데 모든 자원을 쏟아야 합니다. 그리고 GitHub를 사용하면 이런 활동을 쉽게 만들 수 있습니다. 현재 소프트웨어를 개발하고 있는 회사라면 GitHub 도입을 적극 추천합니다. 이번 장에서는 회사에서 GitHub를 사용할 때 도움이 될 수 있는 정보를 정리해서 설명하겠습니다.

10.1
전 세계의 표준 개발 환경을 회사에서도 사용해 봅시다

저자는 이제 GitHub가 전 세계 개발 환경의 표준이 되었다고 생각합니다. 적어도 오픈 소스 소프트웨어의 세계에서는 대부분의 프로젝트가 GitHub로 진행되고 있습니다. 또한, 많은 기업들이 오픈 소스 소프트웨어를 사용하고 있습니다. 그리고 이 책을 읽고 있는 여러분들 중에서도 오픈 소스 소프트웨어의 세계와 이미 떨어질래야 떨어질 수 없는 분들도 많을 것입니다.

회사에 GitHub를 도입하는 경우의 장점

예를 들어, 개발자가 이미 개인적으로 사용 중인 GitHub를 회사에서도 사용한다면 어떤 장점이 있을까요? 새로운 프로그램을 배우거나 할 필요가 없으므로 조금 더 빠르게 적응할 수 있을 것입니다. 또한 신입 개발자도 회사에서 GitHub를 사용하고 있는 경우, 오픈 소스 개발에 쉽게 참여할 수 있습니다. 이러한 이유로 많은 신입 개발자들이 GitHub를 통해 오픈 소스 개발의 세계로 들어오고 있습니다.

소프트웨어 업계는 이직이 많은 업계입니다. 일반적으로 이직한 프로그래머가 해당 회사에서 사용하는 소프트웨어와 진행되고 있는 프로젝트를 파악하는 데 2주에서 4주 정도의 시간이 걸린다고 합니다. 하지만 만약 회사에서 GitHub를 사용하고 있다면 어떨까요? 이미 대부분의 개발자가 GitHub를 사용하고 있으므로 이직을 한 첫 날부터 개발도 하고 Pull Request를 보낼 수도 있을 것입니다. 이러한 이유로 많은 기업들에서 GitHub를 도입하여 사용하고 있습니다.

또한, GitHub를 사용함으로써 회사 내부에서 사용하는 리포지토리 서버 관리 등에 들어가는 유지보수 비용을 줄일 수도 있습니다. 게다가 별도의 프로그램에 신경 쓰지 않아도 되므로 개발자는 회사의 주요 프로젝트 개발에 전념할 수 있게 됩니다.

Organization 이용

회사에서 GitHub를 사용한다면 Organization[주1] 서비스를 이용할 것을 추천합니다. Organization 서비스를 사용하면 회사 직원들이 같은 대시보드를 사용할 수 있게 됩니다. 또한, 팀을 만들어 팀 별로 권한을 설정할 수도 있으며, 사용자 관리 등의 기업과 관련된 편리한 기능을 모두 제공합니다.

물론, 비용은 개인 계정과 다릅니다. 비용과 관련된 사항은 'Organization Plans[주2]'를 참고해 주세요.

GitHub 보안 확인

회사에서 GitHub를 사용하면 다른 회사에게 소스 코드를 맡기는 꼴이 됩니다. 그래서 GitHub의 보안은 어떻게 운영되는지 궁금해하는 분들을 위해 GitHub 서비스의 보안 관련 정보가 공개되고 있습니다.

참고로 철통 같은 데이터 센터에서 소스 코드가 관리되며, GitHub 회사의 지원 인력에도 엄격한 규칙을 적용하고 있습니다. 자세한 내용은 공식 사이트[주3]를 확인해 보세요.

주1 https://github.com/blog/674-introducing-organizations

주2 https://github.com/pricing

주3 https://help.github.com/articles/github-security

유지보수 시간 주의

GitHub도 1년에 몇 번 유지보수를 실시합니다. 물론 자주 하는 것도 아니고, 오래 하지도 않습니다. 하지만 유지보수를 할 때 한국에 있는 기업들은 주의해야 할 것이 있습니다.

유지보수는 심야에 수행하는 것이 일반적인데요. 이것은 미국을 기준으로 심야라서 한국 시간으로는 낮이 됩니다. 결국, 회사 근무 시간에 GitHub를 사용할 수 없게 되는 날이 생긴다는 것입니다. 물론 유지보수와 관련된 내용은 미리 예고되며, Git이 분산 버전 관리 시스템이므로 소프트웨어 개발 전체가 중단되는 사태는 없습니다. 하지만 유지보수하는 날이 있다는 점은 반드시 기억해 두기 바랍니다.

GitHub의 대규모 유지보수 작업은 공식 블로그의 'Broadcasts[주4]'에서 확인할 수 있습니다. 또한, 공식 블로그에 들어가지 않아도 GitHub 대시보드의 오른쪽 화면에 그림 10.1처럼 나옵니다. 따라서 유지보수 일정을 놓치는 일은 없을 겁니다.

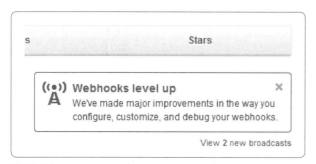

그림 10.1 대시보드 옆에 나오는 유지보수 일정

서비스 장애 관련 정보 확인

GitHub는 서비스 장애와 관련된 정보[주5]를 공개하고 있습니다(그림 10.2). 작은 것까지 포함한다면 장애가 나름 자주 발생하고 있습니다. 하지만 장애 정보 이력을 보

주4 https://github.com/blog/broadcasts
주5 https://status.github.com/messages

면 알 수 있듯이, 대응이 굉장히 빠릅니다. 정해진 날에 발표해야 하는 소프트웨어를 다룰 때는 GitHub에 장애가 발생하더라도 발표할 수 있도록 사전에 대비하기 바랍니다.

또한, GitHub는 특정한 기간 동안 각 서비스가 정상 작동되고 있는지는 물론, 어느 정도의 퍼포먼스를 보여 주고 있는지 그래프로 공개[주6]하고 있습니다(그림 10.3). 각 서비스를 이용할 때 확인하기 바랍니다.

GitHub Status   UPDATED 9 MINUTES AGO

Status Messages   « Dashboard

Today

8:37 UTC   **Everything operating normally.**

7:23 UTC   A small percentage of repositories are offline due to a problem with one of our
            fileserver clusters. We are investigating.

Yesterday, August 14, 2013

21:10 UTC   **Everything operating normally.**

21:05 UTC   We are investigating issues with git operations.

August 13, 2013

19:31 UTC   **Everything operating normally.**

18:30 UTC   We are investigating reports of pages loading slowly on GitHub.com and GitHub
            Pages for some users.

16:55 UTC   **Everything operating normally.**

16:41 UTC   We are investigating reports of pages loading slowly on GitHub.com for some
            users.

그림 10.2 서비스 장애와 관련된 정보

주6 https://status.github.com/

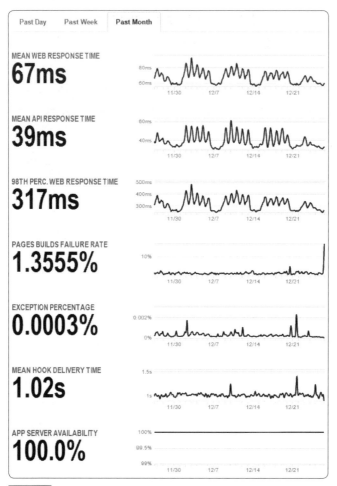

그림 10.3 한 달 동안의 서비스 가동 상황

10.2
GitHub Enterprise

사내에 직접 설치할 수 있는 GitHub로 GitHub Enterprise (GHE)[주7]를 제공합니다. 최근에는 세계적인 대형 IT 기업에서 GitHub Enterprise를 사용하는 경우가 많아지고 있습니다.

개요

GitHub Enterprise는 GitHub 서비스 자체를 사내로 가져올 수 있는 서비스입니다. 기업 전용 서비스이므로 비공개 리포지토리 제한이 없으며, 기업 전용 기능인 LDAP/CAS로 계정 관리 등을 연동할 수 있습니다. 사용하는 사용자 수에 따라 1년마다 라이선스를 구입[주8]해야 합니다.

GitHub에서 새로 업데이트 되는 기능도 GitHub Enterprise에서 업데이트할 수 있습니다. 다만 이때는 관리자가 GitHub Enterprise를 유지보수 모드로 변경하고, 서비스를 중지한 후 업데이트해야 합니다.

업데이트는 GitHub Enterprise 이미지 파일과 라이선스 파일만 업로드하면 되므로 웹 브라우저만 있으면 해결되는 간단한 일입니다. 하지만 GitHub Enterprise 서비스 자체가 중지되므로, 회사 내부에서 별도로 일정을 조율해야 합니다. 저자의 경험으로는 업데이트에 걸리는 시간은 약 10분 정도입니다.

참고로 태평양 표준시 기준 평일 오전 10시부터 오후 6시까지 기술 지원도 받을 수 있습니다. 일반적으로 기본적인 기술 지원의 경우 영업일 1일 이내에, GitHub Enterprise가 다운되는 긴급 지원의 경우에는 30분 이내에 조치[주9]를 취하게 됩니다.

주7 https://enterprise.github.com/
주8 https://enterprise.github.com/pricing
주9 https://enterprise.github.com/support

저자도 여러 번 도움을 받고 있는데요. 간혹 일반적인 기술 지원을 4분 이내로 처리해 주기도 합니다.

도입 장점

국제적인 대기업처럼 회사 내부에 엄청나게 많은 개발자가 존재한다면, GitHub Enterprise를 사용할 때의 장점이 굉장히 큽니다. GitHub가 공개된 소셜 코딩을 가능하게 한 것처럼 GitHub Enterprise를 사용하면, 기업 내부에서의 소셜 코딩이 가능해집니다.

회사 내부의 개발자들끼리 소셜 코딩을 하다가 새로운 제품이 만들어지는 경우도 있습니다. 또한, 회사 내부에서 사용할 수 있는 편리한 도구들이 만들어지기도 합니다. 그러므로 개발 인원이 많은 기업이라면 GitHub Enterprise를 도입해 볼 것을 적극 추천합니다.

도입 단점

물론 단점도 존재합니다. 특히, 서비스 운용과 관련된 단점이 있는데요. 라이선스에 지불하는 금전적 비용은 물론, 실제 물리 장치 서버를 준비해서 GitHub Enterprise를 설치하고 운용해야 합니다. 게다가 서버 업그레이드 또는 고장 등의 문제가 발생하면, 예상치 못한 비용이 발생할 수 있습니다.

그러므로 일정 수준 이상의 규모를 가진 기업이 아니라면, GitHub Enterprise 도입을 하지 않는 것이 좋을 수도 있습니다. 일반적으로 중소 기업에서는 서버 또는 컴퓨터를 관리하는 비용 자체가 부담될 수 있기 때문입니다.

도입하면 좋은 경우

기업들이 GitHub Enterprise를 사용하는 이유는 굉장히 다양합니다. 이번 절에서는 전형적인 사례를 몇 가지 소개하겠습니다. 소개하는 상황과 여러분 회사의 상황이 일치한다면 GitHub Enterprise 도입을 고려해 봅시다.

● 회사 외부에 소스 코드를 둘 수 없는 경우

GitHub Enterprise를 사용하는 기업이 보안상의 문제로 소스 코드를 회사 외부의 네트워크에 둘 수 없는 경우입니다.

GitHub를 사용하는 경우를 생각해 봅시다. 물론 HTTPS 또는 SSH로 암호화 통신을 하지만, 인터넷상에서 소스 코드 관련 데이터가 오고 가는 것은 맞습니다. 더군다나 소스 코드는 GitHub 데이터 센터에 보관하게 됩니다. 따라서 GitHub가 관리를 하고 있어도 보안 위협이 있다고 판단된다면 GitHub Enterprise를 사용할 것을 추천합니다.

GitHub Enterprise를 사용하면 회사 내부에서만 사용할 수 있는, GitHub와 동일한 환경이 구축됩니다. 소스 코드도 회사 내부에서 원래 사용하던 곳과 같은 곳에 위치하게 되므로 쓸데없는 보안 위험을 무릅쓰지 않아도 됩니다.

Column　　**GitHub 리포지토리를 서브버전 리포지토리로 이용하는 방법**

서브버전은 인기가 많았던 버전 관리 시스템입니다. 따라서 굉장히 많은 곳에서 사용되었으며, 이 책을 읽고 있는 독자 중에서도 사용해 본 분들이 많을 것입니다. 일반적으로 GitHub에서는 Git밖에 사용할 수 없다고 생각하는 경우가 많은데, 서브버전도 사용할 수 있습니다.

다음과 같이 입력하면 GitHub에 있는 리포지토리를 서브버전 리포지토리로 checkout해서 사용할 수 있습니다. commit도 가능하며, GitHub에 반영도 됩니다.

```
$ svn checkout https://github.com/사용자 이름/리포지토리 이름
```

서브버전밖에 지원하지 않는 시스템을 사용하는 경우도 이런 식으로 대응하면 GitHub를 활용할 수 있게 됩니다. 따라서 리포지토리를 통합하여 관리할 수 있게 됩니다.

이런 관점에서 보면, 꼭 대기업에서만 GitHub Enterprise를 사용하는 것은 아닙니다.

● 유지보수와 장애 시간을 조절하고 싶은 경우

이번 장의 앞 부분에서 GitHub를 회사에 사용할 때는 유지보수와 서비스 장애를 주의하라고 했었습니다. 유지보수와 서비스 장애는 GitHub에서 정하는 것이므로 우리가 조절할 수 있는 일이 아닙니다. 하지만 GitHub Enterprise 서비스를 사용하면 이러한 것을 조절할 수 있게 됩니다.

따라서 GitHub Enterprise를 사용하면 정해진 시간에 출시해야 하는 소프트웨어의 경우, 다른 회사의 유지보수 또는 장애 등의 문제로 출시가 지연되는 일이 줄어듭니다. 물론 GitHub Enterprise라도 회사 내부에서 서버 장애가 발생하면 문제가 됩니다. 이러한 경우에 대비해 출시 기간이 정해진 소프트웨어의 경우, GitHub 또는 GitHub Enterprise가 장애를 일으켜도 예정대로 출시할 수 있도록 대책을 세워야 합니다.

10.3
Git 호스팅을 수행하는 다른 소프트웨어

GitHub와 비슷한 기능을 수행하는 오픈 소스 소프트웨어도 있습니다. 대표적인 것들은 다음과 같습니다.

- GitBucket[주10]
- GitLab[주11]
- Gitorious[주12]
- RhodeCode[주13]

주10 https://github.com/takezoe/gitbucket
주11 http://gitlabhq.com/
주12 https://gitorious.org/gitorious
주13 https://rhodecode.com/

298

이러한 소프트웨어는 무료로 제공되므로 비용 문제도 다소 해결됩니다. 하지만 GitHub와 유사한 기능을 제공하나 GitHub와는 다릅니다. 따라서 필요로 하는 기능이 실제로 있는지는 사전에 반드시 확인하기 바랍니다.

또한, GitHub와 다른 UI를 제공하므로 조작 등에 익숙해지기 위한 시간 등의 학습 비용이 들어갈 수 있습니다. 운용 비용은 줄일 수 있지만, GitHub를 사용하면서 얻을 장점이 줄어들 수 있으므로 무엇이 다른지 확인하면서 사용해야 합니다. 따라서 효율을 추구한다면 그냥 GitHub를 사용하기 바랍니다.

Column　　　　　　　　　　**Bitbucket**

BitBucket[주a]은 Atlassian이라는 회사에서 제공하는 서비스입니다. 제공하는 기능은 GitHub와 거의 유사합니다. 따라서 GitHub를 이용하는 사람이라면 새로운 개념을 익힐 필요가 없습니다. 하지만 UI 구성이 다르므로 익숙해질 시간이 필요합니다.

원래는 Mercurial[주b]과 같은 분산 버전 관리 시스템을 주요 타겟으로 하는 리포지토리 서비스였으나, 지금은 Git도 대응하고 있습니다. 리포지토리의 용량은 무제한으로, 몇 개라도 리포지토리를 작성할 수 있습니다. 또한, 리포지토리를 비공개로 만들어도 비용이 발생하지 않습니다.

BitBucket은 비공개 리포지토리도 그냥 만들 수 있다는 장점을 가졌지만 다른 방식으로 가격을 매기는데, 비공개 리포지토리에 접속할 수 있는 사용자 수에 따라서 비용을 지불해야 합니다. 무료로는 다섯 명밖에 사용할 수 없으므로 그 이상의 인원은 비용이 청구됩니다. 자세한 내용은 공식 사이트를 참고하세요[주c].

혼자서 사용하는 소스 코드 또는 소규모 인원만 사용할 경우는 GitHub보다 적은 비용으로 이용할 수 있습니다.

주a https://bitbucket.org/
주b http://mercurial.selenic.com/
주c https://bitbucket.org/plans

10.4
정리

이번 장에서는 회사에서 GitHub를 도입할 때에 알아야 하는 것들을 정리해 보았습니다.

GitHub가 오픈 소스 소프트웨어 세계를 변화시켰듯이, 회사의 개발 환경도 변화시켜 나갈 수 있을 것입니다. 소프트웨어 개발을 중시하는 업체라면 도입을 적극적으로 검토해 보기 바랍니다.

GitHub GUI
클라이언트

회사에서 GitHub 을 사용하는 경우에는 CLI에 익숙하지 않은 사람도 있을 것입니다. 그런 사람들을 위해서 쉽게 이용할 수 있는 Git의 GUI 클라이언트를 소개하겠습니다.

GUI 클라이언트는 CLI보다 사용하기 쉬워서 입문 자체는 쉽습니다만, Git의 clone, push, pull, merge 등의 기본 개념을 모른다면 다루기가 힘듭니다. GUI 클라이언트를 제대로 활용하고 싶다면 책 내용을 모두 읽고 GUI 클라이언트로 해보기 바랍니다.

A.1
GitHub for Mac, GitHub for Windows

GitHub 회사에서는 GitHub와의 연동을 지원하는 Git 클라이언트를 제공하고 있습니다.

그림 A.1 GitHub for Mac

맥 버전(그림 A.1)[주1]과 윈도우즈 버전(그림 A.2)[주2]으로 제공되는데요. 기본적으로 두 클라이언트는 같은 기능을 제공하나, 운영체제에 따라 UI가 조금씩 다릅니다.

그림 A.2 GitHub for Windows

두 가지 클라이언트 프로그램 모두가 제공하는 기능은 다음과 같습니다.

- GitHub에서 리포지토리 clone
- 리포지토리의 변경 사항 표시
- 리포지토리 변경 내용 commit
- 브랜치 변경
- GitHub로의 push

맥 버전에서 추가로 사용할 수 있는 기능은 다음과 같습니다.

- 통지 센터(notification center)로의 통지

주1 https://mac.github.com/
주2 https://windows.github.com/

- GitHub Enterprise와의 연동

맥의 클라이언트는 '통지 센터로의 통지'가 있습니다. 따라서 GitHub GUI 클라이언트를 사용하지 않는다고 해도, 켜 놓고만 있으면 GitHub 알림을 실시간으로 확인할 수 있으므로 무척 편리합니다.

물론, 명령어를 입력해서 사용할 때보다 활용할 수 있는 기능은 적습니다. 하지만 기본 기능은 모두 지원하므로 디자이너와 같이 프로그래머가 아닌 사람들이 사용하기 좋습니다. 직접 프로그램을 사용해 보면서 도입을 검토해 봅시다.

A.2
Source Tree

Atlassian이라는 회사에서는 Source Tree(그림 A.3)[주3]라는 프로그램을 제공하고 있습니다. 이 프로그램은 Git뿐만 아니라 Mercurial도 지원합니다. Atlassian 회사에서 제공하는 Bitbucket, 사내에서 사용할 수 있는 Stash[주4] 등과 연동할 수도 있습니다.

주3 http://www.sourcetreeapp.com/
주4 https://ko.atlassian.com/software/stash

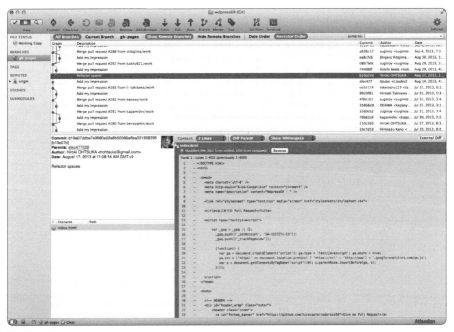

그림 A.3 Source Tree

Source Tree는 GitHub 공식 클라이언트의 기능을 모두 가지고 있습니다. 그리고 더 나아가 9장의 260쪽에서 설명했던 git-flow를 지원합니다. git-flow를 사용해서 개발하고 있는 경우, GitHub 공식 클라이언트보다 Source Tree를 추천합니다.

코드를 Gist로
쉽게 공유하기

Gist[주1]는 샘플 소스 코드 또는 에러 메시지를 공유할 때 사용하는 간단한 웹 애플리케이션입니다. 저자의 경우, 회사 사내 채팅으로 코드를 보내면 읽기도 힘들고 채팅이 더러워지므로 Gist에 코드를 작성하고 동료와 URL을 공유할 때 사용합니다.

그 외에도 다음과 같은 일상적인 경우에도 Gist를 사용하면 편리합니다.

- 코드를 메모하는 경우
- 다른 사람에게 샘플 코드를 보여 주는 경우

B.1
Gist의 특징

Gist를 사용하면 다른 사람과 샘플 코드를 간편하게 공유할 수 있습니다. 게다가 자바스크립트로 만들어진 Ace 에디터[주2]가 내장돼, 코드를 브라우저에서 간단하게 작성할 수 있습니다.

또한, 파일의 버전 이력이 관리되므로 안심하고 편집해도 됩니다. 게다가 Git 리포지토리로도 관리되므로 Gist를 clone해서 자신의 리포지토리로도 옮길 수 있습니다. 또는 Gist를 공유한 상대와 댓글을 달며 서로서로 소통할 수도 있습니다.

다양한 프로그래밍 언어의 소스 코드에 Syntax Highlight가 적용되는 것도 특징입니다. 그야말로 프로그래머를 위한 도구라고 할 수 있습니다.

주1 https://gist.github.com/
주2 http://ace.c9.io/

B.2
Gist 작성

실제로 Gist를 사용하면서 설명하겠습니다. GitHub에 로그인한 상태로 GitHub 상단의 메뉴에 있는 'Gist'를 클릭 또는 URL을 직접 입력해서 들어가세요. Gist에 들어가면 그림 B.1처럼 화면이 나옵니다.

그림 B.1 Gist의 메인 페이지

UI 설명

각 항목을 차근차근 설명하겠습니다.

① Gist Description

프로필 아바타 옆에 파일 설명을 적어 줍니다. 나중에 해당 파일을 보아도 무엇인지 알 수 있어야 하고, 다른 사람과 공유할 수도 있어야 하므로 최대한 자세히 적어 둘 것을 추천합니다. 그러나 반드시 입력해야 하는 것은 아니므로 딱히 설명이 필요 없다면 적지 않아도 됩니다.

2 name this file

파일 이름을 지정하는 경우에 입력해 주세요. 파일 이름에서 확장자를 자동으로 인식하고, 오른쪽의 언어 설정을 자동으로 변경합니다. 예를 들어 파일 이름을 'hello_gist.rb'라고 입력하면, 자동으로 언어 설정이 루비로 지정됩니다. 반드시 입력해야 하는 것은 아니며, 입력하지 않으면 'fistfile1.확장자' 형태로 자동 입력됩니다.

3 language

파일에서 사용하는 프로그래밍 언어를 설정해 주세요. 만약 파일 이름을 지정하지 않으면, 언어 설정을 기반으로 확장자가 결정됩니다. 또한, 언어 설정을 기반으로 Syntax Highlight가 적용됩니다.

그림 B.2처럼 프로그래밍 언어를 검색해서 설정할 수도 있습니다. 쉽게 조작할 수 있는 부분이므로 적절히 설정해서 사용하기 바랍니다.

기본 값은 텍스트 파일입니다. 따라서 따로 언어를 지정하지 않으면 텍스트 파일로 저장됩니다.

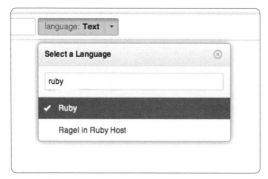

그림 B.2 프로그래밍 언어의 이름을 입력해 검색

◢ Ace 에디터

코드를 입력할 때 Ace 에디터를 사용할지 여부를 체크하는 체크박스로, 한 번쯤 사용해 볼 것을 추천합니다. Ace 에디터를 사용하면 웹 브라우저에서도 개발 전용 에디터로 파일을 작성하듯이 코드를 입력할 수 있게 됩니다.

오른쪽에는 들여쓰기 설정이 있습니다. 들여쓰기를 스페이스 또는 탭 중에서 선택할 수 있습니다. 그리고 그 오른쪽에는 들여쓰기할 때의 폭도 설정 가능합니다.

◢ 파일

파일 내용을 실제로 작성할 때 사용합니다. 프로그래밍 언어를 지정하면 그림 B.3 처럼 Syntax Highlight가 적용됩니다.

그림 B.3 Syntax Highlight

그림 B.4처럼 Markdown을 사용하는 경우에는 제목을 접었다 펼칠 수 있습니다. 또한, 일반 프로그래밍 언어를 사용하는 경우에는 메서드 또는 함수를 접었다 펴면서 볼 수 있습니다.

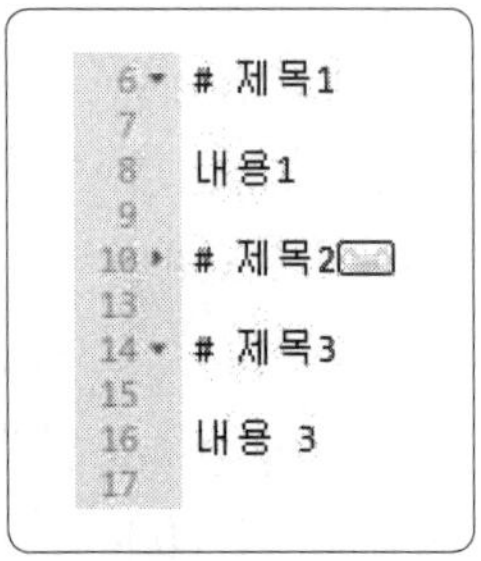

그림 B.4 개요 보기

6 Add files

Gist는 여러 개의 파일을 연결해서 사용할 수 있습니다. 만약 두 개 이상의 파일을 작성하고 싶을 때는 이 버튼을 눌러 주세요. 버튼을 누르면 새로운 파일을 입력할 수 있는 양식이 추가됩니다.

7 Create Secret Gist

비공개 Gist를 작성합니다. 이 버튼으로 Gist를 작성하면, URL을 알고 있는 사람만 코드를 볼 수 있습니다. 일부 사람들끼리만 Gist를 공유하고 싶은 경우에 활용하기 바랍니다. URL을 알면 누구나 코드를 볼 수 있게 되므로 아무에게나 공개하지 않도록 합시다.

8 Create Public Gist

공개 Gist를 작성합니다. 작싱된 Gist는 Discover Gists[주3] 등에서 공개됩니다. 또한 다음과 같은 Gist URL이 생성되는데, 이 URL로 특정한 사람과 소스 코드를 공유할 수도 있습니다.

https://gist.github.com/hirocaster/8374839

주3 https://gist.github.com/discover/

312

B.3
Gist 목록

작성된 Gist들은 그림 B.5처럼 표시됩니다. 이제 이 목록에 대해서 설명하겠습니다.

그림 B.5 작성 완료된 Gist

GitHub에 로그인하고 있는 상태라면 Gist에 댓글을 달 수 있습니다. 또한, 자신이 생성한 Gist는 편집할 수도 있습니다.

Gist 메뉴

Gist의 메뉴에 대해서 설명하겠습니다. 자신의 Gist의 경우에는 그림 B.6처럼 표시되고, 다른 사람의 Gist는 그림 B.7처럼 표시됩니다.

그림 B.6 자신이 작성한 Gist의 메뉴

그림 B.7 다른 사람이 작성한 Gist의 메뉴

자신의 Gist 페이지의 경우 'Edit'와 'Delete' 버튼이 있습니다.

톱니바퀴 모양의 아이콘을 누르면 'Report as Abuse' 버튼이 있습니다. 이 버튼을 누르면 해당 Gist가 신고됩니다. Gist의 내용이 부적절하다고 생각될 경우에 활용하도록 합시다. 또한 Star를 붙여 두면, 나중에 보고 싶을 때 'Your Gists'의 'Starred' 페이지에서 다시 확인할 수 있습니다.

다른 사람의 Gist 페이지의 경우, Fork 버튼이 있습니다. Fork 버튼을 누르면, 해당 Gist를 자신의 Gist로 가져와서 작성할 수 있습니다. 단, GitHub와 다르게 코드를 변경하고 Pull Request하는 기능은 없습니다.

이어서 각각의 Gist 페이지를 설명하겠습니다.

❶ Code

Gist 세부 사항이 표시되는 페이지입니다. Gist 파일의 내용과 설명, 댓글 등을 확인할 수 있습니다.

❷ Revisions

Gist 코드 변경 이력과 변경 사항을 확인할 수 있습니다.

❸ Embed URL

블로그 등에 Gist를 삽입하고 싶을 경우에 활용 가능한 HTML 코드입니다. 블로그 등에서 syntax hightlight 기능으로 코드를 공개하고 싶을 경우에 사용하세요.

❹ HTTPS clone URL

현재 보고 있는 Gist의 URL입니다. 다른 사람에게 해당 Gist를 소개하고 싶다면 이 URL을 알려 주세요.

❺ Download Gist

Gist를 tar.gz 확장자로 다운로드할 수 있습니다.

파일 메뉴

각 파일 위에 그림 B.8처럼 파일 관련 메뉴가 표시됩니다. 왼쪽부터 파일 이름, raw 링크 등이 있습니다. 참고로 Gist 한 개를 확인하고 싶은 경우에는 링크를 사용하는 것이 편리합니다.

```
⟨·⟩ sample_gist.rb                                          Raw

 1    puts "Hello Gist!"
```

그림 B.8 파일 메뉴

B.4
Your Gists

Gist 메인 페이지의 오른쪽 위를 보면 'Your Gists[주4]' 링크가 있습니다. 링크를 클릭하거나, URL을 직접 입력하면 Your Gists 페이지에 접속할 수 있습니다. Your Gists에서는 자신이 작성했던 Gist 목록을 확인할 수 있습니다(그림 B.9).

그림 B.9 Your Gists 페이지

왼쪽 메뉴를 살펴봅시다. 'Forked'에는 Fork하여 작성한 Gist 목록이 나옵니다. 또한, 'Starred'에는 Star를 붙인 Gist 목록이 나옵니다. 각각의 메뉴 오른쪽에 있는 숫자는 각각의 메뉴에서 표시되는 Gist의 수를 나타냅니다.

주4 https://gist.github.com/사용자 이름/

코드가 너무 간단해서, GitHub 리포지토리를 만들기도 귀찮다면 Gist를 사용하세요. Gist를 사용하면 간단한 코드를 작성할 수 있고, 메모할 수 있으며, 누구에게나 쉽게 공유할 수 있습니다. 다른 사람과 간단한 코드들을 공유할 때 적극 활용하기 바랍니다.

찾아보기

D

E

F

G